Sur le vif

SIXTH EDITION

Clare Tufts
Duke University

Hannelore Jarausch
University of North Carolina, Chapel Hill

HEINLE
CENGAGE Learning·

Australia • Brazil • Japan • Korea • Mexico • Singapore • Spain • United Kingdom • United States

HEINLE
CENGAGE Learning

Sur le vif: Niveau intermédiaire, Sixième édition
Clare Tufts, Hannelore Jarausch

Vice President, Editorial Director:
P.J. Boardman

Publisher: Beth Kramer

Senior Acquisitions Editor: Nicole Morinon

Development Editor: Catharine Thomson

Editorial Assistant: Greg Madan

Senior Media Editor: Morgen Gallo

Executive Brand Manager: Ben Rivera

Market Development Manager: Courtney
Wolstoncroft

Senior Marketing Communications
Manager: Linda Yip

Senior Content Project Manager:
Tiffany Kayes

Art Director: Linda Jurras

Manufacturing Planner: Betsy Donaghey

Rights Acquisition Specialist: Jessica Elias

Production Service/Compositor:
PreMediaGlobal

Text Designer: Alisa Aronson

Cover Designer: Bill Reuter

Cover Image: Bruno Ottenheimer

For product information and technology assistance, contact us at
Cengage Learning Customer & Sales Support, 1-800-354-9706

For permission to use material from this text or product,
submit all requests online at **www.cengage.com/permissions**.
Further permissions questions can be emailed to
permissionrequest@cengage.com.

Library of Congress Control Number: 2012949340

ISBN-13: 978-1-133-31126-3

ISBN-10: 1-133-31126-1

Heinle
20 Channel Center Street
Boston, MA 02210
USA

Cengage Learning is a leading provider of customized learning solutions with office locations around the globe, including Singapore, the United Kingdom, Australia, Mexico, Brazil and Japan. Locate your local office at **www.cengage.com/global**

Cengage Learning products are represented in Canada by Nelson Education, Ltd.

For your course and learning solutions, visit **www.cengage.com**.

Purchase any of our products at your local college store or at our preferred online store **www.cengagebrain.com**.

Instructors: Please visit **login.cengage.com** and log in to access instructor-specific resources.

Printed at CLDPC, USA, 01-19

Table des matières

	VOCABULAIRE	LECTURES	STRUCTURES
POSTLUDE Les Cajuns p. 140		**Bruce Daigrepont:** «Disco et fais-do-do» p. 142	

Student Preface

Welcome to **Sur le vif,** Sixth Edition. The title of this one-semester intermediate textbook means "from (real) life"—as in **faire un reportage sur le vif** (to do a live or on-the-spot broadcast). With its current and often provocative topics for reading and discussion, this text will further develop your skills in French, while deepening your knowledge of the complexity of France and the Francophone world. Now that you have completed the introductory sequence, you are ready to move beyond grocery shopping, weather forecasts, and describing your room, to comparing systems of education, expressing your opinions about youth culture, debating issues of immigration, explaining your attitudes towards the media, and changing family structures. You will also talk about the pros and cons of the automobile, enjoy learning about folk traditions, and reflect on environmental issues. You discover how these topics are seen in the French and Francophone world, and make comparisons with the North-American perspective.

To improve your control of French grammar so that you can speak, read, and write about the above topics with greater confidence, **Sur le vif** provides a systematic review of the fundamental structures of the language, giving you many opportunities to practice through form-focused oral activities, reading, and more open discussions in class. Similarly, the listening and the writing exercises in the Student Activities Manual (SAM), which you can use either in print form or on-line through the **eSAM,** will improve your command of the language and build your vocabulary.

LEARNING WITH *SUR LE VIF*

FORMAT

Understanding how **Sur le vif** is organized will help you make the best use of the program, since it may be somewhat different from the language textbook(s) you are familiar with. The first part of the book (and the longest) contains nine chapters plus four shorter units (prelude, two interludes, postlude) with readings and activities for classroom use. Parts of these may, of course, be assigned for homework, but most will be done under the guidance of your instructor. Grammar is not explained in this section, but marginal notes, labeled **Préparation grammaticale,** refer you to the grammar structures to review for each part of a chapter. The **Rappel** boxes, in English, give a brief statement of the rule that applies to activities you are about to do. Both of these point you to the grammar explanations in the second part of the book, called **Structures**; its nine chapters, which correspond to those of the first section of the book, provide a comprehensive grammar review. This part of **Sur le vif** is meant for outside-of-class preparation. Here you will find explanations in English of the structures you are learning and reviewing. Examples that illustrate the grammar rules are based on the readings of the corresponding chapters in the first section to give you more exposure to the chapter theme and vocabulary. After a structure has been explained, you are referred to exercises in the SAM so that you can practice the forms and check your own answers to verify that you have learned how to apply the rule.

The final section of the book, the **Appendices,** contains a brief presentation of preposition usage and present participles followed by verb conjugation charts. At the very end of **Sur le vif** is a French-English glossary, with words defined as they are used in the context of the book. This will help you with readings and activities, but you should be aware that a glossary will not substitute for a good paper or online dictionary.

THE STUDENT'S ROLE

By the end of the elementary sequence, you will have studied most of the fundamental structures of French, but you may not be able to use all of them accurately all the time. You may be stronger in reading than in speaking, or understand more than you can write. This is a perfectly normal phenomenon in second language acquisition, but it makes the intermediate course more complex. Each student will have slightly different needs due to varying levels of proficiency. You are in the best position to know what your strengths and weaknesses are. Therefore, you should assume an active role in your learning. By studying the grammar outside of class you can concentrate on points that are more difficult or new to you and move more quickly when you are reasonably confident of your understanding. The self-check exercises in the SAM (printed workbook or online through the **eSAM**) will show if you can use the structures correctly and allow you to focus on those that still pose problems for you. You will also find additional grammar and vocabulary practice on the Premium Website for the book, at www.cengagebrain.com/login.

In class, your instructor will ask you to apply the vocabulary and structures you have studied to activities relating to chapter themes and discussion of readings. When you have prepared the grammar, you will be ready to practice the forms, demonstrate your understanding of the readings, talk about your personal reactions to the topics, and participate in role-plays and debates. Oral work is central to *Sur le vif* and you will be expected to produce more than single-sentence responses. Being able to elaborate on your answers or paraphrase as needed will make you a more sophisticated speaker of French.

You, your instructor, and *Sur le vif* are partners in this course. You study grammar outside of class so that you are ready to use the structures to communicate. Your instructor creates opportunities for speaking in class that check your preparation and understanding and help you build your skills. The textbook provides French and Francophone cultural information, reading selections, and activities to encourage development of your listening, speaking, reading, and writing proficiency. Exercises in the SAM help you first to practice the forms, then to use them to communicate your own ideas, and finally, to write compositions in which you apply the grammar and vocabulary you have reviewed in more extended essays related to the theme of the chapter.

ADDITIONAL STUDENT COMPONENTS
Student Activities Manual (SAM)

The SAM (either in hard copy or on-line through **eSAM**) is divided into two sections: The *Cahier d'exercices écrits* is for written work, to practice the grammar rules reviewed in the **Structures** section of the textbook. The *Exercices de laboratoire* are to be used for pronunciation and listening practice in tandem with the audio program.

Each chapter of the *Cahier d'exercices écrits* portion of the Student Activities Manual (SAM) has four sections. The first focuses on vocabulary exercises to help you learn the new words in each chapter, understand words families, and use the expressions in context. The second section has both self-check and open-ended grammar exercises for each of the structures presented in the text. By completing the self-check exercises (**Entraînement**), you will see immediately if you have understood the grammar explanations and can apply them. The **Développement** activities continue your practice of the rules but do not have one correct answer. You will be using the structures you are studying to express your personal opinions or reactions; therefore, you should write more than a one-sentence answer whenever possible. The final section of the grammar part of the workbook, **Expression,** focuses on writing and contains a choice of topics for longer (one to three paragraphs) compositions and provides pre-writing instruction to help you prepare your text. In the fourth section, there are pre-, during and post-viewing activities relating to the accompanying video segment in which French speakers comment on the topic of the chapter.

The *Exercices de laboratoire* portion of the SAM is used with the audio materials on the Premium Website or through the **eSAM**. Each chapter takes about thirty minutes to complete and includes pronunciation practice followed by a passage for listening comprehension and a short dictation. Actively practicing the expressions or sentences according to the prompts will help you improve not only your pronunciation but also your comprehension of spoken French.

Premium Website

On the Premium website for *Sur le vif* (www.cengagebrain.com/login), you will find a wide variety of helpful activities and study tools. The complimentary resources include tutorial quizzes, web search activities, Google Earth™ coordinates, and an iTunes™ playlist. You will also find recordings of the chapter vocabulary lists that allow you to hear how the word is pronounced when you click on it. Additionally, the self-check grammar and vocabulary exercises can be used as a diagnostic tool to find out if you need to spend more time studying certain structures, or as additional practice of the forms you worked on in the textbook and Student Activities Manual. Premium password-protected resources on the website include the complete audio program, the video clips to accompany the video activities from the SAM, grammar and pronunciation podcasts, grammar tutorial videos, and audio-enhanced flash cards.

Acknowledgments

We would like to express our gratitude to the colleagues who participated in reviewing the materials for the Sixth Edition:

Eileen Angelini	*Canisius College*
Diane Beckman	*North Carolina State University*
Elizabeth Blood	*Salem State University*
Julien Carrière	*Bellarmine University*
Culley Carson-Grefe	*Austin Peay State University*
Matthieu Chan Tsin	*Coastal Carolina University*
Olivia Choplin	*Elon University*
Susan Clay	*Clemson University*
Donna Coulet du Gard	*University of Delaware*
Claudia Esposito	*University of Massachusetts Boston*
Charles Fleis	*Bridgewater College*
Karen Fowler	*Valencia College*
Françoise Fregnac-Clave	*Washington and Lee University*
Pascale Hubert-Leibler	*Columbia University*

Carrie Klaus	*DePauw University*
Michèle Magnin	*University of San Diego*
Jack Marcus	*Gannon University*
Mihaela Marin	*University of South Alabama*
Antoine Matondo	*University of Missouri*
Alix Mazuet	*University of Central Oklahoma*
Maria Gloria Melgarejo	*St. Cloud State University*
Jessica Miller	*University of Wisconsin-Eau Claire*
Christine Moritz	*University of Northern Colorado*
Shawn Morrison	*College of Charleston*
Lynn Palermo	*Susquehanna University*
Désirée Pries	*University of California, Berkeley*
Suzanne Roos	*Johns Hopkins University*
Peggy Schaller	*Georgia C & State University*
Beatriz Schleppe	*University of Texas at Austin*
Janet Starmer	*Guilford College*
Bernadette Takano	*University of Oklahoma*
Timothy Tomasik	*Valparaiso University*
William L. White	*State University of New York College at Buffalo*
Rachel Williams	*McNeese State University*

Their suggestions and criticisms guided our revisions and provided us with invaluable perspective.

Our thanks also go to those who supported us through this process of revision, most particularly all those instructors and graduate teaching fellows whose comments and suggestions as they taught the Fifth Edition provided ideas for improvements. French exchange students in our two universities provided invaluable assistance. Of course all those third semester French students at Duke University and the University of North Carolina at Chapel Hill need mention, since their responses to the previous editions have guided our revisions. Our respective study abroad programs in Montpellier and Paris allowed us time in France, where we could gather material and stay **"sur le vif"**. Many of our wonderful photos were taken by Clare during her travels in the French speaking world. We are also grateful to Françoise and Alain Planchot, who responded with good humor and endless patience to linguistic and cultural queries, involving their friends and families in debates on their own language and also provided many family pictures. Claire and Jean-Michel Thibault graciously made photos of their children available. It is with our deepest gratitude that we acknowledge the generosity of the artist Bruno Ottenheimer whose painting graces our cover, and of his wife Sylvia, who put so much time and effort into getting us the perfect, high resolution image to facilitate reproduction of Bruno's work.

At Cengage Learning, we would like to express our appreciation first to Nicole Morinon, Acquisitions Editor, who encouraged us with her openness to new ideas and interest in giving a fresh look to this sixth edition. The constructive editing of Cat Thomson, Development Editor, kept us moving along and caught painful slips in attention. Diane Harwood provided tactful native reader commentary, not to mention astute questions to confirm our information. Julie Low searched photo databases for just the right image. Stacy Drew, our project manager, oversaw all of those endless, final details of the production process. The Cengage team's eye for linguistic accuracy and pedagogical insights significantly improved *Sur le vif.* We also extend our thanks to Tiffany Kayes, Greg Madan, Beth Kramer, Morgen Gallo, Courtney Wollstoncroft, and Ben Rivera for their work on this edition.

And finally, we thank each other for laughter, support and encouragement. We are grateful to Konrad for his tolerance of our ups and downs, and to Pierre for his endless and enthusiastic support, including "on the ground" assistance whenever we asked.

H.J.

C.T.

France

MER DU NORD

Pays-Bas

Allemagne

Grande-Bretagne

MANCHE

Dunkerque

Calais

Belgique

NORD-PAS-DE-CALAIS

Lille

Luxembourg

Valenciennes

Cherbourg

HAUTE-NORMANDIE

Amiens

PICARDIE

Le Havre

Rouen

Reims

Metz

LORRAINE

ALSACE

Meuse

Rhin

Caen

Seine

Versailles

★Paris

CHAMPAGNE-ARDENNE

Nancy

Strasbourg

VOSGES

Saint-Malo

BASSE-NORMANDIE

ILE-DE-FRANCE

Moselle

Brest

Fougères

Troyes

Mulhouse

BRETAGNE

Rennes

Le Mans

Orléans

Seine

Saône

Besançon

PAYS-DE-LA-LOIRE

Blois

Chambord

BOURGOGNE

Dijon

JURA

Suisse

Angers

Loire

Tours

Chenonceaux

Chalon-sur-Saône

FRANCHE-COMTE

St-Nazaire

Nantes

Chinon

Azay-le-Rideau

Bourges

Nevers

CENTRE

Loire

OCEAN

Poitiers

ATLANTIQUE

La Rochelle

LIMOUSIN

Vichy

Rhône

Annecy

Clermont-Ferrand

POITOU-CHARENTES

Limoges

Lyon

RHONE-ALPES

Italie

Saint Étienne

ALPES

Périgueux

AUVERGNE

Grenoble

MASSIF CENTRAL

Bordeaux

Rodez

Rhône

PROVENCE-ALPES-COTE-D'AZUR

AQUITAINE

Garonne

MIDI-PYRENEES

Avignon

Monte-Carlo

Biarritz

Bayonne

Nîmes

Tarascon

Grasse

Monaco

Pau

Toulouse

Montpellier

Aix-en-Provence

Nice

PYRENEES

Carcassonne

Béziers

Narbonne

Toulon

Cannes

Marseille

LANGUEDOC-ROUSSILLON

Espagne

Andorre

Perpignan

MER MEDITERRANEE

0   75 km

CORSE

Ajaccio

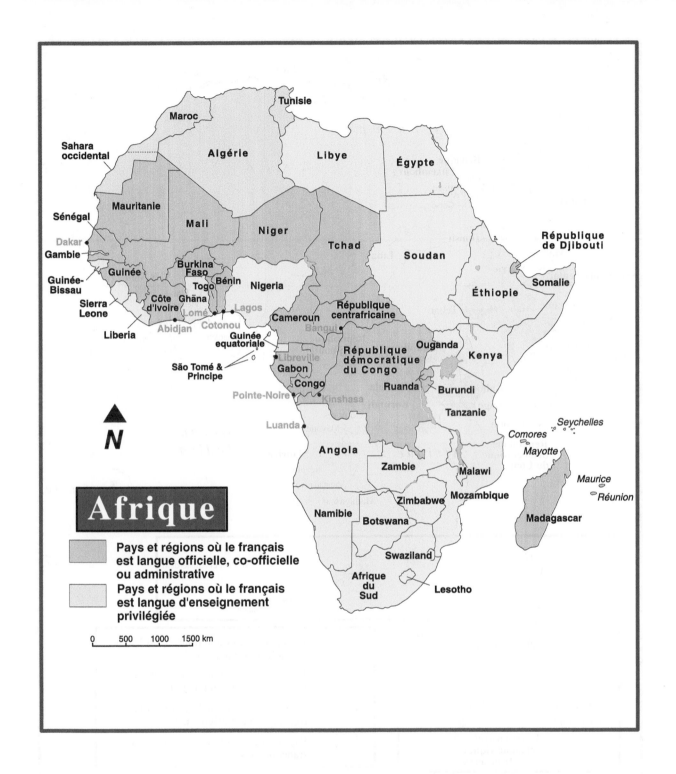

Afrique

■ Pays et régions où le français est langue officielle, co-officielle ou administrative

□ Pays et régions où le français est langue d'enseignement privilégiée

0   500   1000   1500 km

N

Tunisie
Maroc
Sahara occidental
Algérie
Libye
Égypte
Mauritanie
Sénégal
Dakar
Gambie
Guinée-Bissau
Guinée
Sierra Leone
Liberia
Mali
Niger
Burkina Faso
Togo
Bénin
Côte d'Ivoire
Ghana
Lomé
Lagos
Abidjan
Cotonou
Nigeria
Tchad
Soudan
République de Djibouti
Somalie
Éthiopie
Cameroun
République centrafricaine
Bangui
Guinée equatoriale
São Tomé & Principe
Libreville
Gabon
Congo
Pointe-Noire
Kinshasa
Luanda
République démocratique du Congo
Ouganda
Kenya
Ruanda
Burundi
Tanzanie
Angola
Zambie
Malawi
Mozambique
Zimbabwe
Namibie
Botswana
Swaziland
Afrique du Sud
Lesotho
Madagascar
Comores
Mayotte
Seychelles
Maurice
Réunion

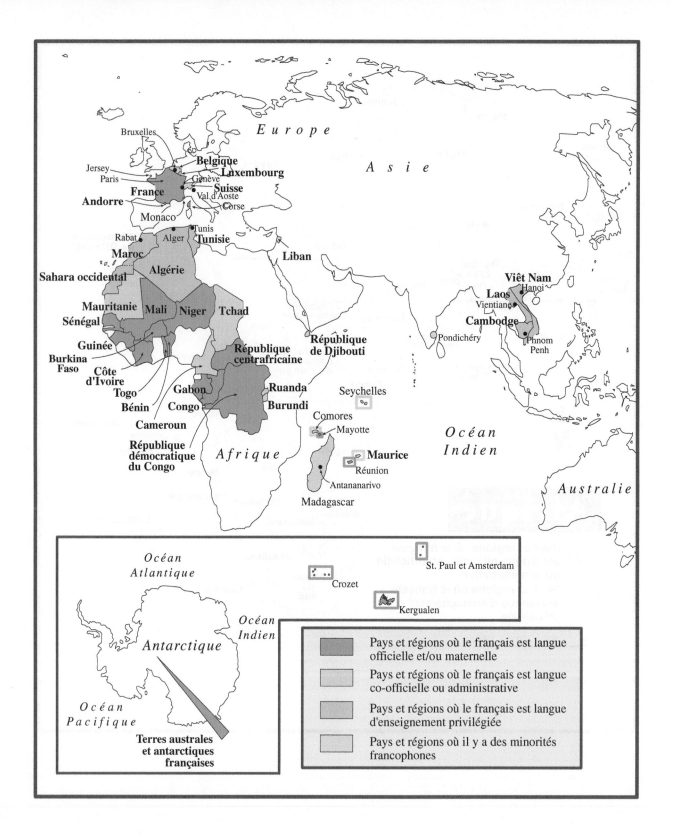

Pays et régions où le français est langue officielle et/ou maternelle

Pays et régions où le français est langue co-officielle ou administrative

Pays et régions où le français est langue d'enseignement privilégiée

Pays et régions où il y a des minorités francophones

Le monde francophone

Le français dans le monde

Le château Frontenac à Québec.

« Pour tout homme, le premier pays est sa patrie, et le second, c'est la France ».

Thomas Jefferson

(Discours inaugural de 1801)

Un café de l'Île de la Réunion

VOS CAMARADES DE CLASSE ET LE FRANÇAIS

Mettez-vous par groupes de deux ou trois (choisissez des camarades de classe que vous ne connaissez pas encore). Posez-vous d'abord les trois premières questions pour faire connaissance, puis parlez de vos idées sur le français et de vos expériences avec cette langue. Prenez des notes, puis choisissez quelques détails intéressants et présentez-les à la classe.

A. Faisons connaissance

1. Comment t'appelles-tu? D'où viens-tu?
2. Qu'est-ce que tu étudies? Quels cours préfères-tu?
3. Choisis deux ou trois adjectifs pour te décrire.

B. Parlons du français et du monde francophone

4. Depuis quand est-ce que tu apprends le français?
5. Pour quelles raisons as-tu choisi d'apprendre le français?
6. As-tu déjà visité la France ou une autre région francophone? Si oui, où es-tu allé(e)?
7. Est-ce que tu connais des films ou des acteurs français? Lesquels?
8. Quelles entreprises *(companies),* quelles marques *(brands)* ou quels produits français connais-tu?
9. A ton avis, pourquoi y a-t-il souvent des inscriptions en français sur les produits que l'on achète aux Etats-Unis ou au Canada?
10. Qu'est-ce que tu voudrais apprendre ce semestre en cours de français?

Lecture

AVANT DE LIRE

Selon vous, quelle langue étrangère la plupart des élèves français choisissent-ils d'apprendre? Pourquoi? Dans votre pays, à part l'anglais, quelle(s) langues(s) vivante(s) apprend-on à l'école? Pourquoi? A quel âge commence-t-on à apprendre une langue étrangère dans votre pays?

Enseignement des langues étrangères en France

Le système scolaire français prévoit l'enseignement de deux à trois langues vivantes dans le cursus des petits Français: l'anglais, l'allemand et l'espagnol, mais aussi l'italien, le portugais et d'autres encore. Quelles langues sont aujourd'hui populaires? En 6ème, vers l'âge de 11 ans, les écoliers choisissent une première langue étrangère, typiquement l'anglais ou l'allemand. Neufs écoliers sur dix optent pour l'anglais. En 4ème, il y a un nouveau choix. Les options sont quasi invariablement anglais-allemand-espagnol. C'est l'espagnol qui remporte le plus de succès auprès de 70% des collégiens. 13% choisissent l'allemand et 11% de ceux qui avaient pris l'allemand en première langue choisissent l'anglais. La troisième langue, choisie par un faible pourcentage de lycéens à 15 ans (4%) offre un choix plus éclectique, uniquement dans certains établissements. Autrefois concurrencé par l'italien, le portugais est devenu le choix le plus populaire ces 20 dernières années avec près de 70%. L'italien demeure bon second avec 20%, loin derrière arrivent le russe, le chinois et autres.

www.lexiophiles.com

A DISCUTER

Pourquoi, selon vous, les jeunes Français choisissent-ils d'apprendre l'espagnol et l'allemand? Dans quelles régions de France les élèves choisiraient-ils ces langues? Pourquoi apprendre d'autres langues telles l'italien, le chinois, le japonais, l'arabe, le russe ou le swahili? Donnez quelques raisons pour ces choix.

POUR MIEUX S'EXPRIMER

There are several French expressions that allow you to express the idea of causality *(because)*. The three most common are **parce que** + *subject* + *verb*, **car** + *subject* + *verb*, and **à cause de** + *noun*. In English we use the same word, *because*, for all constructions.

Compare: Je voudrais visiter le Québec **parce qu'on** y **parle** français.
Il ne veut pas y vivre **car les hivers** y **sont** trop durs.
Les Québécois se moquent des Français **à cause de** leur **cuisine**.

Lecture

La chanson que vous allez lire et écouter est de Lynda Lemay, auteur-compositeur-interprète, née à Portneuf, au Québec, en 1966. Lynda Lemay commence à chanter en 1988 et son premier album sort en 1990. Depuis, avec plus de seize albums en vingt-quatre ans de carrière, elle fait des tournées en Europe et au Canada. Elle a remporté de nombreux prix, dont le prix Montfort du Rayonnement de la francophonie sur la scène internationale en 2004. La chanson suivante est tirée de son album *Du coq à l'âme*[1], sorti en 2000.

AVANT DE LIRE

Quelles images stéréotypées les Nord-Américains anglophones ont-ils des Français? Et existe-t-il des stéréotypes concernant le Canada (climat, nature, cuisine, habitudes, langues, etc.)?

POUR MIEUX COMPRENDRE

Dans cette chanson, Lynda Lemay reproduit un peu le français parlé au Québec (registre familier). Il s'agit surtout de différences de prononciation (les lettres qui ne sont pas prononcées: **y = ils, à tout bout d'champ = à tout bout de champ, s'donnent des bis = se donnent des bises, pis = puis**) et de vocabulaire québécois (**dîner / souper, toilettes / salle de bains**). Parcourez les paroles de la chanson pour trouver d'autres exemples de cette façon de parler et donnez l'équivalent en français standard. Remarquez tous les vers qui commencent par « Y » [Ils]. De qui s'agit-il?

---

[1] Jeu de mots, de l'expression **passer du coq à l'âne**: passage sans transition d'un sujet à l'autre *(abrupt change of subject)*. l'âme = *soul*

Les maudits° Français

maudits *accursed, damned*

Y parlent avec des mots précis
Puis y prononcent toutes leurs syllabes
A tout bout d'champ°, y s'donnent des bis°
Y passent leurs grandes journées à table

🔊 CD 1, Track 2

A... A tout instant /
s'donnent... s'embrassent

5   Y ont des menus qu'on comprend pas
Y boivent du vin comme si c'était d'l'eau
Y mangent du pain pis° du foie gras
En trouvant l'moyen d'pas être gros

pis puis

Y font des manifs° aux quarts d'heure
10 A tous les maudits coins d'rue
Tous les taxis ont des chauffeurs
Qui roulent en fous, qui collent au cul°

manifs manifestations
(demonstrations)

collent... (très fam.) *are right
on your tail*

Et quand y parlent de venir chez nous
C'est pour l'hiver ou les Indiens
15 Les longues promenades en Ski-doo°
Ou encore en traîneau° à chiens

Ski-doo *brand of snowmobile*
traîneau *sled*

Ils ont des tasses minuscules
Et des immenses cendriers°
Y font du vrai café d'adulte
20 Ils avalent ça en deux gorgées°

cendriers *ashtrays*

gorgées *gulps*

On trouve leurs gros bergers allemands
Et leurs petits caniches° chéris
Sur les planchers° des restaurants
Des épiceries, des pharmacies

caniches *poodles*
planchers *floors*

25 Y disent qu'y dînent quand y soupent
Et y est deux heures quand y déjeunent[2]
Au petit matin, ça sent l'yaourt
Y connaissent pas les œufs-bacon

En fin d'soirée, c'est plus choucroute°
30 Magret d'canard° ou escargots
Tout s'déroule bien jusqu'à c'qu'on goûte
A leur putain de° tête de veau[3]

choucroute *sauerkraut*
magret... *duck breast*

putain de (très fam.) *(here)
damned*

---

[2] Au Québec, on dit « **le déjeuner** » pour « **le petit déjeuner** », « **le dîner** » pour le repas de midi et
"**le souper**" pour le repas du soir.

[3] La « **tête de veau** » est un plat fait avec la tête d'un veau; dans la strophe qui suit Lynda Lemay
énumère les parties de la tête qui sont utilisées.

paupière *eyelid* / **gencive** *gum*	Un bout d'paupière°, un bout d'gencive°
museau *snout*	Un bout d'oreille, un bout d'museau°
papilles... *taste buds*	35 Pour des papilles gustatives°
	De Québécois, c'est un peu trop

paupière *eyelid* / gencive *gum*
museau *snout*
papilles... *taste buds*

    Un bout d'paupière°, un bout d'gencive°
    Un bout d'oreille, un bout d'museau°
35 Pour des papilles gustatives°
    De Québécois, c'est un peu trop

    Puis, y nous prennent pour un martien
    Quand on commande un verre de lait
    Ou quand on demande: La salle de bain
40 Est à quelle place, s'il vous plaît?[4]

tuque *bonnet de laine*
Kanuk *marque d'anorak*

    Et quand ils arrivent chez nous
    Y s'prennent une tuque° et un Kanuk°
    Se mettent à chercher des igloos
    Finissent dans une cabane à sucre

tombent... *tombent amoureux de*

45 Y tombent en amour° sur le coup
    Avec nos forêts et nos lacs
    Et y s'mettent à parler comme nous

Tabarnak *swear word in Quebec, comes from "Tabernacle"*

    Apprennent à dire: Tabarnak°

saoulés *drunk* / caribou *boisson composée de vin rouge et d'alcool fort*
ragoûts *stews* / pattes *pieds d'un animal* binnes *beans*

    Et bien saoulés° au caribou°
50 A la Molson et au gros gin
    Y s'extasient sur nos ragoûts°
    D'pattes° de cochon et nos plats d'binnes°

puent *stink*

    Vu qu'on n'a pas d'fromages qui puent°
    Y s'accommodent d'un vieux cheddar
55 Et y se plaignent pas trop non plus

bâtard *dilué et insipide*

    De notre petit café bâtard°

    Quand leur séjour tire à sa fin
    Ils ont compris qu'ils ont plus l'droit
    De nous appeler les Canadiens
60 Alors que l'on est Québécois

trempés *wet (with tears)*
érable *maple*

    Y disent au revoir, les yeux tout trempés°
    L'sirop d'érable° plein les bagages
    On réalise qu'on leur ressemble
    On leur souhaite bon voyage

On... *On a accepté* donne... *se fait la bise*

65 On est rendu qu'°on donne des becs°
    Comme si on l'avait toujours fait
    Y a comme un trou dans le Québec
    Quand partent les maudits Français

Les maudits Français by Lynda Lemay © 2000 Éditions Raoul Breton France Music Corp
c/o Lipservices for USA. Used with permission. All Rights Reserved. International Copyright
Secured. Lynda Lemay "Les maudits Français" (3:08)(Lynda Lemay)Les Ed. Raoul Breton(P)
2000 Lynda LemayCourtesy of/Avec l'aimable autorisation de Warner Music Canada Co.ISRC#:
CA-W11-00-01860

[4] Les Français disent « **toilettes** » ou « **W.-C** ». au lieu de « **salle de bains** » et « **endroit** » au lieu de « **place** ».

COMPRENEZ-VOUS?

A **Français ou Québécois?** Dans la chanson, à quelle nationalité Lynda Lemay associe-t-elle les caractéristiques suivantes?

1. parler très clairement
2. souper le soir
3. être mince mais manger et boire beaucoup
4. boire de la Molson
5. conduire de manière agressive
6. amener des chiens partout
7. passer beaucoup de temps à table
8. manger des haricots blancs et du porc
9. s'embrasser en arrivant et en partant

B **La couleur locale.** Avec un(e) partenaire, faites les activités suivantes, basées sur les paroles de la chanson. Comparez vos listes à celles de vos camarades de classe.

1. Énumérez les plats et les boissons associés aux Français dans ce texte. Ensuite, faites la même chose pour les plats (ou aliments) et les boissons associés aux Québécois.
2. Selon l'auteur, pourquoi les Français visitent-ils le Québec?

C **Des stéréotypes.** En groupes de deux ou trois, parcourez encore une fois la chanson pour trouver les réponses aux questions suivantes.

1. De quels aspects de la France et des Français la chanson se moque-t-elle? Quelles images stéréotypées des Français trouve-t-on dans la chanson?
2. Quelles images stéréotypées les Français ont-ils du Canada?

D **Le message.** Avec un(e) partenaire, discutez du message de cette chanson en répondant aux questions suivantes.

1. Pourquoi Lynda Lemay insiste-t-elle sur le fait que les gens décrits dans la chanson sont québécois et non pas canadiens?
2. Quel est le message des deux dernières strophes de la chanson?

ALLEZ PLUS LOIN

Avec deux ou trois camarades de classe, imaginez un clip vidéo pour cette chanson. Créez un plan pour le scénario. Quelles images choisiriez-vous? Allez sur *www.youtube.fr* pour voir s'il y a un clip pour la chanson. Comparez-le à votre scénario.

© Philippe Renault

Les études

A LES LIEUX

l'école maternelle *f.*	*preschool*
l'école primaire *f.*	*elementary school*
le collège	*middle school*
le lycée	*high school*
l'université *f.*	*college, university*
la salle de classe	*classroom*
la faculté, la fac *(fam.)*	*school within university*
la fac de médecine	*the medical school*
la fac de droit	*the law school*
l'amphithéâtre *m.*, l'amphi *(fam.)*	*lecture hall*

B LES GENS

l'élève *m.f.*	*primary and secondary school student*
le (la) lycéen(ne)	*high school student*
l'étudiant(e)	*university student*
l'instituteur(-trice), le (la) maître (maîtresse)	*elementary school teacher*
un(e) nul(le) *(fam.)*, un zéro	*poor student*
une tête *(fam.)*	*very bright student*

© Ian Hanning/REA/Redux

Pour obtenir des exercices et activités supplémentaires sur le contenu de ce chapitre, rendez-vous sur le site www.cengagebrain.com

C LES CHOSES

la bourse	scholarship, fellowship
l'enseignement m.	education, instruction
les matières f. (obligatoires)	(required) courses
le cursus	curriculum
la filière	area of concentration
la rentrée	return to school (in fall or after school break)
les droits m. d'inscription	registration fees
la note[1]	grade
la moyenne	grade average
l'UE[2] f.	course credit
le relevé de notes	student record in elementary and secondary school
le dossier	student record (university) including grades
la rédaction	composition
la dissertation, la dissert (fam.)	essay, paper (English, history, etc.)
la thèse	thesis
le (les) cours magistral(-aux)	lecture course(s)
les travaux dirigés, (les TD) m. pl.	discussion section, lab
l'interrogation f. l'interro (fam.), le contrôle	test, quiz
le partiel	midterm exam
l'examen m.	exam
l'examen blanc	practice test
les heures de permanence f.pl.	office hours
le stage	internship

[1] En France, les notes vont de 0 à 20. Au lycée comme à l'université, on utilise le système suivant: 18–20: *excellent*; 16–18: *très bien*; 14–16: *bien*; 12–14: *assez bien*; 10–12: *passable*; 0–9: *insuffisant*. Les notes 18–20 sont plutôt rares. Certains disent que 19 est réservé pour le professeur et 20 pour le bon Dieu.

[2] l'unité d'enseignement

La Faculté de Droit, Paris

D LES ACTIVITES

se débrouiller to get along	to manage, to cope,
s'inscrire	to register
suivre un cours	to take a class
réviser	to review
redoubler (une année) (un cours)	to repeat (a year) (a course)
sécher un cours (fam.)	to skip a class
rendre (un devoir)	to turn in (a homework assignment)
passer un examen	to take a test
réussir (à) un examen	to pass a test
échouer à un examen, rater un examen	to fail a test
bosser (fam.)	to study hard
bosser à la dernière minute	to cram
tricher, pomper (fam.)	to cheat
se spécialiser en	to major in
obtenir son diplôme	to receive a diploma, to graduate (American system)

Vocabulaire

A **L'âge et l'enseignement.** Quels établissements scolaires fréquentent les Français aux âges indiqués ci-dessous? (Référez-vous à la liste A du vocabulaire au début du chapitre.) Qu'est-ce que les élèves/étudiants aiment faire dans ces établissements scolaires?

Modèle: 5 ans
A l'âge de 5 ans, les Français fréquentent l'école maternelle. A cet âge-là, les élèves aiment dessiner.

PREPARATION GRAMMATICALE

Avant de continuer, révisez l'usage et la formation du présent, pages 145–148.

1. 16 ans   **4.** 4 ans
2. 7 ans   **5.** 12 ans
3. 20 ans

B **Comment dit-on?** Donnez l'infinitif du verbe de la liste D du vocabulaire qui correspond à chacune des situations suivantes.

1. Ce qu'on doit faire avant de suivre un cours.
2. Ce que font beaucoup d'étudiants la veille *(the night before)* d'un examen.
3. Ce que fait un étudiant qui est trop fatigué ou qui est malade.
4. Ce qu'on est obligé de faire en France quand on a de très mauvaises notes.
5. Ce qui arrive quand on ne peut pas répondre aux questions pendant un examen.
6. Ce qu'on fait pour être sûr d'avoir une très bonne note dans un cours.
7. Ce qui se passe pour l'étudiant qui a assez d'UE à l'université.
8. Ce que font les mauvais élèves pour avoir une meilleure note.
9. Ce que les étudiants font de leurs devoirs une fois qu'ils les ont finis.
10. Ce que font les étudiants qui se sont bien préparés pour un examen.

Saviez-vous que... ?

Depuis 2006 le cursus universitaire, dit LMD, s'organise autour de trois diplômes: la licence (six semestres), le master (quatre semestres supplémentaires) et le doctorat (généralement trois ans après le master). Ce cursus européen permet aux étudiants de faire des études dans d'autres pays avec le même système de diplômes et de passer plus facilement d'une discipline à une autre, et d'une formation générale à une formation professionnelle.

Source: cursus universitaire

C **Positive ou négative?** Lisez les mots suivants. Est-ce qu'ils provoquent chez vous une réaction positive ou négative? Pourquoi?

Modèle: mon dossier
J'ai une réaction positive parce que je suis toujours content(e) de mon travail.

1. la rentrée
2. l'école maternelle
3. un cours magistral
4. une dissertation
5. une tête
6. les matières obligatoires

Maintenant, trouvez un(e) partenaire et comparez vos réactions. Si vous n'avez pas les mêmes réactions à chaque mot, essayez de découvrir pourquoi. Expliquez vos réactions par rapport à celles des autres membres de la classe.

The present tense is used to talk about what is happening *now,* to make *generalizations,* or to speak about *habitual actions.* The present tense can also indicate what is *going to happen* in the *near future* or what *has just happened* in the *recent past.* For more details, see pages 145–148.

D **Une tête ou un nul?** Avec un(e) camarade de classe, rédigez deux portraits: celui du (de la) meilleur(e) et celui du (de la) plus mauvais(e) étudiant(e) dans une classe typique au lycée ou à l'université. Pour chacune des descriptions, écrivez quatre ou cinq phrases et utilisez autant de mots des listes de vocabulaire que possible.

une tête

un nul

E **Le cours idéal.** Parmi les matières suivantes, choisissez-en une. Ensuite, trouvez un(e) autre étudiant(e) qui a fait le même choix.

Matières: la biologie, l'histoire, les langues étrangères, les mathématiques, la psychologie, la musique, l'art

1. Avec votre partenaire, décrivez le cours idéal dans cette matière du point de vue du professeur. Comment sont les étudiants? Qu'est-ce qu'ils font? Que doit faire le professeur?
2. Décrivez maintenant le cours idéal dans cette même matière du point de vue de l'étudiant. Que fait le professeur? Que font les étudiants? Comment sont les devoirs et les examens?
3. Comparez vos descriptions à celles de vos camarades de classe.

Lecture

Le passage que vous allez lire est tiré du roman *Kiffe kiffe demain*, de Faïza Guène, publié en 2004 quand l'auteur n'avait que dix-neuf ans. Ce premier roman a été l'une des meilleures ventes de 2004 et a été traduit dans 26 pays. Guène, fille d'immigrés algériens, a grandi en banlieue parisienne. Elle a publié deux autres romans depuis la sortie de ce premier et elle a aussi réalisé plusieurs films. Dans l'extrait suivant, Doria, une fille d'origine marocaine qui a quinze ans, parle de son travail à l'école.

Faïza Guène

ENTRONS EN MATIERE

Avez-vous souvent reçu des commentaires écrits sur la qualité de votre travail dans un cours? Est-ce que vous en recevez à l'université? Vous en avez reçu au lycée? Avez-vous jamais reçu des commentaires que vous trouviez injustes, ou que vous aviez peur de montrer à vos parents? Préférez-vous recevoir de vos profs des commentaires écrits ou juste une note finale?

AVANT DE LIRE

Dans le système éducatif en France, les professeurs indiquent les notes des élèves à la fin de chaque trimestre dans le bulletin de notes, et à la fin de l'année académique dans le relevé des notes. Ils y mettent aussi leurs « appréciations » — c'est-à-dire, des commentaires pour expliquer les notes données. Ces commentaires ont pour but d'informer les parents, mais cela n'est pas toujours le cas. Pourquoi, à votre avis?

Extrait de *Kiffe kiffe demain*

Du côté du lycée, le trimestre s'est achevé aussi mal qu'il avait commencé. Heureusement que ma mère ne sait pas lire. Enfin, je dis ça surtout par rapport au bulletin... S'il y a bien un truc qui m'énerve, ce sont les profs qui font un concours d'originalité pour les appréciations. Résultat: elle sont toutes aussi connes° les unes que les autres... La

5 pire que j'aie jamais eue, c'est Nadine Benbarchiche, la prof de physique-chimie, qui l'a écrite: « Affligeant°, désespérant, élève qui incite à la démission° ou au suicide... » Elle pensait certainement faire de l'humour. J'avoue là, elle a fait fort. C'est vrai que je suis nulle mais bon, faut pas exagérer. [...] Sinon, ce que je retrouve toujours et que j'appelle les appréciations récurrentes, c'est: « semble perdue » ou bien « semble ail-

10 leurs » ou, pire, des trucs qui font pitié, style:

« Redescendez sur terre »! La seule qui m'a écrit un truc sympa, c'est Mme Lemoine, la prof de dessin, enfin pardon, d'arts plastiques. Elle a marqué: « Des qualités plastiques »... Bon, OK, ça veut rien dire mais c'est sympa quand même.

connes stupides

affligeant lamentable **démission** acte par lequel on abandonne son travail

Malgré mes qualités plastiques, une copine de Maman a proposé que son fils vienne
15 m'aider à faire mes devoirs. D'après elle, j'aurai plus que des bonnes notes parce que
son fils Nabil c'est un génie. J'ai remarqué que les mères arabes pensent souvent ça de
leurs fils. [...]

Depuis quelques semaines, Nabil vient donc chez moi de temps en temps pour
m'aider dans mes devoirs. Ce type, il se la raconte trop! Il croit qu'il connaît tout sur
20 tout. La dernière fois, il s'est foutu de ma gueule° parce que je croyais que *Zadig*[3],
c'était une marque de pneus. Il a rigolé pendant trois quarts d'heure rien que pour
ça... Un moment, en voyant que ça ne me faisait pas rire du tout, il a dit: « Nan,° mais
t'inquiète pas, je plaisante, tu sais c'est pas grave, dans la vie, y a les intellectuels et y a
les autres... »

s'est foutu... s'est moqué de moi

nan ici: non

« KIFFE KIFFE DEMAIN » de Faïza GUENE © Librairie Arthème Fayard, 2004

COMPRENEZ VOUS?

A. Globalement

Faites le portrait de Doria, en vous basant sur les détails du texte qui révèlent son
caractère, ses intérêts, etc.

B. En détail

1. Doria est-elle vraiment contente que sa mère ne sache pas lire?
2. Cette année scolaire est-elle différente des précédentes pour Doria? Comment le
savez-vous?
3. Si la mère de Doria ne sait pas lire, comment sa copine sait-elle que Doria a
besoin de l'aide de son fils?
4. Quel mot du vocabulaire de ce chapitre peut-on utiliser pour décrire Nabil?
5. Pensez-vous que Nabil réussira à aider Doria dans son travail? Pourquoi?

CHERCHEZ LA FORME

1. Au début de cet extrait il y a un exemple d'un verbe qui a une orthographe
pour les formes *je, tu, il (elle), ils (elles)* et une autre orthographe pour les
formes *nous* et *vous*. Identifiez ce verbe, et conjuguez-le au présent à la forme
non-pronominale.
2. Plus loin dans l'extrait il y a un exemple d'un verbe qui double une consonne
pour les formes *je, tu, il (elle), ils (elles)*. Identifiez-le et mettez-le aux trois
formes de l'impératif.
3. La dernière phrase de l'extrait est grammaticalement incorrecte. Ecrivez ce que
dit Nabil « en bon français ».

[3] *Zadig* est un conte philosophique de Voltaire, publié en 1747.

ALLEZ PLUS LOIN

Quels conseils Dora peut-elle donner à Nabil pour qu'il puisse vraiment l'aider à faire ses devoirs? Imaginez que vous êtes Doria et que vous parlez à Nabil. Mettez vos conseils à la forme impérative.

PREPARATION GRAMMATICALE

Avant de continuer, révisez l'usage de l'infinitif, de l'impératif et du faire causatif, pages 148-152.

Applications

A **Les études.** Parlez de ce qu'on fait dans vos cours cette année à l'aide des verbes suivants. Utilisez les sujets donnés et ajoutez des objets directs et indirects, des adverbes, des négations, etc. afin de créer des phrases intéressantes.

1. lire (nous)
2. sécher (je)
3. réussir (ma meilleure amie)
4. rendre (les étudiants)
5. obtenir (vous)
6. préférer (tu)
7. choisir (vous)
8. partager (nous)
9. dormir (les nuls)
10. répondre (je)
11. offrir (les profs)
12. suivre (ce garçon)

RAPPEL In pronominal (reflexive) constructions, the reflexive pronoun agrees with the subject of the reflexive verb (**je/me, tu/te,** etc.). NOTE: the impersonal subject pronoun **on** takes the pronominal pronoun **se.** For more details, see pages 147–148.

B **S'inscrire en fac.** Vous faites la queue avec beaucoup d'autres étudiants frustrés le jour des inscriptions. Vous bavardez avec eux. En utilisant les éléments donnés, imaginez quelques commentaires.

Modèles: Je / se demander
Je me demande pourquoi on fait la queue.
Ce jeune homme / s'endormir
Regarde! Ce jeune homme s'endort debout!

1. Je / s'inscrire (en cours...)
2. Tu / s'appeler?
3. Ces garçons / se fâcher
4. Cette fille-là / s'intéresser (à...)
5. Les gens de ce groupe / ne pas se parler
6. Toi et ton ami, vous / s'inquiéter (de... / parce que...)
7. Tout le monde / se disputer
8. Enfin on / se débrouiller
9. Nous / se calmer

La Sorbonne

C **Les adultes et les jeunes.** Quelquefois, les jeunes se plaignent de l'autorité de leurs parents et de leurs professeurs. Ils disent qu'on est toujours en train de leur donner des ordres. Complétez les phrases suivantes en vous basant sur votre propre expérience, ou inventez une réponse logique.

Modèle: Si je veux aller au cinéma, mes parents me font…
Si je veux aller au cinéma, mes parents me font finir tous mes devoirs avant de partir.

1. Quand j'ai une mauvaise note, mon père me fait…
2. Si je ne sais pas répondre à une question, le professeur me fait…
3. Tous les soirs, ma mère me fait…
4. Juste avant les examens, tous les profs me font…
5. Pendant la semaine des examens, mes parents me font…
6. Si je sèche un cours, mon père me fait…
7. Si je ne rends pas un devoir, le professeur me fait…
8. Quand j'échoue à un examen, ma mère me fait…

D **Encore des ordres!** M. Dupont, le prof de français, n'a pas bien dormi, alors il est de mauvaise humeur. Il ne parle pas à ses élèves; il leur donne des ordres! Réfléchissez à votre propre expérience dans un cours de langue pour vous aider à compléter les ordres que M. Dupont donne à ces pauvres élèves. (Notez que M. Dupont tutoie ces jeunes gens.)

> **Modèle:** Camille / ne pas s'arrêter... !
> Camille, ne t'arrête pas de travailler!

1. Samia / se tenir bien!
2. Rachid / répondre... !
3. Julia / s'asseoir... !
4. Madjid / ne pas dormir... !
5. Aline / répéter... !
6. Stéphanie et Kevin / faire... !
7. Audrey et Souleymane / finir... !
8. (A la classe) / savoir... !
9. (A ceux qui ne font pas attention) / se taire... !
10. (A la classe, à la fin de l'heure) / ne pas oublier... !

RAPPEL

Infinitives have many different uses. When one verb follows another, the first verb is conjugated and the second verb remains in the infinitive form. Additionally, a verb that follows a preposition usually remains in its infinitive form. For more details, see pages 148–150.

E **Les idées sur le travail.** Les étudiants ne travaillent pas tous de la même façon. Comparez vos méthodes de travail avec un(e) autre étudiant(e).

- Dites si vous êtes d'accord avec chacune des phrases suivantes.
- Trouvez ensemble deux autres techniques qui peuvent faciliter vos études.

1. Il faut travailler au moins deux heures par jour pour chaque cours que l'on suit.
2. Il vaut mieux lire chaque livre deux fois.
3. Il ne faut jamais prêter ses notes aux autres étudiants.
4. On ne réussit pas si on ne dort pas au moins huit heures par nuit.
5. On travaille mieux dans sa chambre qu'à la bibliothèque.
6. Il faut poser beaucoup de questions en cours.
7. Pour obtenir une meilleure note, il faut s'asseoir au premier rang, devant le prof.
8. En cours de langue, il faut apprendre par cœur tous les mots de vocabulaire.
9. En cours de biologie, il faut passer deux fois plus de temps au laboratoire que ce que le prof suggère.
10. Il vaut mieux passer beaucoup de temps dans le bureau de ses profs.

F **Les études: On n'a pas les mêmes idées.** Mettez-vous par groupes de trois ou quatre. Un(e) d'entre vous joue le rôle d'un(e) étudiant(e) qui entre en première année de fac. Les autres, des anciens, sont là pour le/la guider et l'aider à réussir. Les anciens choisissent ensemble un des points de vue suivants et essaient de convaincre le (la) nouveau (nouvelle) que leur suggestion est essentielle pour réussir à l'université. Celui-ci / Celle-ci leur pose des questions.

1. Le plus important, c'est d'avoir les meilleures notes possibles dans tous tes cours.
2. L'essentiel, ce sont les copains. Il faut se faire beaucoup d'amis.
3. L'important, c'est de suivre des cours intéressants, même s'ils sont difficiles ou qu'ils ne sont pas dans ta filière.
4. L'engagement politique ou humanitaire, c'est ça qui compte.

Lecture

Agathe Demarais, 21 ans, étudiante en quatrième
année à Sciences Po[4], a passé l'année scolaire 2006–
2007 à l'University of British Columbia (UBC), à
Vancouver. Une année entre études et voyages!

ENTRONS EN MATIERE

Pour quelle(s) raison(s) décide-t-on de quitter sa
propre université pour aller étudier dans un pays
étranger? Comment choisit-on où aller? Qu'est-ce
qu'on gagne et qu'est-ce qu'on perd quand on quitte
son milieu habituel pour vivre dans un autre pays?

AVANT DE LIRE

Vancouver, British Columbia

Pour vous aider à mieux comprendre les idées, lisez d'abord les questions qui précèdent
chaque paragraphe. De quoi s'agira-t-il dans chaque partie? Faites une liste des idées
principales.

« J'ai étudié un an à Vancouver »

PREMIÈRE PARTIE

Dans quel cadre° êtes-vous partie?

      cadre ici: programme

Je suis partie à l'UBC (University of British Columbia) à Vancouver, sur la côte ouest
du Canada dans le cadre d'un échange avec Sciences Po. J'ai été accueillie dans le programme *undergraduate* (premier cycle) où j'ai suivi des cours de premier, deuxième,
troisième et quatrième semestre de *Bachelor*. J'ai passé un an sur place, de septembre
5 à la fin juin, car même si l'année universitaire s'est terminée fin avril, j'ai profité de
mon séjour pour beaucoup voyager. J'ai terminé mon année par un *roadtrip* entre les
Rocheuses canadiennes, le Yukon, l'Alaska et la côte Pacifique de l'Alaska à Vancouver
en ferry, après avoir voyagé en mai à Washington DC, Philadelphie, San Francisco et
Las Vegas.

10 *Pourquoi avoir choisi cette destination?*

Pour plusieurs raisons, les principales étant la beauté des paysages de la côte ouest
canadienne, très méconnue° en France, et les opportunités de ski extraordinaires.

      méconnue peu connue

---

[4] L'institut d'Etudes Politiques (= sciences politiques) est une des grandes écoles à Paris. Pour pouvoir y
faire des études, les étudiants doivent réussir à un concours, un examen très compétitif, pour lequel ils
suivent deux ans de cours préparatoires (prépas) après le bac.

Whistler, qui accueillera les JO° de 2010, n'est qu'à 1h30 de bus de UBC, et il y a un départ chaque vendredi, samedi et dimanche. Ensuite, il y a la qualité des études:

15 UBC est une excellente université, particulièrement renommée en économie, en anthropologie et en sciences. Enfin, choisir le Canada, c'était aussi faire l'expérience de la vie nord-américaine, sur un campus splendide (avec plage et parc régional), bref, le rêve...

Quelles sont les principales différences entre les systèmes d'études français et canadiens?

20 D'abord, il y a beaucoup moins de cours qu'en France, une douzaine d'heures par semaine en fait, mais beaucoup de lectures à faire chez soi... et nécessaires pour pouvoir participer à la discussion! En effet, les cours sont vraiment interactifs, avec une forte participation des étudiants, même dans des amphis de 120 personnes. Mais s'il ne fallait retenir qu'une différence, j'insisterais sur cette participation orale des étudiants, et

25 sur les rapports privilégiés avec les professeurs. Par exemple, ils répondent à vos e-mails en une heure ou ils ont des heures de permanence pour répondre à vos questions...

COMPRENEZ-VOUS?

1. Dans quelle école Agathe Demarais fait-elle ses études en France?
2. Pendant combien de temps est-elle restée en Amérique du Nord?
3. Pourquoi n'est-elle pas rentrée en France à la fin du semestre?
4. Quelles sont les raisons les plus importantes pour lesquelles elle a choisi UBC? Distinguez entre les raisons scolaires et les raisons « qualité de vie ».
5. Résumez les principales différences entre le système français et le système nord-américain, selon Agathe.

CHERCHEZ LA FORME

1. Passé → présent: Dans le premier paragraphe, mettez tous les verbes conjugués au passé composé au présent de l'indicatif.
2. Dans le troisième paragraphe, trouvez tous les infinitifs et expliquez leur usage (infinitif après une préposition, deuxième verbe après un verbe conjugué, etc.).

« J'ai étudié un an à Vancouver »

DEUXIÈME PARTIE

Sur place, qu'est-ce qui vous a le plus surprise?

Je pense que c'est l'immense décontraction° des habitants de Vancouver, qui sont vraiment très cool et zen... et la qualité de vie sur le campus, qui est immense: 40 000
5 étudiants y vivent. Il est ainsi réellement possible d'y passer une année entière sans en sortir. On y trouve tout: des piscines et des centres de sport, des coiffeurs, des commerces, des agences de voyages, des banques, un hôpital, la plage, et même un accélérateur de particules!

décontraction *laid-back attitude*

Combien d'heures de cours avez-vous par semaine?

10 J'avais une douzaine d'heures de cours par semaine, et très peu de travail personnel par rapport à Sciences Po! J'ai en fait passé mon année à voyager, étant donné que mes cours étaient le mardi, le mercredi et le jeudi. J'ai passé mon hiver à Whistler, et sinon j'ai bourlingué° en Amérique du Nord: Seattle, la Colombie-Britannique, New York, Montréal, Ottawa... En ce qui concerne le travail personnel, j'en avais au maximum
15 cinq heures par semaine! J'étais aussi professeur assistant de français à l'université, ce qui me prenait quatre heures par semaine et ce qui m'a permis de financer mes voyages!

bourlingué *mené une vie aventureuse*

Avez-vous connu des difficultés particulières, par exemple pour trouver un logement ou vous adapter à la vie quotidienne?

Pas du tout: l'université prend tout en charge, un logement est garanti à l'arrivée
20 de l'étudiant, et on vient même vous chercher à l'aéroport! Il y a plein de journées d'accueil pour rencontrer des gens et connaître les formalités à accomplir... impossible d'avoir des difficultés! Pour le financement du séjour, le coût de la vie à Vancouver est TRÈS inférieur à celui de Paris, et j'ai pu vivre vraiment de façon princière avec mon budget d'étudiante en France. Concernant l'adaptation à la vie quotidienne, tout s'est
25 très bien passé.

Quels conseils donneriez-vous aux Français qui veulent étudier au Canada?

Foncez°! C'est une opportunité unique, dont vous reviendrez vraiment profondément changé et grandi. C'est par ailleurs une excellente occasion de rentrer bilingue, tout en découvrant des matières auxquelles vous n'auriez pas pensé. Le système éducatif
30 nord-américain est en effet très libre, et il est tout à fait possible de prendre des cours d'astronomie ou d'anthropologie en plus de ses cours obligatoires.

Foncez! *Go for it!*

© L'Etudiant

COMPRENEZ-VOUS?

1. Qu'est-ce qu'Agathe apprécie à Vancouver et sur le campus?
2. Avait-elle un emploi du temps très chargé? Expliquez.
3. Comment Agathe a-t-elle eu assez d'argent pour voyager?
4. Comment l'université aide-t-elle les étudiants qui viennent d'arriver?
5. Qu'est-ce qu'Agathe conseille aux étudiants français? Pourquoi?

CHERCHEZ LA FORME

1. Dans le premier paragraphe de cette deuxième partie, quels adjectifs renforcent l'idée de la décontraction des habitants de Vancouver? Expliquez-les.
2. Dans le deuxième et le troisième paragraphes, donnez l'infinitif de chaque verbe conjugué.

ALLEZ PLUS LOIN

Quelle sorte d'étudiante est Agathe Demarais, selon vous? Donnez beaucoup de détails tirés du texte pour justifier votre opinion.

Activités d'expansion

Rendez-vous sur le site web de *Sur le vif* pour regardez la vidéo de Chapitre 1, puis complétez les activités à la page 17 du **Student Activities Manual**.

A **Le débat: les parents et les études.** La classe est divisée en trois groupes qui vont débattre du rôle que les parents doivent jouer dans la scolarité de leurs enfants. Voici les questions:

1. Qui choisit l'université?
2. Qui choisit les cours à suivre?
3. Qui décide de la profession / carrière de l'enfant?

GROUPE A: Vous pensez que les parents ont le droit de prendre ces décisions pour leur enfant. Expliquez pourquoi.

GROUPE B: Vous êtes opposé(e) à ce que les parents prennent la décision pour leur enfant. Expliquez pourquoi.

GROUPE C: Selon vous, la meilleure solution est de prendre les décisions ensemble. Expliquez comment cela peut se faire.

NOTE: N'oubliez pas qu'en français on **prend** une décision et on **fait** un choix.

Si vous êtes d'accord, vous pouvez dire:
Oui, c'est vrai. De plus,...
Moi aussi, je pense que...
C'est une bonne idée de...
Je dois avouer que tu as raison. En plus,...
C'est vrai ce que tu dis, parce que...

Si vous n'êtes pas d'accord, vous pouvez répondre:
Non, je ne crois pas que...
Je suis en total désaccord avec...
Je regrette, mais tu as tort de dire que...
A mon avis...
Au contraire...

B **L'importance des études dans la vie ordinaire.** A votre avis, les études à l'université sont-elles étroitement liées à la vie de tous les jours? En quoi? Connaissez-vous des gens qui ne partagent pas votre avis? Qui sont-ils? Pouvez-vous comprendre leur point de vue?

C **Des systèmes d'éducation bien différents.** En seconde, les élèves français suivent des enseignements communs et choisissent deux enseignements de détermination et une option facultative. En fin de seconde, ces choix les aident à opter pour un bac général ou technologique. Les élèves de première et terminale générale choisissent certaines matières qui déterminent la spécialité de leur baccalauréat: le Bac S (scientifique), le Bac L (littéraire), le Bac ES (sciences économiques et sociales), ou un des bacs technologiques. Au niveau universitaire, les étudiants suivent peu de cours en dehors de leur spécialisation. La situation aux Etats-Unis est très différente. Quels sont les avantages et les inconvénients des deux systèmes?

© Plantu

Les jeunes

A LE CORPS

être beau (belle)	*to be handsome, beautiful*
joli(e), laid(e)	*pretty, ugly*
fort(e), gros(se)	*strong, fat*
costaud	*robust*
mince, maigre	*thin, skinny*
avoir les cheveux...	*to have . . . hair*
longs, courts	*long, short*
fins, épais	*thin, thick*
raides, ondulés, frisés	*straight, wavy, curly*
ébouriffés, en bataille	*uncombed*
teints	*dyed*
être chauve	*to be bald*
avoir...	*to have . . .*
des dreads	*dreadlocks*
des tresses africaines	*corn rows*
la tête rasée	*a shaved head*
une barbe	*a beard*
... de trois jours	*"designer stubble"*
une moustache	*a moustache*
avoir le visage...	*to have a (an) . . . face*
ovale, rond	*oval, round*
carré	*square*
pointu	*pointed*
joufflu	*fat-cheeked*
avoir le nez...	*to have a . . . nose*
droit, busqué	*straight, hooked*
avoir les lèvres...	*to have . . . lips*
charnues, fines, pincées	*full, thin, pinched*
être...	*to be . . . (coloring)*
bronzé(e)	*tanned*
pâle, blême	*pale, sick-looking*
avoir le teint...	*to have a . . . complexion*
clair, mat	*light, dark*
avoir des taches de rousseur	*to have freckles*

© Clare Tufts

B LE CARACTERE

être, avoir l'air...	*to be . . . , to look . . . (to be . . . looking)*
franc (franche)	*honest*
éveillé(e), endormi(e)	*awake, sleepy*
malin (maligne)	*smart, shrewd*
dur(e), doux (douce), froid(e)	*hard, sweet, cold*
gentil(le)	*nice, kind*
sympathique, sympa	*friendly*
poli(e), impoli(e)	*polite, impolite*
discret(-ète)	*discreet*
sensible, insensible	*sensitive, insensitive*
rêveur(-euse)	*dreamer*
drôle	*funny*
désagréable	*unpleasant*
rouspéteur(-euse)	*grouchy*
paresseux(-euse)	*lazy*
énergique	*energetic*
décontracté(e)	*relaxed*
tendu(e)	*tense*
débrouillard(e)	*resourceful*
maladroit(e)	*awkward, clumsy*

 Pour obtenir des exercices et activités supplémentaires sur le contenu de ce chapitre, rendez-vous sur le site
www.cengagebrain.com

C LES VETEMENTS ET LES ACCESSOIRES

les vêtements...	. . . clothes
chic(s)[1]	stylish
démodés	out-of-style
vintage (invariable)	vintage
propres, sales	clean, dirty
le pantalon	pants
le jean (délavé)	(faded) jeans
le short[2]	shorts
le tee-shirt	T-shirt
le costume	suit (men)
le tailleur	suit (women)
le chemisier	blouse
le pull	sweater
l'imperméable (imper)	raincoat
le manteau	coat
le blouson (en cuir)	(leather) jacket
le maillot de bain	swimsuit
le chapeau	hat
le bracelet	bracelet
le collier	necklace
le vernis à ongles	nail polish
le maquillage	make-up
le piercing	body piercing
au nez, au nombril	nose ring, navel ring
le tatouage	tattoo
les baskets	athletic shoes
la chemise, la cravate	shirt (men), tie

la jupe, la robe	skirt, dress
la veste	suit jacket (men/women)
les chaussures, les bottes	shoes, boots
les sandales	sandals
la casquette	cap
la (les) boucle(s) d'oreille(s)	earring(s)

D LES ACTIVITES ET LES PASSE-TEMPS QUOTIDIENS

s'habiller	to dress
se coiffer	to comb one's hair
se couper les cheveux	to cut one's hair
se faire couper les cheveux	to have one's hair cut
se maquiller	to put on make-up
jouer (à) + sports et jeux	to play . . .
au tennis	tennis
au basket	basketball
au foot	soccer
au football américain	football
à des jeux vidéo	video games
jouer (de) + instruments de musique	to play . . .
du piano	piano
de la guitare	guitar
faire (de) + sports/activités	to go / to do . . .
du jogging	jogging
du lèche-vitrines	window-shopping
des courses	shopping
être...	to be . . .
musicien(-enne)	a musician
dans un groupe (de musique)	in a band
sportif(-ive)	athletic
membre d'une équipe	on a team

[1] Although technically an invariable adjective, it has become common to see it written with an -s in the plural; there is no alternate feminine spelling.

[2] Note that **pantalon, jean,** and **short** are all singular in French, whereas they are plural in English: **J'aime ton pantalon gris. Il porte un jean. Elle s'achète un short kaki.**

Vocabulaire

PREPARATION GRAMMATICALE

Avant de continuer, révisez la formation et le placement des adjectifs qualificatifs, pages 154–158.

A **Vive les différences!** Anne et Philippe sont de très bons amis, mais ils ne se ressemblent pas du tout—ni physiquement, ni de caractère. Décrivez Anne, en changeant les éléments nécessaires dans la description de Philippe.

Philippe est un homme costaud et plutôt laid. Il a les cheveux courts et frisés, le visage rond, le nez busqué et les lèvres charnues. Il a l'air endormi, et ses amis le trouvent insensible, rouspéteur et paresseux. Il porte toujours des vêtements sales et démodés. Il passe son temps à jouer à des jeux vidéo.

B **Comment dit-on?** Trouvez l'adjectif de la liste B du vocabulaire qui correspond à chacune des définitions suivantes.

1. qui s'exprime ouvertement, en toute honnêteté
2. qui n'attire pas l'attention
3. qui manque d'humanité, d'indulgence
4. qui évite l'effort
5. qui ne ressent pas d'émotions
6. qui ne se met pas en colère
7. qui est plein de vie, de vivacité
8. qui sait se tirer facilement d'affaire

RAPPEL In French, descriptive adjectives agree in *gender* (masculine / feminine) and in *number* (singular / plural) with the nouns or pronouns they modify. Although descriptive adjectives usually follow the nouns they modify, some short ones come before. A few adjectives change meaning depending on whether they precede or follow the noun they modify. For more details, see pages 154–158.

C **Comment sont-ils?** Décrivez en détail l'apparence de chacune des quatre personnes suivantes, en utilisant les listes A et C du vocabulaire.

1.

© Marc Fischer/iStockphoto.com

2.

© Vernon Leach/Alamy

3.

4.

D **Les « people ».** Choisissez une des personnes de la liste suivante et décrivez-la. Utilisez au moins trois adjectifs qui décrivent l'apparence et le caractère de cette personne.

1. Michelle Obama
2. Homer Simpson
3. Kate Middleton
4. le Prince Harry
5. Beyoncé
6. le président de la République française
7. Angelina Jolie
8. David Beckham

E **Pour faire le portrait...** Travaillez avec un(e) camarade de classe. Votre camarade va faire votre portrait et vous allez faire le sien.

1. Décrivez en détail l'apparence de votre partenaire en utilisant les listes A et C du vocabulaire.
2. Ensuite, essayez de deviner son caractère (toujours par écrit) en vous basant sur son apparence. Cette fois, utilisez le vocabulaire de la liste B.
3. Finalement, lisez à tour de rôle la description que vous avez faite de votre partenaire et réagissez à ce que vous entendez.
4. Dites à la classe si vous trouvez que votre partenaire vous a bien décrit(e) et justifiez votre opinion.

F **Les différences.** De temps en temps, nous voyons ou rencontrons des gens qui nous semblent bien différents, ou qui ont simplement l'air bizarre. Prenez quelques minutes pour réfléchir à la personne la plus « étrange » que vous ayez jamais vue. Faites-en une description précise en répondant aux questions suivantes.

1. Où était cette personne?
2. Que portait-elle?
3. Comment était cette personne, physiquement?
4. Du point de vue du caractère, comment vous imaginez-vous cette personne?
5. Que faisait cette personne?

Lecture

L'Agence du Service Civique, Groupement d'Intérêt Public, a été créée en France le 12 mai 2010. Toute personne de 16 à 25 ans peut effectuer son service civique, et les missions durent de 6 à 12 mois. Au total, selon les situations, les volontaires sont payés entre 548,14 € et 649,82 €/mois et ils bénéficient d'une protection sociale intégrale.

ENTRONS EN MATIERE

Avez-vous jamais fait du service civique? Si oui, racontez ce que vous avez fait. Est-ce que cela vous a plu? Si vous n'en avez jamais fait, voudriez-vous en faire un un jour? Quelle sorte de service civique vous intéresserait?

E. Perriot/Secours Catholique

Les jeunes plébiscitent le service civique

Lors de sa création, en mars 2010, rien ne garantissait que le service civique allait séduire les jeunes Français. Un an après, une étude TNS Sofres[3] révèle que cette nouvelle forme d'engagement rémunérée attire un public varié, qui y trouve surtout un intérêt personnel. 76% des jeunes inscrits sur le site Internet de l'Agence du
5   service civique estiment ainsi que cette expérience sera avant tout valorisante pour leur parcours professionnel et enrichira dans un premier temps leur curriculum vitae. Ce bénéfice individuel est cité comme le principal atout° de la formule, devant la satisfaction de pouvoir se rendre utile aux autres.

    En 2011, 15 000 jeunes pourront effectuer une mission d'intérêt général, en France
10   ou à l'étranger, dans les domaines de la solidarité°, de la santé, de l'environnement ou de la culture. Or° ils sont près de 45 000 à avoir déjà déposé, à ce jour, une candidature sur

atout avantage

solidarité action humanitaire / **or** *but*

---

[3] Sondage réalisé par Internet du 1er au 17 mars, auprès d'un échantillon de 2 143 jeunes, pour l'Agence du service civique.

Internet. Le niveau scolaire des candidats est, lui, très varié: 28% ont le bac, 20% sont même diplômés et possèdent une licence ou un master, 27% ont un brevet ou un BEP[4] Ils sont aussi 18% à n'avoir aucune qualification. On retrouve dans ce public une plus large proportion de filles (elles sont 61%), mais tous les âges, de 16 à 25 ans, sont représentés de manière équilibrée. « 18% des inscrits ont moins de 18 ans », remarque Martin Hirsch, président de l'Agence.

Les témoignages des jeunes engagés attestent du bénéfice personnel retiré de cette expérience. En mission au Mémorial de la Shoah[5], David, 20 ans, estime avoir acquis des compétences en communication qu'il utilisera plus tard, lorsqu'il aura repris ses études. « J'ai le sentiment d'être devenu plus adulte et de m'être enrichi », ajoute cet étudiant notamment chargé d'accueillir les descendants de déportés venus confier leurs documents personnels au Mémorial. « Ce genre de parcours° interpelle et marque les esprits des employeurs », remarque de son côté Lina, diplômée de HEC[6], qui a effectué une mission au sein du groupe SOS, association spécialisée dans l'accompagnement des exclus°, avant son premier emploi. « C'est une façon de montrer qu'on sort du lot° ».

parcours ici: travail

exclus les pauvres, les SDF, les vieux, etc. / **sortir du lot** *to stand out*

Adapté de: © Delphine Chayet / Lefigaro.fr / 22.04.2011

COMPRENEZ-VOUS?

1. Pour quelle(s) raison(s) les jeunes Français s'intéressent-ils aux missions offertes par l'Agence du Service Civique?
2. Quelle sorte de travail peut-on faire pour cette agence?
3. Dans sa première année, quel pourcentage des candidats a été engagé par cette agence pour un service civique?
4. Est-ce que la majorité des participants font ce service immédiatement après être sortis du lycée?
5. En quoi le bénéfice personnel retiré par David diffère-t-il de celui de Lina, selon leurs propres explications?

CHERCHEZ LA FORME

1. Dans le premier paragraphe on trouve le mot « tout » (ligne 5) et dans le deuxième paragraphe on trouve « tous » (ligne 15). Expliquez les fonctions de ces deux mots dans le contexte.
2. Dans la deuxième phrase du texte (lignes 2-4), on trouve l'exemple d'un adjectif qui précède le nom qu'il qualifie. Lequel? Quelles sont les autres formes de cet adjectif (masculin singulier, masculin et féminin pluriel)?

ALLEZ PLUS LOIN

Pourquoi, à votre avis, y a-t-il plus de filles que de garçons qui s'intéressent au service civique en France?

[4] Abréviation de Brevet d'Etudes Professionnelles
[5] http://www.memorialdelashoah.org/
[6] Hautes Etudes Commerciales (une des Grandes Ecoles en France)

Applications

A Vous et les autres. Comparez-vous aux personnes suivantes.

Modèle: sensible, votre meilleur(e) ami(e)
   Je suis (plus / moins / aussi) sensible que mon (ma) meilleur(e) ami(e).

1. sportif, votre meilleur(e) ami(e)
2. discret, Lady Gaga
3. paresseux, votre professeur de français
4. impoli, votre grand-mère
5. décontracté, vos parents
6. rouspéteur, votre voisin
7. conservateur, le président des États-Unis
8. travailleur, votre camarade de chambre
9. intelligent, Albert Einstein
10. riche, Bill Gates

B Quelle curiosité! Un jeune Français va passer les vacances d'été chez vous, et il veut vous connaître un peu mieux avant d'arriver. Il vous pose beaucoup de questions! Voici vos réponses. Quelles sont ses questions?

1. Je suis grand et mince, avec les yeux marron et le nez droit. J'ai la tête rasée.
2. J'habite tout près de la ville de San Francisco.
3. Ma maison est très spacieuse, avec beaucoup de lumière.
4. Il y a quatre personnes dans ma famille.
5. Ces quatre personnes sont ma mère, mon père, mon frère et moi.
6. Ma mère s'appelle Alice, mon père s'appelle Tom et mon frère s'appelle Bob.
7. Mes sports préférés sont le tennis et la natation.
8. Nous partirons à la plage une semaine après ton arrivée.
9. Le soir, je vais souvent au cinéma.
10. Nous t'invitons chez nous parce que nous aimons rencontrer des gens d'autres cultures.

C L'interrogation continue! Le jeune Français de l'exercice B est arrivé chez vous, et il veut tout savoir sur vos amis, vos études, vos passe-temps, etc. Avec un(e) camarade de classe, jouez cette scène. Une personne joue le rôle du jeune Français et pose trois questions auxquelles l'autre personne répond. Utilisez les mots et expressions interrogatifs suivants. Après trois questions, changez de rôle.

Mots et expressions interrogatifs:

qu'est-ce qui	lequel (laquelle, etc.)	comment
quand	pourquoi	que

D « Turbo-Dating »... la version française de *Speed Dating*.

Avez-vous déjà participé à une soirée « speed dating »? Savez-vous comment ces rencontres se déroulent? En France, le site web de l'organisation « Turbo-Dating » (http://www. turbo-dating.com) annonce la date et le lieu des soirées à venir et explique les règles du jeu. Informez-vous en lisant les phrases suivantes, et complétez chaque phrase avec la forme de **tout** qui convient.

1. Turbo-Dating est ouvert à _____ les personnes, sans restriction.
2. Ces rendez-vous sont parfaits pour _____ ceux qui veulent élargir leur cercle de connaissances.
3. _____ ces soirées ont lieu dans un restaurant ou un club, et on doit payer l'entrée et le prix d'une consommation.
4. _____ ceux qui sont inscrits reçoivent un badge avec un numéro dessus.
5. _____ commence quand à chaque table il y a un homme et une femme l'un en face de l'autre.
6. _____ les dix minutes, il faut que les hommes se déplacent pour parler avec une femme différente.
7. On peut parler de _____ les sujets sauf son nom, son adresse, son travail, ou son salaire.
8. Après huit à dix rencontres, les participants sont _____ invités à remplir un formulaire afin de savoir s'ils aimeraient revoir une ou plusieurs des personnes avec qui ils ont parlé.
9. Pour indiquer son choix, on note _____ simplement le numéro du badge.
10. S'il y a réciprocité dans le choix, l'homme et la femme recevront _____ les deux l'e-mail de l'autre.

E Généralisation ou vérité?

Quand on parle de groupes de personnes (comment ils sont, ce qu'ils font, etc.), on a tendance à ignorer des différences subtiles mais importantes entre les personnes du groupe. Faites un commentaire sur un des groupes suivants, en utilisant une forme de **tout** et le vocabulaire du chapitre dans votre phrase. Puis, demandez à la classe d'évaluer l'exactitude de votre observation.

les étudiant(e)s de votre âge
les chanteurs de rap
les professeurs
les parents
les Français(es)
les Américain(e)s

F Qui est Carla Bruni?

1. Complétez ce texte avec **il/elle** ou **c'**.

Carla Bruni est l'épouse du sixième président de la Ve République française, Nicolas Sarkozy. (1) _____ est svelte, a les yeux bleus et de longs cheveux bruns et raides. (2) _____ est une femme qui mesure 1m76 *(5'9")* et qui semble encore plus grande à côté de son mari, puisque Sarkozy, (3) _____ est un homme qui ne mesure qu' 1m68 *(5'6")*. Née en Italie, Carla Bruni est la fille d'un compositeur et industriel et d'une pianiste et actrice, bien que son père biologique soit un homme d'affaires italien vivant au Brésil. (4) _____ est une famille très riche, qui s'est installée en France quand Carla avait cinq ans. (5) _____ est intéressant de lire la biographie de Mme Bruni-Sarkozy parce que (6) _____ est une femme qui a déjà vécu une vie personnelle et professionnelle pleine de changements et pourtant (7) _____ est relativement jeune, ayant fêté ses 44 ans en décembre 2011. (8) _____ est une chanteuse qui a sorti son troisième album en juillet 2008, cinq mois après son mariage avec Sarkozy. (9) _____ est aussi connue pour sa carrière de mannequin de 1987 à 1997. La vie privée de Carla Bruni, (10) _____ est loin de celle qu'on imagine pour une première dame. (11) _____ est une femme séduisante qui a eu de nombreuses liaisons avec des hommes célèbres avant son mariage (Eric Clapton, Mick Jagger, Donald Trump, Kevin Costner, l'acteur français Charles Berling, le chanteur français Jean-Jacques Goldman, entre autres). (12) _____ est aussi une mère de famille, car elle a eu un fils en 2001 avec le philosophe Raphaël Enthoven, et une fille en 2011 avec Sarkozy.

2. Continuez cet exercice avec un(e) partenaire. En vous basant sur le paragraphe décrivant Carla Bruni, rédigez une description et une biographie de Michelle Obama, l'épouse du 44e président des États-Unis, Barack Obama. Suivez le même format, en mettant dans ce portrait autant de phrases que possible avec la construction **il/elle** ou **c'est**.

Lecture

ENTRONS EN MATIERE

Aujourd'hui les nouvelles technologies facilitent les rencontres virtuelles. Faites une liste de ces technologies et des genres de rencontre possibles. Quels en sont les avantages et les inconvénients? Y a-t-il des dangers? Connaissez-vous des gens qui se sont connus virtuellement avant de se rencontrer en personne? Comment leur relation a-t-elle évolué?

AVANT DE LIRE

Le texte que vous allez lire est la transcription des paroles d'une chanson de la rappeuse française Diam's (de son vrai nom Mélanie Georgiades), née en 1980 d'une mère française et d'un père cypriote. Elle raconte qu'à 14 ans elle a pris son pseudonyme après avoir appris qu'un diamant « ne peut être brisé que par un autre diamant et qu'il n'est fait que d'éléments naturels ».[7] En 2005, son second album, *Brut de femme*,

---

[7] Interview (http://www.zicline.com/dossiers/diams/diams.htm)

devient un double disque d'or avec plus de 200 000 exemplaires vendus; et en 2007 Diam's reçoit le MTV « European music award » de l'artiste française de l'année. Diam's est une chanteuse engagée politiquement, ayant milité pour Amnesty International et pour un vote des jeunes contre le Front national.

Une chanson, par définition, existe pour être entendue, pas pour être lue. Alors, avant de passer à la lecture de « Jeune demoiselle », faites un petit exercice d'écoute, en notant en même temps sur une feuille de papier toutes les références aux personnes et aux choses que vous reconnaissez. Ensuite, mettez-vous avec un ou plusieurs camarades de classe, comparez les références que vous avez notées, et organisez-les dans les catégories suivantes: musique, cinéma, télévision, sports. Quelles conclusions tirez-vous de ces références?

Après ce premier exercice d'écoute, lisez les paroles, puis répondez aux questions qui suivent.

© Bruno Bebert /Reuters/Landov

Jeune demoiselle

Jeune demoiselle recherche un mec° mortel
Un mec qui pourrait me donner des ailes°
Un mec fidèle et qui n'a pas peur qu'on l'aime
Donc si t'as les critères babe laisse-moi ton e-mail
5 Jeune demoiselle recherche un mec mortel
Un mec qui pourrait me donner des ailes
Un mec qui rêve de famille et de toucher le ciel
Donc si t'as les critères babe laisse-moi ton e-mail

Dans mes rêves mon mec à moi a la voix de Musiq Soulchild[8]
10 Il a du charme et du style à la Beckham
Il a la classe et le feeling tout droit sorti d'un film
Le charisme de Jay-Z[9] et le sourire de Brad Pitt
Mon mec à moi n'aime pas les bimbo
Non, il aime les formes de J-Lo
15 Il a le torse de D'Angelo[10]
Dans mes rêves mon mec me fait rire comme Jamel[11]
Et me fait la cour sur du Cabrel[12]

mec homme *(familier)*
ailes *wings*

---

[8] (Taalib Johnson); artiste afro-américain de nu-soul, R&B, hip-hop, funk; né en 1977
[9] (Shawn Corey Carter); rappeur et entrepreneur afro-américain; né en 1969
[10] Prononcé "Di-Angelo" (Michael D'Angelo Archer); chanteur, pianiste, guitariste, compositeur et producteur afro-américain; né en 1974.
[11] Jamel Debbouze; comique et acteur français; né en France (1975) de parents marocains
[12] Francis Cabrel; auteur, compositeur, chanteur français très marqué par la musique de Bob Dylan; né en 1953

Pom pom pom pom
Dans mes rêves mon mec m'enlève et m'emmène
20 Pom pom pom pom
Dans mes rêves mon mec m'aime et me rend belle
Pom pom pom pom
Dans mes rêves mon mec m'enlève et m'emmène
Pom pom pom pom
25 Si t'as les critères babe laisse-moi ton e-mail

Dans mes rêves mon mec me parle tout bas
Quand il m'écrit des lettres il a la plume de Booba[13]
Mon mec a des valeurs et du respect pour ses sœurs
Il a du cœur et quand il danse mon mec c'est Usher[14]
30 Pom pom pom pom
Un peu barge° dans sa tête à la Dave Chappelle[15]
Il m'appelle tout le temps car il m'aime
Mon mec regarde Scarface,[16] les Affranchis[17]
Casino mais aussi Friends, Lost et les Sopranos
35 Mon mec est clean mais au-delà du style
Mon mec c'est une encyclopédie car il se cultive
Bah ouais° mon mec est top entre l'intello et le beau gosse°
Et peu m'importe qu'il se balade en Porsche

Refrain

Pom pom pom pom
40 Dans mes rêves mon mec m'enlève et m'emmène
Pom pom pom pom
Dans mes rêves mon mec m'aime et me rend belle
Pom pom pom pom
Dans mes rêves mon mec m'enlève et m'emmène
45 Pom pom pom pom
Si t'as les critères babe laisse-moi ton e-mail

un peu barge un peu fou

ouais oui / **beau gosse** beau garçon

[13] (Elie Yaffa); compositeur, et rappeur français; né en 1976
[14] (Usher Raymond IV); chanteur de R&B, danseur, parolier, et acteur afro-américain; né en 1978
[15] acteur comique, scénariste et producteur afro-américain; né en 1973
[16] 1983 film policier de Brian De Palma
[17] 1990 film policier de Martin Scorsese

Dans mes rêves mon mec a la carrière d'Eminem[18]
Il a des airs de minet° quand il m'emmène en week-end
Mon mec fait mal au crâne il a le calme de Zidane[19]
50 Et le regard de Method Man[20]
Mon mec c'est Hitch[21] il insiste
Mon mec sait prendre des risques et ne regarde pas les bitches
Non mon mec connaît les femmes et sait bien qu'on est chiante°
Qu'on gueule° tout le temps pour savoir quand il rentre
55 Mon mec est bon ouais mon mec est complet
Mon mec c'est un peu de mon ex mélangé à mon père
Dans la vie mon mec est digne à la Mohamed Ali[22]
Et ses potes° me font rire à la Éric et Ramzy[23]

Refrain

Pom pom pom pom
60 Dans mes rêves mon mec m'enlève et m'emmène
Pom pom pom pom
Dans mes rêves mon mec m'aime et me rend belle
Pom pom pom pom
Dans mes rêves mon mec m'enlève et m'emmène
65 Pom pom pom pom
Si t'as les critères babe laisse-moi ton e-mail

Hein j' t'ai pas trouvé sur la planète
J'te trouverais p't être sur Internet qui sait?
Diam's victime de l'an 2000
70 Tous les moyens sont bons pour trouver l'homme de sa vie

PS: l'adresse e-mail c'est jeunedemoisellerecherche@hotmail.fr
Si vous pouvez joindre 2 photos
Parce qu'une, on sait qu' c'est d' la triche°

minet jeune homme vêtu à la mode; terme d'affection ou terme péjoratif

chiante ennuyeuse *(familier)*
gueuler *to yell at (familier)*

pote copain *(familier)*

tricher *to cheat*

JEUNE DEMOISELLE
Paroles : Mélanie Georgiades
Musique : Mélanie Georgiades / Michel Fleurent / Luc Ollivier / Yann Le Men
© Universal Music Publishing (catalogue Universal Music Publishing MGB France)
« Avec l'aimable autorisation d'Universal Music Publishing »

[18] (Marshall Bruce Mathers III); musicien, producteur de rap, producteur; né en 1972
[19] Footballeur français; né en 1972 à Marseille, de parents berbères
[20] (Clifford Smith); rappeur afro-américain; né en 1971
[21] Nom du personnage principal du film américain du même nom sorti en 2005; joué par Will Smith; c'est un « expert en séduction »
[22] Boxeur américain; né en 1942
[23] Éric Judor (1969) et Ramzy Bédia (1972); duo d'humoristes français

COMPRENEZ-VOUS?

1. À votre avis, quel est le sens du mot « mortel » dans le contexte des deux premières strophes (vers 1–17)?
2. En vous basant sur ce que vous savez des personnes mentionnées dans les vers 9–17, commencez à faire le portrait de l'homme idéal de Diam's en notant quatre de ses caractéristiques.
3. Dans la même strophe, expliquez le sens des vers 13–14.
4. Comment expliquez-vous « avoir du cœur », troisième strophe, vers 29?
5. Comment expliquez-vous « mon mec est clean », troisième strophe, vers 35?
6. En vous basant sur ce que vous savez des personnes et des choses mentionnées aux vers 26–38 de la troisième strophe, donnez quatre autres précisions en ce qui concerne l'homme idéal de Diam's.
7. À votre avis, cet homme doit-il être riche? Justifiez votre réponse en citant le texte.
8. En vous basant sur ce que vous savez des personnes mentionnées aux vers 47–58 de la quatrième strophe, ajoutez encore quatre détails concernant cet homme idéal.
9. Pourquoi pourrait-on dire que le refrain donne l'impression que Diam's est une fille très romantique?
10. Pourquoi pourrait-on dire que la dernière partie de la chanson (vers 67–73) donne l'image d'une fille très pratique?
11. En vous référant aux trois mini-portraits que vous avez faits pour répondre aux questions 2, 4 et 8, esquissez maintenant un portrait complet et détaillé de ce « mec mortel ».

CHERCHEZ LA FORME

1. Dans les paroles de cette chanson, il y a trois verbes qui font partie de ce groupe de verbes qui changent d'accent ou qui doublent une consonne selon la forme utilisée: [il] m'enlève [il] m'emmène [il] m'appelle.

   Imaginez que Diam's utilise ces trois verbes en parlant directement à son prince charmant—de façon familière (**tu**) et de façon formelle (**vous**). Faites les changements nécessaires.

2. Dans ce texte, trouvez deux exemples du faire causatif—le premier au singulier et le deuxième au pluriel. Indiquez à quels vers se trouvent ces exemples.

ALLEZ PLUS LOIN

Imaginez que Diam's décide de refaire cette chanson du point de vue d'un homme qui cherche sa femme idéale, et qu'elle intitule cette nouvelle version *Jeune homme cherche nana canon*. Rédigez la première strophe et le refrain (vers 1–25) en vous servant de noms de personnes, de choses et d'endroits de votre choix.

Activités d'expansion

Rendez-vous sur le site web de **Sur le vif** pour regardez la vidéo du Chapitre 2, puis complétez les activités à la page 33 du **Student Activities Manual**.

A Les «mecs» de Diam's Trouvez une personne mentionnée par Diam's dans sa chanson « Jeune demoiselle » que vous ne connaissez pas. Informez-vous sur cette personne, et trouvez sa photo sur le web. Ensuite, écrivez une description physique de cette personne à partager avec les autres membres de la classe. Servez-vous du vocabulaire du chapitre pour rendre votre portrait très riche et détaillé.

B Se faire remarquer

1. Est-ce qu'il y a des looks particuliers que l'on adopte sur votre campus? Lesquels? Avec un(e) partenaire, choisissez un look que vous avez tous (toutes) les deux remarqué. Est-ce que vous avez réagi à ce look de la même façon que votre partenaire? Comparez vos réactions et essayez de les analyser.
2. Il y a des gens qui veulent se faire remarquer *(make a statement)* par leur façon de s'habiller, de se coiffer, de se maquiller, etc. Trouvez un(e) partenaire et discutez des gens que vous connaissez qui veulent se faire remarquer. Qui sont-ils? Que font-ils pour se distinguer des autres? Pourquoi, à votre avis, veulent-ils être « différents »?

© Clare Tufts

C Un savoir-vivre mobile?

Tout le monde se sert d'un téléphone portable, quel que soit son âge, mais chacun a ses propres idées sur l'usage que l'on peut en faire dans un lieu public. Est-il convenable, par exemple, de dire à quelqu'un qu'il parle trop fort au téléphone dans un lieu public? Est-ce qu'il vaut mieux ne pas répondre à un appel si vous vous trouvez dans une salle d'attente, un bus ou un autre lieu où les autres personnes présentes seraient obligées d'écouter votre conversation? Est-ce une mauvaise idée de répondre à un appel, ou de recevoir ou d'envoyer des SMS pendant un repas avec d'autres personnes (votre famille ou des amis, par exemple)? Est-il admissible d'écouter les messages, de lire les SMS ou de consulter le journal d'appels dans le téléphone mobile de quelqu'un d'autre (de ses parents, de ses enfants ou de ses amis)? Êtes-vous pour ou contre l'accès au téléphone mobile dans un avion pendant le vol? Pourquoi?

Vocabulaire utile:

allumer/éteindre
prendre un appel/mettre en mode vibreur/laisser un message

Les immigrés

A PRESENT OU PASSE?

Pour parler du présent	Pour parler du passé
aujourd'hui	hier
à notre époque	à cette époque-là en ce temps-là[1]
de nos jours	il y a... heure(s)
actuellement	... jour(s)
à l'heure actuelle	... an(s)
maintenant	autrefois

© Clare Tufts

© Clare Tufts

B L'IMMIGRATION

Mots apparentés: l'immigré(e), immigrer, l'intégration f., s'intégrer (à, dans), le passeport, le visa, le (la) réfugié(e), ethnique, la colonie, coloniser

accueillir	to welcome, to greet
l'accueil[2] m.	welcome, reception
accueillant(e)	welcoming
la carte de séjour	residence permit
les papiers m.	identity papers
la cité	(here) high-rise public housing
l'immigration f. clandestine	illegal immigration
le sans-papiers	illegal immigrant (person without proper identity papers)
l'ethnie f.	ethnic group

[1] Pour parler d'un moment dans le passé on peut choisir entre **à cette époque-là** et **en ce temps-là**. Le sens est le même.

[2] The word **accueil** means how something or someone is received. To say "Welcome!" as a greeting: **Soyez le (la) bienvenu(e)!**

Pour obtenir des exercices et activités supplémentaires sur le contenu de ce chapitre, rendez-vous sur le site
www.cengagebrain.com

C QUESTIONS SOCIALES

Mots apparentés: la tolérance, tolérant(e), l'égalité *f.*, l'inégalité *f.*, les inégalités sociales, le racisme, le (la) raciste, la pauvreté, le (la) pauvre, la richesse, le (la) riche, la bourgeoisie, le (la) bourgeois(e), le (la) propriétaire

le chômage	*unemployment*
être au chômage	*to be unemployed*
le (la) chômeur(-euse)	*unemployed person*
le (la) sans-abri, le (la) SDF[3]	*homeless person*
mendier	*to beg*
le préjugé	*prejudice*

D LA VIE ACTIVE

QUOI?

faire une demande (d'emploi), poser sa candidature	*to apply (for a job)*
le formulaire	*form, application*
remplir un formulaire	*to fill out a form*
la lettre de candidature, la lettre de motivation	*cover letter, application letter*
le CV	*curriculum vitae, job résumé*
l'entretien *m.*	*interview*
passer un entretien (d'embauche)	*to be interviewed (for a job)*
le boulot *(fam.)*	*job, work*
le poste	*position, job*
le CDI (contrat à durée indéterminée)	*open-ended contract*
le CDD (contrat à durée déterminée)	*fixed-term contract*
le métier	*trade, job*
les travaux domestiques *m. pl.*	*domestic work*
les petits travaux *m. pl.*	*odd jobs*
embaucher	*to hire*
gagner sa vie	*to earn one's living*

le salaire	*salary*
travailler	*to work*
à plein temps	*full-time*
à mi-temps	*half-time*
à temps partiel	*part-time*
comme bénévole	*as a volunteer*
faire grève	*to go on strike*
faire de l'intérim	*to temp*
une agence d'intérim	*temp agency*
faire un stage	*to do an internship*
le (la) stagiaire	*intern*
licencier	*to lay off*
renvoyer	*to fire*

QUI?

Mots apparentés: l'employé(e), l'employeur(-euse)

le (la) salarié(e)	*wage-earner*
l'ouvrier(-ière)	*blue-collar worker*
saisonnier(-ière)	*seasonal worker*
non qualifié(e)	*unskilled*
le (la) patron(ne)	*boss*
le PDG[4]	*CEO*
le (la) bénévole	*volunteer*
l'association *f.* caritative	*charitable organization*

OÙ?

l'usine *f.*	*factory*
le chantier	*construction site*
l'atelier *m.*	*workshop*
textile	*textile mill*
d'artiste	*artist's studio*
le bureau	*office*
le champ	*field*
l'entreprise *f.*	*business, company*

[3] sans domicile fixe (invariable au pluriel, comme « sans abri »).

[4] président-directeur général

© Clare Tufts

Vocabulaire

A Réactions personnelles. Choisissez un mot des listes B ou C du vocabulaire. Circulez dans la classe et demandez à trois camarades de classe ce qu'ils associent au mot que vous avez choisi, puis partagez ces associations de pensée avec le reste de la classe.

> **Modèle:** **Vous:** A quoi penses-tu quand je dis « chômage »?
> **Autre Etudiant(e): Je pense à la pauvreté, au travail, au malheur…**

B Trouvez le mot. Voici les définitions de dix mots de la liste D du vocabulaire. Trouvez les mots définis.

1. chef d'une entreprise industrielle ou commerciale
2. engager des salariés
3. renvoyer des employés pour des raisons économiques
4. une personne qui fait un travail gratuitement
5. rendez-vous entre une personne qui cherche des employés et une personne qui cherche du travail
6. feuille comportant des questions auxquelles il faut répondre
7. document sur lequel le candidat à un poste décrit sa formation et son expérience
8. personne qui travaille pendant une période limitée, le plus souvent dans le secteur agricole
9. travail de durée limitée, souvent sans salaire, effectué dans le but d'acquérir de l'expérience professionnelle
10. faire le travail de quelqu'un d'autre pendant une période de temps limité

C **Le contraire.** Trouvez l'antonyme (le contraire) des mots ou expressions de la liste ci-dessous.

1. avoir un emploi
2. la richesse
3. une personne qui a un endroit fixe où habiter
4. la supériorité ou l'infériorité
5. une personne qui a une carte de séjour
6. embaucher
7. un CDI

D **Positive ou négative?** Dans les listes de vocabulaire, choisissez cinq mots à connotation positive et cinq mots à connotation négative. Comparez votre liste avec celle d'un(e) camarade de classe et échangez vos points de vue.

E **Un reportage.** En groupes de trois ou quatre étudiants, choisissez l'un des sujets de la liste suivante. Ensemble, préparez cinq questions pour faire un reportage.

Modèle: l'immigration
D'où viennent la plupart des immigrés?

1. l'immigration
2. le racisme
3. les inégalités sociales
4. le chômage

Saviez-vous que... ?

Le Contrat d'accueil et d'intégration
Depuis 2007 chaque nouvel arrivant qui a l'intention de rester en France est obligé de signer un contrat d'accueil et d'intégration. Il impose une formation civique portant sur les institutions françaises et les « valeurs de la République » (laïcité, principe qui établit, sur le fondement d'une séparation rigoureuse entre l'ordre des affaires publiques et le domaine des activités à caractère privé, la neutralité absolue de l'Etat en matière religieuse et égalité homme-femme, notamment) ainsi qu'une formation linguistique (modulée suivant les besoins individuels et validée par un diplôme). Il y a aussi des sessions d'information sur l'organisation de la société française (système de santé, garde des enfants, enseignement, etc.) ainsi qu'un inventaire des compétences professionnelles. Les formations sont gratuites. La signature de ce contrat a lieu pendant une demi-journée d'information à l'occasion notamment de la visite médicale réglementaire.

Source: www.vie-publique.fr

PREPARATION GRAMMATICALE

Avant de continuer, révisez la formation et l'usage du passé composé et de l'imparfait, pages 165–169.

Lecture

Dans ce texte sans titre, Francis Bebey (1929–2001), chanteur, musicien, musicologue, et aussi conteur, poète et romancier originaire du Cameroun, présente les sentiments d'un homme qui doit quitter sa patrie pour chercher du travail en France.

POUR MIEUX COMPRENDRE

Lisez la première strophe. Qui parle? De quoi s'agit-il?

A la recherche d'un travail

🔊 CD 1, track 3

Je suis venu chercher du travail
J'espère qu'il y en aura

lointain à une grande distance

Je suis venu de mon lointain° pays
Pour travailler chez vous

5   J'ai tout laissé, ma femme, mes amis
Au pays tout là-bas
J'espère les retrouver tous en vie
Le jour de mon retour

Ma pauvre mère était bien désolée

En... Quand elle m'a vu

10 En me voyant° partir
Je lui ai dit qu'un jour je reviendrai
Mettre fin à sa misère

parcouru fait

J'ai parcouru° de longs jours de voyage
Pour venir jusqu'ici

15 Ne m'a-t-on pas assuré d'un accueil

vaudrait... *would be worth so much trouble*

Qui vaudrait bien cette peine°

Regardez-moi, je suis fatigué
D'aller par les chemins
Voici des jours que je n'ai rien mangé

20 Auriez-vous un peu de pain?

déchiré *torn*

Mon pantalon est tout déchiré°
Mais je n'en ai pas d'autre
Ne criez pas, ce n'est pas un scandale
Je suis seulement pauvre

25 Je suis venu chercher du travail
J'espère qu'il y en aura
Je suis venu de mon lointain pays
Pour travailler chez vous.

Francis BEBEY - Je suis venu chercher du travail in *Anthologie africaine II : Poésie de Jacques Chevrier*, Coll. Monde Noir Poche © HATIER, 1988 © EDITIONS HATIER INTERNATIONAL - Paris 2002

COMPRENEZ-VOUS?

1. Après avoir lu ce texte, que savez-vous sur le pays d'où vient le narrateur?
2. Comment sa famille a-t-elle réagi quand il a décidé de partir?
3. Est-ce que le narrateur a l'intention de rester en France? Justifiez votre réponse.
4. Décrivez l'apparence et les émotions du narrateur.
5. Comment les gens qui le voient ou à qui il parle réagissent-ils? Justifiez votre réponse.
6. Comment la structure du poème (répétition de la première strophe en fin de texte) souligne-t-elle le message de l'auteur?

ET LE TITRE?

Puisque le poète n'a pas donné de titre à son poème, trouvez-lui-en un. Ne citez pas un des vers du poème.

CHERCHEZ LA FORME

Faites une liste de tous les verbes conjugués du poème. Identifiez le temps de chaque verbe et expliquez pourquoi le poète a utilisé ce temps.

> **RAPPEL** There are two major tenses for talking about the past in French. The **passé composé** tells *what happened* in the past, the imperfect (**l'imparfait**) describes *how things were*, i.e., the conditions in the past. For more details, see pages 165–169.

Applications

A **Une histoire d'immigration réussie.** Nadia, une jeune femme d'origine algérienne, raconte l'histoire de ses parents. Mettez son récit au passé composé en faisant tous les changements nécessaires.

En 1952, mon père, à dix-sept ans, traverse la Méditerranée et trouve immédiatement un travail comme poseur de rails (*laying railroad tracks*). Dans les années qui suivent, il fait venir ses frères et ses neveux. Au bout d'une quinzaine d'années il réussit à acheter une petite maison et il décide de repartir repartir en Algérie pour se marier. Peu après, il revient avec sa femme. Ses frères laissent leurs épouses au village et vivent dans des foyers de travailleurs. Ma mère se voit donc brutalement transplantée dans un monde étranger. Mais elle s'adapte bien parce qu'elle peut suivre des cours de français et d'alphabétisation (*literacy*).

B Autrefois. Marianne Mathéus, artiste guadeloupéenne, parle du tabou de ses origines, du fait d'être descendante d'esclave. Mettez la description à l'imparfait.

Dans mon enfance, on ne parle pas de l'esclavage, on l'évoque de manière allusive, comme s'il y a un malaise à en parler. Pourtant ce n'est pas si vieux: c'est du temps de nos arrière-grands-parents. Dans les familles antillaises, l'éducation est très sévère, les enfants sont très tenus (*children are kept on a tight leash*). On nous demande beaucoup, nous avons moins le droit à l'erreur que les autres, nous devons travailler plus que les autres. On nous transmet une sorte de complexe. Je ne sais pas que nous sommes descendants d'esclaves, cela ne se dit pas.

Adapté de: *Le français dans le monde*, N° 352

C Un ancien soldat. Guy Etienne Ahizi Elliam, originaire de Côte d'Ivoire, raconte pourquoi et comment il s'est engagé dans l'armée française pendant la Deuxième Guerre mondiale. Mettez tous les verbes en caractère gras au temps du passé approprié. Notez que le passé composé devient ici le plus-que-parfait.

Quand la Deuxième Guerre mondiale **éclate** j'**ai** 16 ans. Je **veux** m'engager dans l'armée, mais on me **dit** : « Non, vous êtes trop petit, revenez quand vous serez majeur ». A l'époque, la Côte d'Ivoire est une colonie française. Je **nais** le 21 juillet 1924 à Grand-Bassam, à côté d'Abidjan, la première capitale de la Côte d'Ivoire, où les Français **débarquent** pour la première fois. Moi je me **sens** Français. Quand la France est envahie, je **dis**: « Les pauvres, il faut aller à leur secours ». Alors à 19 ans, je **viens** de finir mes études d'instituteur à l'Ecole normale et je **pars** à la guerre. Il y **a** d'autres volontaires, mais ils **sont** peu nombreux. Certains même **ont fui** le pays parce que parfois, on **prend** les gens sans leur demander, s'ils **sont** costauds et **ont** l'âge qu'il faut. C'**est** un idéal d'aller en France. Ceux d'avant, qui **ont fait** 14–18, **racontent** le soir et nous **sommes** émerveillés. Nous aussi, on voulait voir comment c'était, là-bas. Je voulais m'engager pour la vie, jusqu'à ma mort, mais le règlement, c'était seulement cinq ans renouvelables ».

Adapté de: Histoires singulières, http://www.histoire-immigration.fr/

D Un sans-papiers. Sema, un jeune Malien, est revenu dans son village au Mali et il parle de son séjour difficile en France. Mettez les infinitifs au **passé composé** ou à l'**imparfait,** selon le cas.

Quand je (arriver) en France, je (vivre) dans un foyer à Paris où je (connaître) beaucoup d'autres jeunes immigrés. La plupart d'entre eux (envoyer) au pays la plus grande partie de leurs revenus pour aider leurs familles et leur village. Moi aussi, je (vouloir) le faire mais je (ne pas pouvoir) parce que je (avoir) beaucoup de mal à trouver un boulot. Les autres sans-papiers et moi, nous (se cacher) de la police. Nous (passer) notre temps à chercher de petits boulots et évidemment, nous (ne pas gagner) beaucoup d'argent. Un jour, je (décider) de participer à une manifestation contre les lois sur l'immigration. Malheureusement, des policiers (me demander) mes papiers. Puisque je n'en avais pas, ils (m'expulser) de France. Je (devoir) rentrer chez moi. Il n'y a pas de travail ici, alors je ne sais pas ce que je vais faire.

E Une famille curieuse. Imaginez que vous êtes un des membres de la famille de Sema (voir exercice **D**). Il est rentré au Mali après avoir été expulsé de France. Vous ne l'avez pas vu depuis deux ans. Posez-lui des questions (à l'**imparfait** et au **passé composé**) sur ce qu'il a fait en France pour trouver du travail et un logement.

> **Modèle:** Qu'est-ce que tu as fait quand tu es arrivé à Paris? Pourquoi? Pourquoi voulais-tu aller en France?

F Ce n'est pas facile quand on est jeune. On parle de la vie de Kim N'Guyen, jeune infirmière d'origine vietnamienne. Récrivez les phrases ci-dessous en utilisant **après + l'infinitif passé.** Faites tous les changements nécessaires.

> **Modèle:** Elle a fini ses études avant de partir en France.
> **Après avoir fini ses études, elle est partie en France.**

1. Elle a obtenu son diplôme avant de travailler comme bénévole en Afrique.
2. Elle est rentrée en France avant de chercher un stage.
3. Elle a fait un stage avant de faire de l'intérim.
4. Elle a fait de l'intérim avant de trouver un poste permanent.
5. Elle a travaillé pendant deux ans avant de gagner assez pour pouvoir quitter la maison de ses parents.
6. Elle a lu les petites annonces avant de louer un studio.
7. Elle a vécu seule avant de se marier.
8. Elle s'est mariée avant d'avoir des enfants.

RAPPEL To say you miss something or someone, use the verb **manquer** (à). *What* or *whom* you miss is the *subject*, and *you* are the *indirect object*. To say that something makes you feel a certain way, use the verb **rendre** + an *adjective*. For more details, see page 172.

G De retour. Vous rentrez chez vous après avoir travaillé à l'étranger pendant un an. Vous racontez à votre famille ce qui vous a manqué, ce qui vous a rendu(e) heureux(-euse), etc. pendant votre séjour à l'étranger.

> **Modèle:** la bonne cuisine de maman / le froid, malade
> **La bonne cuisine de maman m'a manqué. Le froid m'a rendu(e) malade.**

1. mes amis / mon travail, heureux(-euse)
2. mon chat / être seul(e), triste
3. parler anglais / ne pas bien parler la langue du pays, anxieux(-euse)
4. ma maison / voyager, joyeux(-euse)
5. le soleil / la pluie incessante, triste

Continuez avec vos propres idées.

H Mon tout premier boulot. Avec deux ou trois partenaires, posez-vous des questions sur votre premier emploi.

1. Pourquoi voulais-tu travailler?
2. Est-ce que tu as eu du mal à trouver un travail?
3. Qu'est-ce que tu as fait pour trouver un boulot?
4. Quelle sorte de travail faisais-tu?
5. Quels étaient tes horaires de travail?
6. Tu étais content(e) de ton salaire?
7. Est-ce que le travail était intéressant? Explique.

Lecture

Printemps (1989) est une nouvelle de J.M.G. Le Clézio, né à Nice en 1940. Il a grandi bilingue, d'un père anglais et d'une mère française, mais a décidé d'écrire en français. Auteur de plus de trente livres, romans, essais, nouvelles, traductions de mythologie indienne, il reçoit le prix Nobel de littérature en 2008. La nouvelle dont vous allez lire quelques extraits est l'histoire d'une jeune Marocaine, Saba, qui a passé les douze premières années de sa vie comme fille adoptive de M. et Mme Herschel, un couple américain installé au Maroc. A l'adolescence, elle est retournée vivre chez sa mère biologique. Dans les passages ci-dessous, elle pense à la jeunesse de sa mère et à des événements qui ont marqué sa vie, tels que sa propre naissance et son adoption.

ENTRONS EN MATIERE

Quelles difficultés rencontre un père (une mère) quand il (elle) doit élever son enfant seul(e)?

POUR MIEUX COMPRENDRE

Il est plus facile de comprendre un texte si on sait qui en est le (la) narrateur(-trice) et de quelles personnes il (elle) parle. Lisez les deux premières phrases du passage qui suit. Qui parle? De qui parle cette personne? Puis, continuez à lire en cherchant le pronom sujet qui apparaît le plus souvent dans les phrases qui suivent. A qui ce pronom personnel se réfère-t-il? Et quel pronom apparaît le plus souvent dans les trois dernières phrases du premier paragraphe? A qui ce pronom personnel se réfère-t-il?

© Geoff Wiggins/Alamy

Printemps

PREMIÈRE PARTIE

C'est la nuit quand Saba commence son récit. Sa mère dort près d'elle pendant qu'elle se souvient de son histoire.

J'entends le bruit de la respiration de ma mère. Elle aussi, elle est partie de chez elle, une nuit, et elle n'est jamais revenue. Peut-être qu'on voulait la marier de force, ou bien elle a suivi un homme de passage°. Elle a quitté le village des Zayane[5], dans la montagne, elle a marché jusqu'à la mer. Son père était un guerrier°, un fils du grand
5 Moha ou Hammou[6] qui avait fait la guerre aux Français, à Khénifra[7]. Quand ma mère a quitté la montagne, elle avait mon âge, et déjà elle me portait dans son ventre°. Elle a voyagé seule dans toutes ces villes qu'elle ne connaissait pas, elle a travaillé dans les fondoucs°, sur les marchés. Celui qui était mon père avait pris le bateau, il est allé travailler de l'autre côté de la mer, en France, en Allemagne peut-être. Mais, il n'est jamais
10 revenu. Il est mort en tombant d'un échafaudage°, ou bien de maladie. Il n'a rien laissé derrière lui, pas même son image°.

de... qui ne reste pas longtemps / **guerrier** homme qui fait la guerre

me... *was pregnant with me*

fondoucs auberge dans les pays arabes

échafaudage *scaffolding*
image ici, photo

[5] Le nom de famille du grand-père de Saba. Les Zayane sont aussi une confédération de tribus berbères au Maroc.
[6] Moha ou Hammou est devenu chef de la confédération des Zayane en 1877, à l'âge de 20 ans.
[7] Une ville dans les montagnes du Maroc. En 1914, quand le Maroc était une colonie française, les Zayane ont battu l'armée française à Khénifra.

Ma mère m'a dit un jour qu'elle avait reçu une lettre en français, et le patron du restaurant où elle travaillait l'a lue pour elle. Dans la lettre, on disait que mon père était mort à Marseille. Ensuite, mes oncles et mes tantes Zayane sont venus de la montagne,

15 pour ramener° ma mère, parce qu'ils voulaient lui trouver un autre mari, et me garder avec eux. Ma mère a dit oui, et une nuit elle s'est échappée°, elle s'est cachée dans un fondouc jusqu'à ce que ses frères et ses sœurs se lassent° de la chercher et retournent dans la montagne. Alors, elle a décidé de partir, elle aussi. Elle m'a mise dans une boîte de carton°, et elle a voyagé en camion° et en autocar. Dans les marchés, elle s'asseyait°

20 par terre, avec la boîte à côté d'elle, et elle attendait qu'on lui donne à manger. Et un jour, elle est arrivée à Nightingale[8], et elle a déposé° le carton sur le sol° de la cuisine, elle a pris les billets de banque du Colonel[9], et elle est partie.

ramener retourner avec
s'est... est partie sans être vue
se lassent... se fatiguent

boîte... *cardboard box*
camion *truck*
s'asseyait *would sit*
déposé mis / **sol** *floor*

COMPRENEZ-VOUS?

A. Globalement

1. Où se déroule cette histoire? Comment le savez-vous?
2. Qui sont les personnages? Qu'est-ce que vous apprenez sur eux?
3. A quelles difficultés la mère a-t-elle dû faire face?
4. Qu'est-ce qui s'est passé à Nightingale quand la mère y est allée avec son bébé?

B. Les événements. En vous référant à la première partie, mettez les événements dans la vie de la mère de Saba dans l'ordre correct.

1. Elle a quitté le village dans la montagne.
2. Elle a rencontré un homme.
3. Le père de Saba a pris un bateau pour aller travailler en Europe.
4. Elle a voyagé et elle a travaillé.
5. Elle a laissé son bébé chez les Herschel à Nightingale.
6. Les oncles et les tantes voulaient ramener Saba et sa mère chez eux.
7. Elle est tombée enceinte.
8. Elle s'est cachée de sa famille et a mendié.
9. Elle a reçu une lettre qui annonçait la mort du père de Saba en France.

CHERCHEZ LA FORME

Expliquez l'usage de l'imparfait dans la phrase qui commence par: « Dans les marchés, elle… ».

ALLEZ PLUS LOIN

1. Pourquoi, à votre avis, Saba dit-elle « aussi » dans la deuxième phrase du premier paragraphe?
2. Décrivez le caractère de la mère de Saba. Comment était-elle? (courageuse, timide, jeune, vieille, heureuse…) Justifiez votre description.

---

[8] la plantation des Herschel où Saba a passé son enfance
[9] Saba appelle M. Herschel « le Colonel ».

DEUXIÈME PARTIE

Dans cette partie, Saba ajoute des détails à son histoire. En lisant, pensez à ce que vous apprenez de nouveau.

Tout ça, c'est mon histoire, mais je peux y penser maintenant comme si c'était vraiment arrivé à quelqu'un d'autre. Je peux penser à mon père inconnu, qui est mort à
25 Marseille au moment où je commençais à vivre à Khénifra. Je peux imaginer ma mère, elle n'avait que seize ans, elle était si fragile, avec ses yeux de biche°, ses cheveux coiffés en nattes°, et pourtant elle était si audacieuse, si forte. Un jour le Colonel m'a parlé d'elle, quand il l'a rencontrée pour la première fois, elle portait ce tout petit enfant sur la hanche°. Il y avait quelque chose qui troublait son regard°, comme des larmes. Il la
30 revoyait toujours, cette jeune femme au visage d'enfant, l'allure° sauvage et décidée, et le bébé qu'elle tenait contre elle et qui suçait° son lait. Lui qui était si riche, si puissant, qui avait commandé aux hommes pendant la guerre[10], le malheur et la jeunesse de ma mère le subjuguaient°, le rendaient timide et dérisoire°. Ce qui l'émouvait lui, le soldat de l'armée américaine, c'était le secret sombre et âpre° dans les yeux de cette femme,
35 un secret semblable au pays des Zayane, les montagnes et les forêts de rouvres°, la lumière dure dans ses yeux, la méchanceté° de l'enfance interrompue.

Elle respire lentement, à côté de moi, dans l'alcôve. Je pense à ce qu'elle m'a fait. Je pense qu'elle errait° sur les routes blanches de poussière°, devant son ombre°, et j'étais serrée° contre sa hanche dans les plis° de sa robe, je suçais le lait de sa poitrine. Je pense
40 qu'elle m'a laissée dans la maison des Herschel, endormie dans le carton, et Amie[11] m'a prise et m'a posée doucement dans le lit blanc qu'elle avait préparé à côté du sien, dans sa chambre. Je pense aux billets de banque roulés et liés par un élastique, qu'elle avait cachés dans les pans° de sa robe serrée par une ceinture, entre ses seins°. Je pense à la route vide devant elle, personne ne l'attendait, personne ne l'aimait. Le bateau qu'elle a
45 pris pour Marseille, le pont inférieur° chargé d'émigrants, et le voyage à travers ce pays inconnu, où personne ne parlait sa langue, où personne ne lui ressemblait. Je pense aux endroits où elle a vécu, à Marseille, en Allemagne, à Hambourg, le travail, l'eau qui fait gercer° les mains, les ateliers où on se brûle les yeux. Peut-être qu'elle roulait déjà les billets de banque avec un élastique et qu'elle les cachait dans sa chambre, dans
50 un carton à chaussures, comme elle fait encore maintenant?

yeux... *doe-like eyes*
coiffés... *braided*

hanche *hip* / **regard**
expression / **allure**
apparence générale
suçait buvait
subjuguaient captivaient
dérisoire *insignifiant*
âpre dur, pénible
rouvres sorte d'arbres
méchanceté ici, misère

errait marchait sans but
poussière *dust* / **ombre**
shadow / **serrée** *held
tightly* / **plis** *folds*

pans... *loose parts*
seins *breasts*

pont... *lower deck*

gercer *to chap*

J.M.G. Le Clézio, *Printemps et autres saisons* © Éditions Gallimard . "Tous les droits d'auteur de ce texte sont réservés. Sauf autorisation, toute utilisation de celui-ci autre que la consultation individuelle et privée est interdite." www.gallimard.fr

COMPRENEZ-VOUS?

Faites une liste de ce que vous avez appris dans cette partie sur:
1. la mère: son âge, son apparence, son caractère
2. le Colonel: sa profession, son caractère, sa réaction face à la mère
3. la vie de Saba à Nightingale: Quel détail dans le deuxième paragraphe symbolise la meilleure vie qu'aura le bébé?
4. la décision de la mère: Quels mots dans le deuxième paragraphe soulignent sa solitude? Où va-t-elle? Comment voyage-t-elle? Ensuite, comparez votre liste à celles de vos camarades de classe pour vous aider à comprendre cette partie de l'histoire.

[10]M. Herschel, ancien colonel dans l'armée américaine, est probablement venu au Maroc avec les forces alliées pendant la seconde guerre mondiale.
[11]Saba appelle Mme Herschel « Amie ». Son vrai nom était Aimée.

CHERCHEZ LA FORME

Choisissez un paragraphe dans une des deux parties du texte. Faites une liste de tous les verbes au passé, classez-les par temps et expliquez ensuite pourquoi Le Clézio a utilisé ces temps.

ALLEZ PLUS LOIN

1. A quel moment dans la vie de Saba recommence-t-elle à raconter l'histoire de sa mère et de ce que celle-ci a fait avant d'aller en France?
2. Dans le deuxième paragraphe de la deuxième partie, quelle expression Saba utilise-t-elle à six reprises? Pourquoi, selon vous, utilise-t-elle cette répétition?

Activites d'expansion

 Rendez-vous sur le site web de *Sur le vif* pour regardez la vidéo du Chapitre 3, puis complétez les activités à la page 49 du **Student Activities Manual**.

A Votre réaction

Que pensez-vous de ce qu'a fait la mère de Saba? Imaginez une autre fin pour cette histoire.

B La lettre

Ecrivez la lettre que la mère a reçue à la mort du père de Saba.

Commencez par: **Madame,**
J'ai le regret de vous annoncer…

A la fin, mettez: **Veuillez recevoir, Madame, mes sincères condoléances.**

C Mère et fille se retrouvent

Quand Saba a douze ans, sa mère vient la rechercher chez M. et Mme Herschel. Avec un(e) partenaire, jouez les rôles de la mère et de la fille et posez-vous des questions sur les douze années passées.

D Ouvriers immigrés dans votre pays

Dans la région où vous avez grandi, est-ce qu'il y a aussi des ouvriers immigrés? Qu'est-ce que vous savez d'eux?

1. D'où viennent les ouvriers immigrés?
2. Quelle(s) langue(s) parlent-ils?
3. Où habitent-ils?
4. Pourquoi veulent-ils travailler dans notre pays?
5. Quelles sortes de travail font-ils? Dans quels secteurs économiques les retrouve-t-on?
6. Quels avantages notre pays tire-t-il de leur travail?
7. Est-ce qu'ils sont bien intégrés dans la société? Expliquez votre réponse.
8. Connaissez-vous ou avez-vous déjà fait la connaissance d'ouvriers immigrés? Racontez ce qu'ils vous ont appris.

Interlude 1

Loukoum et Camembert

© Clare Tufts

Lecture

Voici les paroles d'une chanson tirée du premier album des Escrocs[1], *Faites-vous des amis,* sorti en 1994. Originaires de Paris, les trois membres du groupe sont tous nés dans les années 60. Ils ont grandi avec le son des Beatles et des Rolling Stones mais leurs chemins musicaux ont subi de multiples influences, telles la soul, le jazz, le reggae, la salsa et la chanson française. Percussions, accordéons, synthé et guitare sont les principaux instruments utilisés par le combo. Leurs concerts et leurs tournées s'enchaînent dans les petites salles comme dans les grandes devant des publics enthousiastes.

---

[1] En anglais: *swindlers or con men*

© Clare Tufts

© Clare Tufts

Groupe impertinent et drôle, mais très concerné par les grands sujets de société, les Es-crocs apportent une touche swing à la chanson française à travers des titres bien ancrés dans la vie quotidienne. Dans *Loukoum et Camembert* ils utilisent la cuisine pour lutter contre le racisme.

ENTRONS EN MATIERE

Qu'est-ce qui distingue un groupe ethnique d'un autre? Donnez quelques exemples précis. D'après son titre, à quels groupes ethniques la chanson fait-elle allusion? Le titre représente-t-il un stéréotype? Dans quels sens? Dans le refrain (« Donnez-vous la main... »), trouvez des noms de famille. Qu'est-ce que vous pouvez en déduire? Lisez ensuite la première strophe. Qui est le « tu » du premier vers? Cette personne a-t-elle une réaction positive ou négative envers celui qui est « différent » d'elle? Ecoutez main-tenant la chanson et dites ce que vous pensez de la musique. La chanson traite d'un sujet très sérieux. A-t-on cette impression en l'écoutant?

Loukoum[2] et Camembert

🔊 CD 1, track 4

Tu les aimes pas,
Les autres marionnettes,
Celles en djellaba°
Et turban sur la tête.
5 Elles font des prières,

Toi, t'en as pas besoin,
T'as du bon camembert
Et t'as du bon vin.
Pendant que tu cavales°,
10 Amassant de l'oseille°,

djellaba longue robe à capuchon portée par hommes et femmes en Afrique du Nord

cavales *run around*
oseille (*argot*) argent

---

[2] Confiserie orientale associée aux Maghrébins (*Turkish Delight*)

merguez saucisses épicées

Elles n'ont pour capital
Qu'un rayon de soleil.
Elles grillent des merguez°
Le soir sur le balcon.
15 Toi, t'astiques° ta « R16 »°
Et tu planques tes « ronds »°.

astiques *wax* / **R16** voiture
de la marque Renault
construite entre 1965 et
1979 / **planques...** (*argot*)
caches ton argent

Donnez-vous la main,
Loukoum et Camembert,
Car vous êtes en chemin
20 Vers le même cimetière.
Ben Saïd et Durand
Sont à la même école,
Des petits figurants
Dans un grand guignol°.

guignol théâtre de
marionnettes, farce

COMPRENEZ-VOUS?

1. Vers 1 à 16: Faites une liste des caractéristiques de ces deux groupes, les Français et les Maghrébins.
2. Vers 2: Le chanteur dit « les autres marionnettes », ce qui suggère que les deux groupes dans la chanson sont des marionnettes. En général, comment sont les marionnettes?
3. Le refrain: En quoi ces deux groupes se ressemblent-ils?
4. Pourquoi le groupe les Escrocs a-t-il choisi Ben Saïd et Durand pour représenter les deux groupes? Que signifient les deux noms mentionnés?

25 Mais toi le Gaulois,
Le Ducon Lajoie,
Tu les aimes pas
Ces gens-là!
Ils ont d'autres coutumes
30 Que celles des gens du nord
Qui font dans le costume
Et la côte de porc.
Dans tes vilaines entrailles°,
Tu sens monter la haine.
35 Tu voudrais qu'elles s'en aillent
Et tu cries vive Le Pen[3]

entrailles ici, cœur ou âme

[3] (1928–) homme politique français d'extrême droite, fondateur du Front national en 1972, qui s'oppose à l'immigration. Actuellement c'est sa fille, Marine, qui dirige ce parti politique.

Qu'ils rentrent chez eux,
Ces fumeurs de haschisch,
On reste entre petits vieux,
40 Au pays des caniches.

Elles font pleins de rejetons°, | rejetons ici, enfants
Toi, tu préfères les chiens.
Tu te dis à quoi bon
S'encombrer de gamins.
45 Et pendant que tu t'angoisses,
Sous tranquillisants,
La marionnette d'en face,
Elle fait des enfants.
Elle fait de beaux gamins[4]
50 Avec les yeux brillants,
Plus brillants que les tiens
Qui crient au droit du sang, [5]
Car sais-tu, pauvre con°,
Que le mariage consanguin°,
55 Ça fait pas des canons°,
Ça fait des crétins°.

con *(vulg.)* personne stupide
consanguin entre parents proches / canons personnes idéales / crétins idiots

COMPRENEZ-VOUS?

1. Vers 25–40: Pourquoi « le Gaulois » n'aime-t-il pas « ces gens-là »? Qu'est-ce qu'ils doivent faire, selon lui? Et quel parti politique soutient-il? Pourquoi?
2. Vers 41–56 Selon le chanteur, les Français ne veulent pas avoir d'enfants. Qu'est-ce qu'ils préfèrent? Et les Maghrébins?
3. Quelles sont les implications de la critique du « mariage consanguin » (entre parents proches)?

[4] Bien que la chanson suggère que les Français n'ont pas beaucoup d'enfants, le taux de natalité (*birth rate*) en France est plus élevé de l'Union européenne après l'Irlande.
[5] Selon le droit du sang, la pratique suivie en Allemagne, les enfants ont la nationalité de leurs parents. Selon le droit du sol comme aux Etats-Unis et en France (avec quelques restrictions), les enfants prennent la nationalité du pays où ils sont nés.

ALLEZ PLUS LOIN

Selon vous, quelle est la position du groupe Les Escrocs dans ce débat? Recherchez les pronoms utilisés dans la chanson. Qu'est-ce qu'ils nous disent sur le point de vue des musiciens? Citez des exemples qui illustrent leurs opinions. Selon vous, pourquoi la chanson finit-elle avec le mot « crétins »?

ET VOUS?

Selon vous, pourquoi a-t-on parfois tant de mal à accepter les gens qui ne nous ressemblent pas? Qu'est-ce qu'on peut faire pour faciliter l'entente entre des groupes d'origines différentes?

QUELQUES STATISTIQUES: LE MARIAGE ET LA NATALITE

En France un mariage sur sept est mixte:[6] En 2009, on a compté respectivement 16 525 mariages où l'époux est étranger et l'épouse française et 15 081 avec un époux français et une épouse étrangère, sur un total de 245 151 mariages célébrés en France. Dans la majorité de ces unions, le (la) conjoint(e) étranger(-ère) a la nationalité d'un pays d'Afrique du Nord. Suivent les Européens autres que Français, les ressortissants d'un pays d'Afrique sub-saharienne et les Asiatiques (notamment les Turcs et les Chinois).

© Daly & Newton/Getty Images

Au cours de la dernière décennie, la part des enfants nés d'une mère étrangère a progressé: 13% en 2010, contre 10,1% en 2000. En 2010, les mères étrangères ont donné naissance à 108 000 bébés en France (sur 832 799): 57% de ces mères sont de nationalité africaine, dont 35% ressortissantes des pays du Maghreb, et 17% sont de nationalité européenne hors l'ex-URSS.

Source: Insee (Institut national de la statistique et des études économiques) 2011.

Naissances vivantes selon la nationalité des parents en %

Année	Deux parents français	Couples mixtes	Deux parents étrangers
2002	83,1	9,8	7,1
2003	82,6	10,3	7,1
2004	81,8	10,9	7,3
2005	81,4	11,5	7,1
2006	81,1	11,9	7,0
2007	80,8	12,3	6,9
2008	80,5	12,6	6,9
2009	79,9	13,1	7,0
2010	80,1	13,3	6,6

Source: Insee, Statistiques d'état civil sur les naissances.
http://www.ined.fr/fr/france/naissances_fecondite/naissances_nationalite_parents/ 5/2012

---

[6] Le recensement (*census*) français n'a pas de catégorie pour l'origine ethnique, comme aux Etats-Unis.

En route!

A LES MOYENS DE TRANSPORT

Mots apparentés: l'automobile *f.* (l'auto), la motocy-clette (la moto), le taxi, le train, le tramway (le tram)

la voiture...	... *car*
neuve	*new*
d'occasion	*used*
électrique	*electric*
hybride	*hybrid*
propre	*"green"*
le camion	*truck*
le monospace	*minivan*
le break	*station wagon*
le 4X4 (le quatre-quatre)	*four-wheel drive*
le pick-up	*pickup truck*
la décapotable, le cabriolet	*convertible*
l'autobus *m.* (le bus)	*city bus*
l'autocar *m.* (le car)	*commercial bus line*
le métro	*subway*
le scooter	*motorscooter, moped*
...à trois roues	*three-wheeled scooter*
la trottinette	*push scooter*
le vélo	*bicycle*
le VTT (vélo tout-terrain)	*mountain bike*
les rollers *m.*	*inline skates*
le skateboard, le skate	*skateboard*
les transports en commun *m.*	*public transportation*
la marche	*walking*

B LES GENS QUI SE DEPLACENT

l'automobiliste *m./f.*	*car driver*
le (la) conducteur (-trice)	*driver*
le chauffeur	*driver (taxi, bus)*
le (la) covoitureur (-euse)	*person who carpools*
le (la) cycliste	*bicycle rider*
le (la) motocycliste	*motocycle rider*

© Clare Tufts

le (la) piéton(ne)	*pedestrian*
le (la) passager (-ère)	*passenger (car, city bus, plane)*
le (la) rolleur (-euse)	*in-line skater*
le (la) skateur (-euse)	*skateboarder*
le (la) voyageur (-euse)	*passenger (train, commercial bus)*

C LE DEPLACEMENT

le permis de conduire	*driver's license*
le code de la route	*traffic laws*
la vitesse maximum	*speed limit*
la circulation	*traffic*
l'essence *f.*	*gas*
la station-service	*service station*
la borne de recharge	*recharging station (for electric car)*
le parking	*parking lot*
le stationnement	*parking*
... sur la chaussée	*(on the) street parking*

Pour obtenir des exercices et activités supplémentaires sur le contenu de ce chapitre, rendez-vous sur le site www.cengagebrain.com

l'assurance automobile *f.*	car insurance
le covoiturage	carpool
le casque	helmet
l'antivol *m.*	anti-theft device
la voie cyclable	bike lane (part of the street)
la piste cyclable	bike path (off the street)
le trottoir	sidewalk

D LES ACTIVITES

monter dans... la voiture, l'autobus	to get into . . . a car, (on) a bus
descendre de... la voiture, l'autobus	to get out of . . . the car, (off) the bus
démarrer	to start off
conduire	to drive
se promener en voiture	to go for a car ride
emmener quelqu'un en voiture	to give someone a ride
accélérer	to accelerate
ralentir	to slow down
rouler	to go (a car, a bike, etc.)
doubler, dépasser	to pass
freiner	to brake
garer la voiture	to park the car
se garer	to park
faire du vélo	to bike
faire du roller	to rollerblade
faire du skate	to skateboard
prendre... le bus, le train, le métro	to take . . . the bus, the train, the subway

E LES PROBLEMES ET LES SOLUTIONS

le bouchon, l'embouteillage *m.*	traffic jam
l'heure *f.* de pointe	rush hour

tomber en panne...	to break down
d'essence	to run out of gas
de courant	to run out of battery power (for electric car)
faire le plein	to fill up with gas
brancher la voiture sur une prise	to plug the car into an outlet
marcher (machine/appareil électrique)	to work, function
le pneu crevé	flat tire
la roue de secours	spare tire
la batterie à plat	dead battery
rentrer dans	to run into
écraser	to run over
déraper	to skid
le garage	garage
le (la) garagiste	car mechanic
dépanner, réparer	to repair
la dépanneuse	tow truck
remorquer	to tow
l'excès *m.* de vitesse	speeding
la contravention, le PV (procès-verbal)	traffic ticket
prendre une contravention, un PV	to get a ticket
la fourrière	the car pound
emmener une voiture à la fourrière	to impound a car
le feu (de signalisation) (rouge, orange[1], vert)	traffic light
la police	the police
le poste, le commissariat de police	police station
le policier, l'agent de police, le flic (*argot*)	policeman

[1] En France, on utilise un **feu orange** au lieu d'un **feu jaune** (entre le rouge et le vert).

© Clare Tufts

Vocabulaire

A **Comment se déplacer?** A votre avis, quel moyen de transport chacun des Français suivants va-t-il choisir? Justifiez votre réponse.

1. une mère qui emmène ses quatre enfants chez leurs grands-parents
2. un retraité *(retired man)* qui veut traverser Paris et qui a beaucoup de temps
3. un homme d'affaires qui doit traverser Paris aux heures de pointe
4. un adolescent qui va chez un copain le samedi après-midi
5. un couple qui veut profiter du beau temps le dimanche
6. une femme qui habite en banlieue et qui emmène son fils malade chez le médecin
7. une étudiante qui descend sur la Côte d'Azur au mois d'août avec des copines
8. des touristes à Paris qui veulent voir les monuments de la capitale
9. une femme qui est à l'aéroport et qui veut se rendre au centre-ville
10. un enfant qui habite en banlieue et joue dans son jardin

B **Les associations.** Quels mots (noms, adjectifs, verbes) associez-vous à chacun de ces moyens de transport?

1. le monospace
2. le vélo
3. la décapotable
4. les rollers
5. le train
6. le 4×4
7. la voiture propre
8. la marche

C **Comment conduire?** D'abord, mettez les verbes suivants dans l'ordre logique pour expliquer les actions d'un automobiliste.

1. se garer
2. monter dans
3. accélérer
4. descendre de
5. démarrer
6. freiner
7. doubler
8. rouler

PREPARATION GRAMMATICALE

Avant de continuer, révisez les articles, pages 173–176.

Ensuite, expliquez ce qu'Alain a fait quand il a pris la voiture hier après-midi. Faites des phrases complètes et ajoutez des détails pour rendre le récit plus intéressant.

D'abord, Alain est monté dans la voiture...

D **Finissez la phrase.** Cherchez dans la liste E du vocabulaire un mot ou une expression qui vous aide à terminer les phrases suivantes de façon logique.

1. Il y a des embouteillages parce que c'est…
2. Si je ne trouve pas de station-service, je vais…
3. La voiture dérape et…
4. Elle attend la dépanneuse parce que (qu')…
5. Quand on ne s'arrête pas au feu rouge, on risque de (d')…
6. Je demande au garagiste de (d')…
7. Si la voiture ne marche pas, il faut…
8. Une roue de secours est très utile quand on…

© Clare Tufts

PREPARATION GRAMMATICALE

Avant de continuer, révisez les pronoms d'object direct et indirect, **y** et **en**, pages 176–180.

Saviez-vous que… ?

Il y a deux associations pour la randonnée en rollers officiellement reconnues à Paris : « Pari-Roller » et « Rollers & Coquillages ». Les randonnées organisées par Pari-Roller, qui ont lieu le vendredi soir avec un parcours dans la ville de Paris de 26,9 kms. Les randonnées organisées par Rollers & Coquillages ont lieu le dimanche après-midi et ont un parcours de 20,4 kms. Pari-Roller propose des parcours qui comportent des difficultés techniques, comme des pavés (*cobblestones*) et des descentes assez raides, aussi bien qu'un rythme assez soutenu, ou rapide. En revanche, le nom même « Rollers & Coquillages » révèle une philosophie très différente: « coquillage » fait penser à la plage, et la plage fait penser aux vacances ou à la détente. Cette association veut que ses randonnées soient conviviales et relaxantes. La Préfecture de Police de la ville de Paris met à disposition des deux associations une trentaine de policiers en rollers et quelques motocyclettes chargées de sécuriser certains carrefours sensibles.

Source: www.paris-roller.com and www.rollers-coquillages.org

Lecture

En juillet 2007, la ville de Paris a lancé « Vélib' », le service de vélos en libre-service sur les voies parisiennes. Quatre ans plus tard, en juillet 2011, on comptait plus de 20 000 vélos disponibles dans 1 800 stations, et plus de 75 000 trajets quotidiens. Les vélos Vélib' sont accessibles 7 jours sur 7, 24 heures sur 24, dans tout Paris, et il y a une station Vélib' tous les 300 mètres environ. Mais quatre ans après sa naissance euphorique, Vélib' doit faire face à quelques difficultés dans son développement.

Le service de vélos en libre-service (Vélib') de Paris a fêté ses cinq ans en 2012. A votre avis, quels problèmes et/ou dangers les Parisiens et les touristes ont-ils dû affronter pendant ces cinq ans? Qu'est-ce que la ville de Paris a pu faire pour faciliter la location d'un Vélib' et pour réduire les inconvenients et les dangers pour le public en général?

Le service de vélos en libre-service affiche un bilan° mitigé° en 2011

bilan *assessment* / **mitigé** *mixed*

En 2011, il y avait 180 186 abonnés au Vélib, ce qui représente une augmentation par rapport à 2010 (161 887), mais une diminution depuis sa première année (200 100). Afin d'inciter plus d'usagers à s'abonner, le prix d'un abonnement « classique » Velib' d'un an (29€) n'a pas bougé depuis sa mise en service, et on a ajouté un tarif
5 préférentiel pour les jeunes de 14–26 ans (19€). En revanche, le prix pour une journée est monté de 1 à 1,70€, et pour un ticket de sept jours de 5 à 8 €. Un deuxième point négatif: selon JCDecaux, la société qui gère le service Vélib', 16 000 vélos ont été vandalisés dans les trois premières années. Troisième bilan décourageant: 700 accidents par an à Paris en vélo, et 7 personnes sont mortes sur un Vélib' depuis 2007. La dernière
10 mode chez les jeunes Parisiens, c'est de prendre un Vélib' pour rentrer d'une soirée en état d'ébriété, ce qui est évidemment dangereux mais aussi verbalisable°: comme pour la conduite en voiture, la limite est fixée à 0,5 gramme d'alcool par litre de sang, et la sanction peut aller d'une garde à vue° à six mois de suspension du permis de conduire.

verbalisé *subject to a fine*

garde à vue *placed in custody*

Du côté positif, la Mairie de Paris ne cesse de promouvoir l'utilisation du Vélib'. En
15 mai 2010, le maire Bertrand Delanoë a annoncé un plan de densification du réseau parisien cyclable de 30%, et en 2011 la mairie a créé l'application officielle Vélib' qui permet de connaître en temps réel les vélos et points d'attache° disponibles en stations sur l'iPhone ou le smartphone Nokia. La fonction « Chrono » de cette App donne en temps réel le coût du trajet, le CO^2 économisé et le nombre de calories dépensées.
20 Le site web officiel Vélib' (www.velib.paris.fr) offre toute les informations nécessaires sur la location et les tarifs. On y trouve aussi des liens multiples avec d'autres sources d'informations: « Newsletter iVelib' », « Blog Vélib' et moi », « Vélib' sur Facebook », « Vélib' sur Twitter », et « Vélib' sur iPhone ». On peut même accéder à la boutique Vélib' pour s'acheter des objets réfléchissants et un casque pour la sécurité; un panier et
25 un shopping bag Vélib'; et des gants, un couvre-selle, un protège panier et un poncho pour se protéger contre la pluie et le froid.

points d'attache *bike posts*

Source: www.lefigaro.fr and www.blog.velib.paris.fr

COMPRENEZ-VOUS?

1. Pourquoi, à votre avis, y avait-il le plus d'abonnements Vélib' la première année de ce service de location de vélos à Paris?
2. Après avoir bu de l'alcool, est-ce qu'on court moins de risques en rentrant chez soi à vélo ou en voiture? Expliquez.
3. En quoi l'App Vélib' facilite-t-elle l'utilisation du Vélib'?
4. En quoi les articles offerts en boutique Vélib' peuvent-ils encourager plus de gens à se servir plus souvent du Vélib' pour leurs déplacements en ville?

CHERCHEZ LA FORME

1. Expliquez l'usage de « d' » dans « d'autres » (ligne 21).
2. Expliquez l'usage de « des » dans « des objets réfléchissants » (lignes 23–24).
3. Expliquez l'usage de « un » dans « un casque » (ligne 24).

ALLEZ PLUS LOIN

Le service Vélib' est bon pour l'environnement, mais est-ce qu'il offre d'autres avantages à la ville de Paris et/ou à ceux qui s'en servent?

© Clare Tufts

> **RAPPEL** The *definite article* in French (**le, la, l', les**) is the equivalent of *the* in English. The *indefinite article* (**un, une**) is the equivalent of *a* or *an*. The *partitive article* (**du, de la, de l', des**) is the equivalent of *some*. There are several differences in the use of these articles in the two languages. For more details, see pages 173–176.

Applications

A Le code de conduite à VTT.

En quoi consiste la bonne conduite d'un cycliste en VTT? Voici quelques règles qu'il vaut mieux connaître avant de faire du vélo tout-terrain. Pour chacune d'elles, relevez les articles définis (ou contractés avec les prépositions à ou de) et les articles indéfinis.

© Geoff Waugh/Alamy

1. Accorder la priorité aux marcheurs et aux cavaliers (*horseback riders*), ne pas les gêner ni les effrayer.
2. Ne pas effrayer les animaux sauvages ou domestiques.
3. Refermer les portails et les barrières; tenir compte des interdictions et de la signalisation routière et forestière.
4. Respecter la faune, la flore, les cultures et les pâturages.
5. Ne pas s'écarter, dans la forêt, des chemins et des sentiers.
6. Participer à la sauvegarde de l'environnement.
7. Pour la sécurité de chacun, veiller au bon fonctionnement de votre vélo.
8. Porter le casque en toutes circonstances.

B Se déplacer.

Formez des phrases complètes en ajoutant des articles et des prépositions aux endroits appropriés. Faites les changements nécessaires. Attention! Les mots sont dans l'ordre correct.

1. Français / font / moins / covoiturage / que / Américains
2. prendre / bus / à Paris / offre / possibilité / de / voir / monuments
3. métro / est / plus / pratique / pour / gens / qui / n'ont pas / beaucoup / temps
4. cycliste / en ville / doit / avoir / courage / et / patience
5. rollers / sont / moyen de transport / que / jeunes / préfèrent
6. essence / coûte / plus / cher / en / France / qu'à / Etats-Unis
7. pour / éviter / problèmes / de / stationnement à Paris/ on / peut / prendre / Vélib'
8. il y a / moins / bouchons / tôt / matin
9. si / on / a / panne / de / essence / il / faut / trouver / station-service
10. vous / risquez / de / prendre / PV / si / vous / brûlez / feu rouge *(run a red light)*

RAPPEL *Direct object pronouns* replace nouns that are acted on directly by the verb; *indirect object pronouns* replace the preposition **à** + *a person*; **y** replaces the preposition **à** + *a thing, an idea* or *a place*; **en** replaces **de** + *a thing* or *a place*. For more details, see pages 176–180.

C **Assez de questions!** M. et Mme Dupont et leur fille Alice sont en route pour la mer. Alice, qui n'a que 4 ans, est très curieuse. Elle pose des questions sur tout! Pour aider ses pauvres parents, trouvez une réponse logique à chacune de ses questions. Dans votre réponse, remplacez les mots soulignés dans la question par le(s) pronom(s) approprié(s).

PRÉPARATION GRAMMATICALE

Avant de continuer, révisez l'ordre des pronoms, page 181.

1. ALICE: Papa, pourquoi as-tu besoin <u>d'un permis de conduire?</u>
   M. DUPONT: _____.

2. ALICE: Maman, pourquoi faut-il respecter <u>la vitesse maximum?</u>
   MME DUPONT: _____.

3. ALICE: Qu'est-ce qu'on achète <u>dans une station-service?</u>
   MME DUPONT: _____.

4. ALICE: Quand est-ce qu'on téléphone <u>au garagiste?</u>
   M. DUPONT: _____.

5. ALICE: Pourquoi faut-il s'arrêter <u>au feu rouge?</u>
   MME DUPONT: _____.

6. ALICE: Pourquoi voulons-nous éviter <u>les heures de pointe?</u>
   MME DUPONT: _____.

7. ALICE: Pourquoi est-ce que nous n'avons pas <u>de décapotable?</u>
   MME DUPONT: _____.

8. ALICE: Quand est-ce que je peux descendre <u>de la voiture?</u>
   M. DUPONT: _____.

D **Jouez le prof!** Mettez-vous à deux ou trois pour jouer le rôle d'un prof d'un cours intermédiaire de français. Ensemble, corrigez le devoir d'un de vos étudiants. Pour cela, éliminez les répétitions de noms en insérant les pronoms nécessaires (d'objet direct, d'objet indirect, *y* et *en*). Après avoir corrigé le texte, comparez-le à ceux des autres groupes de votre classe.

Un soir, je devais emmener mon amie au cinéma dans la voiture de mon père. D'abord, je n'arrivais pas à retrouver les clés. Enfin, j'ai retrouvé les clés sous le siège de la voiture. J'ai aussi trouvé sous le siège de la voiture un billet de vingt dollars. J'ai demandé à mon père s'il avait perdu ce billet de vingt dollars. Il a dit non et il a donné ce billet de vingt dollars à moi. Puis, j'ai remarqué qu'il n'y avait pas assez d'essence. Quel dommage! J'allais être obligé de dépenser cet argent pour acheter de l'essence. Je me suis tout de suite rendu à la station-service. Quand je suis arrivé à la station-service, j'ai découvert que j'avais aussi un pneu crevé! Après avoir payé l'essence et la réparation du pneu, je n'avais plus d'argent. Alors, j'ai téléphoné à mon amie pour dire à mon amie que je ne pouvais plus emmener mon amie au cinéma. Quand j'ai raconté à mon amie cette histoire de panne d'essence et de pneu crevé, elle a dit à moi que j'avais inventé cette histoire!

RAPPEL   The word order for pronouns in affirmative commands is different from the regular word order. To review this imperative pronoun word order, see the chart on page 181.

E Avant le départ. Les Martin préparent leur départ en vacances. Mme Martin donne des ordres à tout le monde. Sa mère de 85 ans, qui veut l'aider, répète tout ce que dit Mme Martin! Imaginez les ordres de la grand-mère en remplaçant tous les mots soulignés par des pronoms.

> **Modèle:** MME MARTIN: Robert, mets <u>tes rollers</u> dans <u>ton sac</u>.
> GRAND-MÈRE: **Oui, mets-les-y!**

1. MME MARTIN: Cécile, demande <u>à ton père</u> s'il a <u>les billets</u>.
   GRAND-MÈRE: Oui, _____!

2. MME MARTIN: Max, n'oublie pas <u>ton casque</u>!
   GRAND-MÈRE: Non, _____!

3. MME MARTIN: Roger, va acheter <u>de l'essence</u>.
   GRAND-MÈRE: Oui, _____!

4. MME MARTIN: Mettons <u>les valises dans la voiture</u>!
   GRAND-MÈRE: Oui, _____!

5. MME MARTIN: Dites <u>aux voisins</u> que nous partons.
   GRAND-MÈRE: Oui, _____!

Continuez cet exercice avec un(e) partenaire.

© Cengage Learning

PRÉPARATION GRAMMATICALE

Avant de continuer, révisez les pronoms disjoints, pages 182-183.

F Des incidents de route de plus en plus graves! Avec un(e) partenaire, créez un dialogue entre deux ami(e)s qui se revoient après des vacances. Vous avez tous (toutes) les deux un « incident de route » à raconter, et chacun(e) de vous pense que ce qui lui est arrivé est plus grave et plus intéressant que l'incident de l'autre. Utilisez la liste E du vocabulaire (au début du chapitre) et autant de pronoms disjoints que possible.

> **Modèle:** Moi, j'ai un incident de route incroyable à te raconter…
>
> **Mes parents, eux, n'étaient pas du tout contents…**

Lecture

Fernand Raynaud (1926–1973) a longtemps été l'un des comiques français les plus connus. Apprécié aussi des étrangers, Raynaud a reçu un télégramme de Charlie Chaplin en 1960 annonçant son intention de venir assister à son premier grand spectacle. Ses sketchs, improvisés et présentés sur scène au fil des ans, ont été mis par écrit beaucoup plus tard quand Raynaud les a dictés à sa secrétaire. Le public français d'aujourd'hui continue à rire en lisant les histoires drôles de ce comique, et plusieurs fois par an ses sketches sont diffusés à la télévision.

ENTRONS EN MATIERE

On dit souvent que les femmes au volant sont plus prudentes que les hommes et qu'elles ont moins d'accidents graves de voiture. Pensez-vous que ce soit vrai? Donnez des exemples personnels pour justifier votre réponse.

POUR MIEUX COMPRENDRE

Souvent les histoires comiques nous semblent encore plus comiques si nous comprenons le caractère du protagoniste (ou de la « victime »). Un bon comique sait donc bien décrire ses personnages. Parcourez le deuxième paragraphe de ce sketch de Fernand Raynaud où le narrateur décrit sa sœur. Qu'est-ce que nous y apprenons sur cette femme? Quelle est l'attitude du narrateur envers son personnage?

© Jakob Kamender/Istockphoto.com

La 2 CV² de ma sœur

PREMIÈRE PARTIE

Si un jour une de vos amies vous dit: « Veux-tu que je te parle franchement »? répondez-lui: « Non! Non! Non! Continue à me parler comme avant ». Donc, avec ma sœur… Ne soyez pas sincère, c'est-à-dire, soyez diplomate, ne lui demandez pas pour quoi sa 2 CV n'est plus peinte en rouge!

5 Ah! Oui, il lui est arrivé un incident—j'ai pas dit accident mais incident. Parce que ma sœur est très prudente. Elle ne dépasse jamais le vingt-cinq à l'heure° et elle roule toujours au milieu de la route, et elle dit: « Si tout le monde était comme moi, y'aurait pas souvent d'accident »! Elle en est à son seizième mort, parce que, y'a des gens qui veulent doubler, des imbéciles, des artistes! C'est nuisible° à la société!

10 L'autre jour, ma sœur roulait avec sa 2 CV et il y avait un convoi° du cirque Tantini. Comme le convoi roulait à vingt-cinq à l'heure, ma sœur dit: « J'y va-t-y, j'y va-t-y pas°? Allez, je me paye le culot°, je double le convoi »! Elle l'a fait, et v'là qu'après avoir doublé trois roulottes°, cinq camions, deux caravanes, un gros camion s'était arrêté pour laisser prendre aux éléphants leurs ébats°—parce que tous les quarante kilomètres 15 il faut s'arrêter pour laisser descendre les éléphants, afin qu'ils puissent se détendre, s'ébrouer°, enfin, tout ce que les éléphants ont besoin de faire lorsqu'ils sortent d'un camion… Ma sœur a donc été obligée de stopper avec sa 2 CV rouge, et quelle n'a pas été sa stupeur de voir arriver lentement vers elle, alors qu'elle était assise dans sa 2 CV, un gros pachyderme, qui se tourne vers elle, lui fait voir son arrière-train, lève la queue 20 et crac! Il s'assoit sur le devant de la 2 CV!

Ma sœur, ça lui a fait comme un coup. Elle se croyait en pleine nuit, elle s'est trouvée mal°. Le cornac° est arrivé précipitamment, a fait lever l'éléphant, a ranimé ma sœur à grands coups de gifles. Le directeur est arrivé en courant: « Rassurez-vous, nous sommes assurés°, on vous paiera les réparations! Je vais vous expliquer pourquoi 25 l'éléphant s'est assis sur la 2 CV. C'est parce que, chaque soir, au cours de son numéro, au milieu de la piste°, il s'assoit sur un tonneau° qui est rouge comme votre voiture »! Ma sœur était tellement suffoquée que le directeur du cirque Tantini l'a emmenée dans un petit café, lui a fait prendre un cognac, puis un deuxième, puis un troisième. Le cornac a payé sa tournée, ma sœur n'a pas voulu être en reste°, elle a payé la sienne… 30 Et elle est repartie en fredonnant° « Cerisiers roses et pommiers blancs ».

---

le… 25 kilomètres à l'heure *(approx. 16 mph)*

nuisible qui fait du mal
convoi… groupe de véhicules qui roulent ensemble
J'y… *(fam.)* j'y vais, je n'y vais pas / **me…** *(fam.)* me permets de faire une chose inhabituelle
roulottes maisons roulantes/

laisser… *let the elephants move about* / **s'ébrouer** s'agiter vivement

s'est… s'est évanouie *(fainted)* / **cornac** *trainer*

assurés *insured*

piste *circus ring* / **tonneau** *barrel*

être… *to be indebted to*
en… *humming*

---

² The **2 CV (deux chevaux-vapeur)** is often referred to in France as the **deuch.**

COMPRENEZ-VOUS?

1. Qu'est-ce qu'on apprend au sujet de la voiture de la sœur du narrateur dans le premier paragraphe?
2. Comment conduit la sœur, et quel est le résultat de sa façon de conduire?
3. Pourquoi la sœur a-t-elle été obligée d'arrêter sa voiture sur la route?
4. Pourquoi la sœur s'est-elle trouvée mal?
5. Pourquoi l'éléphant a-t-il agi ainsi?
6. Combien de verres de cognac la sœur a-t-elle bu au café?

CHERCHEZ LA FORME

Cherchez tous les pronoms compléments d'objet indirects dans le premier paragraphe de la lecture.

POUR MIEUX COMPRENDRE

La première partie de ce texte de Fernand Raynaud est une narration. Dans la deuxième partie, que vous allez lire, il s'agit plutôt d'un dialogue. Parcourez le texte pour découvrir qui parle.

Lecture

La 2 CV de ma sœur

 CD 1, track 6

DEUXIÈME PARTIE

direction *steering*
talus *embankment*
motards motocyclistes de la gendarmerie / **Rangez-vous** Arrêtez-vous

puez *reek*

enfants... garçons qui aident le prêtre à l'église (ici, personnes très naïves)

interner mettre à l'hôpital psychiatrique / **relâchée** remise en liberté

Elle a réussi quand même à doubler le cirque mais v'là qu'au bout de trois kilomètres, elle dit: « Pourvu que ma direction° n'en ait pas pris un coup! Vérifions s'il n'y a rien. Montons sur le petit talus° à droite, ça a l'air d'aller… Voyons le petit talus à gauche… » On entend des coups de sifflet. Deux motards° arrivent: « Rangez-vous° à droite, non
35 mais dites donc, ça va pas vous?

Vous êtes un danger public, Mademoiselle! Vous allez à droite, vous allez à gauche… Mais dites donc! Vous avez eu un accident?

—Non, non! C'est un éléphant qui s'est assis sur ma voiture!

—Ah… Oui, oui, je vois très bien ce que c'est! Marcel! Viens voir! Y'a un éléphant
40 qui s'est assis sur le devant de la voiture de Madame!

—Mademoiselle s'il vous plaît!

—J'vais vous en donner moi, du Mademoiselle!

—Oui! Je vous assure Monsieur l'agent! C'est un éléphant qui s'est assis sur le devant de ma voiture!

45 —Mais vous puez° le cognac, vous?

—Mais, Monsieur…

—Y'a pas de « Mais, Monsieur ». Vous allez à droite, vous allez à gauche, vous sentez le cognac et vous nous dites qu'un éléphant s'est assis sur votre voiture? Vous nous prenez pour des enfants de chœur°? Suivez-nous au poste »!

50 Ils ont fait une prise de sang à ma sœur et, comme il y avait évidemment de l'alcool, ils l'ont gardée quarante-huit heures. Elle hurlait: « Oui, oui, oui! C'est vrai! Un éléphant s'est assis sur mon auto! Je le vois arriver, je vois un éléphant… Ouh! Le gros n'éléphant »![3] Ils voulaient l'interner°, il a fallu que le directeur du cirque vienne témoigner que les faits étaient exacts. Ils l'ont relâchée°.

55 Elle a fait repeindre sa voiture en vert et, si vous la rencontrez, surtout ne lui dites pas: « Pourquoi votre 2 CV est-elle verte maintenant, expliquez-moi ça »? Surtout ne lui dites pas, car elle verrait rouge.

---

1 sketch in *"Heureux! - L'intégrale des sketchs"* de Fernand Raynaud © Flammarion, 2000 Fernand Raynaud, La 2 CV de ma soeur in *"Heureux!"*. Avec l'aimable autorisation de Pascal Raynaud.

[3] The use of **n'** before a noun beginning with a vowel comes from child's speech; since French children must learn to make the liaison between the final consonant **n** of **un** and the initial vowel of the following noun (**un éléphant**) they often assume that the noun actually begins with the consonant **n.**

COMPRENEZ-VOUS?

1. Pourquoi la sœur a-t-elle commencé à zigzaguer d'un côté à l'autre de la route?
2. Pourquoi les gendarmes ne croyaient-ils pas l'explication de la sœur?
3. Quelle raison la police avait-elle de garder la sœur pendant quarante-huit heures?
4. Qui a convaincu la police de relâcher cette femme?
5. Pourquoi ne faut-il pas poser de questions à la sœur sur le changement de couleur de sa voiture?

CHERCHEZ LA FORME

Identifiez et analysez les éléments soulignés dans la phrase suivante (lignes 50–51): « Ils ont fait une prise de sang à ma sœur et, comme il y avait évidemment de l'alcool, ils l'ont gardée quarante-huit heures ».

ALLEZ PLUS LOIN

1. Quelles sont les raisons possibles pour lesquelles Fernand Raynaud a décidé de faire parler les personnages dans la deuxième partie de son histoire (sous forme de dialogue) au lieu de raconter (sous forme de narration) leurs actions?
2. Quelle(s) technique(s) le comique utilise-t-il dans son sketch pour attirer l'attention du public qui l'écoute? Trouvez-en des exemples dans *La 2 CV de ma sœur*.

© Cengage Learning

Rendez-vous sur le site web de *Sur le vif* pour regardez la vidéo du Chapitre 4, puis complétez les activités à la page 65 du **Student Activities Manual.**

Activités d'expansion

A **Faites du théâtre!** A trois, mettez-vous à la place de la sœur et des gendarmes (lignes 34–49) et jouez la scène où elle essaie de leur expliquer ce qui est arrivé à sa voiture.

B **La voiture la plus économique.** Avec trois ou quatre camarades de classe, essayez de vous mettre d'accord sur la voiture la plus économique du monde. Il faut trouver une voiture qui est économique du point de vue du prix et de l'usage. Quels sont les avantages et les inconvénients de cette voiture?

Mots et expressions utiles:
confortable, maniable *(easy to handle)*, puissante *(powerful)*, sûre *(reliable)*
consomme peu d'essence *(uses little gas)*
ne coûte pas cher, est bon marché *(cheap)*
a une bonne tenue de route *(holds the road well)*
à deux (quatre) portes, à traction avant *(front-wheel drive)*, à boîte automatique
    (automatic transmission), à boîte manuelle

Pour exprimer votre opinion:

Moi, je pense que…	Il me semble que…
A mon avis…	Je trouve que…
Pour ma part…	Je crois que…

Pour exprimer votre accord:

Je suis (tout à fait) d'accord.	Bien sûr!
Je suis de ton (votre) avis.	Absolument!
C'est vrai.	Sans aucun doute!
Tu as (Vous avez) raison.	

Pour exprimer votre désaccord:

Je ne suis pas d'accord.	Absolument pas!
Au contraire!	Tu as (Vous avez) tort.
Par contre…	Pourtant
Cependant…	Pas du tout!

C **Qui sont les conducteurs les plus dangereux?** Il y a des gens qui pensent que les conducteurs les plus dangereux sur la route sont ceux qui conduisent trop vite; d'autres, en revanche, pensent que ce sont ceux qui conduisent trop lentement. Qu'en pensez-vous et pourquoi? Si possible, donnez des exemples pour justifier votre opinion.

D **La voiture: malheur du monde?** La plupart des gens en Amérique du Nord et en Europe considèrent la voiture comme un objet absolument indispensable, mais on ne nie pas que sa prolifération dans le monde entraîne des conséquences très graves comme la pollution, les embouteillages et le gaspillage d'énergie. Qu'est-ce que vous en pensez? La voiture est-elle vraiment essentielle à la vie? Quelle(s) solution(s) voyez-vous à ce problème?

© Clare Tufts

Les voyages

© Clare Tufts

A POURQUOI?

s'amuser (à)	*to enjoy oneself, to have fun*
se cultiver	*to improve one's mind*
découvrir	*to discover*
se détendre	*to relax, to unwind*

B COMMENT?

faire du stop	*to hitchhike*
prendre le car, le train, etc.	*to take the bus, the train, etc.*
voyager en avion, en car, en train, en voiture, à pied	*to travel by plane, bus, train, car, on foot*

C OU?

l'auberge *f.* de jeunesse	*youth hostel*
la caravane	*camping trailer*
le chalet	*small vacation house (in the mountains)*
la colonie de vacances	*summer camp (for children)*
coucher...	*to sleep . . .*
sous la tente	*in a tent*
à la belle étoile	*out in the open*
en plein air	*outdoors*
le terrain de camping	*campground*
la chambre d'hôtes	*bed and breakfast*

Pour obtenir des exercices et activités supplémentaires
sur le contenu de ce chapitre, rendez-vous sur le site
www.cengagebrain.com.

© AVAVA/Shutterstock.com

le sac de couchage	*sleeping bag*
la maison de campagne	*country house*
la résidence secondaire	*second home*
la mer	*sea*
la montagne	*mountain*
la plage	*beach*
la station balnéaire	*seaside resort*
la station de sports d'hiver	*winter (sports) resort*

D QUOI?

descendre, loger à (un hôtel, un condo, etc.)	*to stay (in a hotel, condo, etc.)*
faire la grasse matinée	*to sleep in, to sleep late*
faire une croisière	*to go on a cruise*
bronzer	*to tan, to get a tan*
le coup de soleil	*sunburn*
attraper, prendre un coup de soleil	*to get a sunburn*

faire du bateau	*to go boating*
du canoë	*canoeing*
de la planche à voile	*windsurfing*
de la voile	*sailing*
du rafting	*white-water rafting*
du scooter des mers	*jet-skiing*
du ski nautique	*waterskiing*
du surf	*surfing*
de la plongée	*diving, scuba diving*
se baigner	*to go swimming*
aller à la pêche, pêcher	*to go fishing*
aller à la chasse, chasser	*to go hunting*
faire de l'alpinisme *m.*	*to go mountain climbing*
de l'escalade	*rock climbing*
du parapente	*hang-gliding*
de la randonnée	*hiking, backpacking*
faire du ski alpin	*to go downhill skiing*
du ski de fond	*cross-country skiing*
du snowboard	*snowboarding*
de la motoneige, du scooter des neiges	*snowmobiling*
de la raquette	*snowshoeing*
faire de l'équitation	*to go horseback riding*
une promenade à cheval	*for a horseback ride*
faire une promenade/une balade...	*to go for a walk; ride*
en bateau	*boat*
à vélo	*bike*
en voiture	*car*
le décalage horaire	*time difference; jet lag*
mal supporter le décalage horaire	*to suffer from . . .*

PRÉPARATION GRAMMATICALE

Avant de commencer ce chapitre, révisez l'usage des prépositions avec les noms géographiques, pages 185–186.

"Souris" Les Vacances, Michel Serre (auteur) © Glénat, 1984www.glenat.com

Qui sont les personnes sur ce dessin? Où sont-elles? Qu'est-ce qui est arrivé? Que font-elles?

Saviez-vous que... ?

Plus de 40% des Français ne partent jamais en vacances - un pourcentage énorme, qui a tendance à croître. Ensuite, ceux qui font leurs valises restent à plus de 80% sur le territoire national. En majorité, ils vont à la mer et logent dans la famille ou chez des amis. Depuis une vingtaine d'années, ces grandes masses ne bougent guère. Quatre Français sur dix ne partent jamais en vacances pour des questions économiques. S'il faut payer un logement, se nourrir tous les jours, et aussi faire des activités, cela peut coûter cher. Surtout si on part en famille. Mais une autre raison, plus méconnue, est un frein: partir veut dire devoir apprendre quelque chose de nouveau, s'adapter à de nouvelles situations. Notamment pour les classes populaires. Beaucoup préfèrent s'attacher à ce qu'ils connaissent, garder leurs habitudes. N'oublions pas que partir en vacances peut être perçu comme un risque ou une aventure. Et l'aventure peut faire peur à beaucoup.

Source: http://www.sudouest.fr

Vocabulaire

A Devinettes. Choisissez un mot (ou une expression) des listes C et D du vocabulaire. Expliquez-le (la) en français pour que vos camarades de classe devinent ce que vous avez choisi.

B Qui ferait cela? Quelle sorte de personne aimerait pratiquer les activités suivantes? Indiquez leur sexe et leur âge, puis décrivez leur caractère. Si possible, inventez-leur aussi une profession.

> **Modèle:** faire du rafting
> **Je pense qu'un garçon de 16 ans aimerait faire du rafting. J'imagine qu'il s'agit d'un lycéen qui recherche l'aventure, qui est courageux et qui, bien sûr, nage bien!**

1. faire une croisière
2. faire du stop
3. faire de la randonnée
4. aller à la chasse
5. faire de l'équitation
6. faire de l'alpinisme
7. coucher à la belle étoile
8. passer la nuit dans une auberge de jeunesse

C Les vacances idéales. Imaginez des vacances idéales pour chacune des personnes suivantes. Où iront-elles? (Donnez une destination précise.) Comment voyageront-elles? Où logeront-elles? Que feront-elles? Mentionnez aussi au moins trois activités.

1. un étudiant sportif qui adore l'eau mais qui n'a pas beaucoup d'argent (en juin)
2. votre professeur de français (en mai)
3. le président des Etats-Unis (en juillet)
4. une mère de famille nombreuse (après Noël)
5. deux Françaises de 19 ans qui viennent de réussir leur bac (en août)
6. un homme d'affaires de 60 ans qui vient de divorcer (en décembre)
7. l'ex-femme de cet homme d'affaires (en décembre)
8. trois étudiantes américaines à qui leurs grands-parents offrent des vacances (en été)
9. un adolescent de 16 ans qui est obligé de partir avec sa famille (en février)

D Mais qu'est-ce qu'on y fait? Vos amis et vous voulez passer vos vacances dans une région ou un pays francophone. Mettez-vous d'accord sur la destination en vous posant des questions sur les endroits proposés. Précisez aussi à quelle saison aura lieu votre voyage. Une fois que vous aurez choisi votre destination, expliquez vos raisons à la classe.

> **Modèle:** la Guyane
>
> Vous: **Où se trouve la Guyane?**
> **Qu'est-ce qu'on peut y faire en été (en hiver)?**
>
> Vos camarades: **La Guyane se trouve en Amérique du Sud, près du Vénézuela.**
> **En Guyane, on va à la plage, on fait des randonnées en forêt, on va à la pêche. L'hiver, c'est la saison du carnaval.**

1. la Martinique
2. le Sénégal
3. le Viêt Nam
4. le Québec
5. la Louisiane
6. Tahiti
7. la Suisse
8. le Maroc

E Ennuyeuses ou amusantes? Mettez-vous par groupes de trois ou quatre. A tour de rôle, décrivez les vacances les plus ennuyeuses ou les plus amusantes que vous ayez jamais passées. Donnez beaucoup de détails et exagérez autant que vous le pouvez. Choisissez les meilleurs récits de votre groupe pour les présenter à la classe.

PRÉPARATION GRAMMATICALE

Avant de continuer, révisez la formation du futur, pages 186–188.

Saviez-vous que... ?

Lorsqu'on demande aux jeunes (de 15 à 30 ans) ce qu'ils aimeraient faire de leur été s'ils avaient le choix, ils citent majoritairement partir en vacances (62%), mener un projet personnel (26%) et travailler (24%). Pour ces derniers, il apparaît clairement que bosser pendant l'été relève plutôt de la nécessité que d'un choix librement consenti. Parmi les jeunes travaillant pendant l'été, seuls 28% affirment l'avoir choisi. Il est également intéressant de constater qu'un jeune sur cinq souhaiterait s'engager dans un projet de solidarité (20%). En 2010, 28% des jeunes ne sont pas partis en vacances. Parmi les raisons invoquées, les deux principales sont le manque de moyens financiers (39%) et le manque de temps (38%).

Source: http://www.joc.asso.fr 2011

© Clare Tufts

Lecture

D'abord professeur d'anglais, Marcel Pagnol (1895–1974) s'est mis à écrire très jeune. Ses pièces, *Marius, Fanny,* etc., dépeignent avec tendresse et humour l'âme méridionale et l'atmosphère de Marseille. Ses souvenirs d'enfance, *La Gloire de mon père* et *Le Château de ma mère* (tous les deux publiés en 1957) se situent en Provence (Marseille et ses environs) et constituent un réel hommage à sa famille. Marcel Pagnol a lui-même adapté un grand nombre de ses œuvres au cinéma. Plus tard, d'autres réalisateurs ont continué à tourner des films basés sur ses romans, par exemple *Manon des sources* (1986), *Le Château de ma mère* et *La Gloire de mon père* (1990).

ENTRONS EN MATIERE

Quand vous étiez à l'école primaire, comment étaient vos grandes vacances (les vacances d'été)? Combien de temps duraient-elles? Etiez-vous conscient(e) du passage du temps? Etiez-vous content(e) de retourner à l'école?

POUR MIEUX COMPRENDRE

Le passage que vous allez lire est au passé simple, un temps littéraire (voir pages 194–195). La plupart du temps, il n'est pas difficile d'identifier les verbes au passé simple: **il se versa (il s'est versé), je demandai (j'ai demandé),** etc. Trois verbes ont des formes qui ne ressemblent pas beaucoup à leur infinitif: **être: ce fut/ cela a été, faire: il fit/ il a fait et avoir: j'eus/ j'ai eu.** Parcourez maintenant le texte ci-dessous et identifiez quatre autres verbes au passé simple.

Le Château de ma mère

Le narrateur, qui a à peu près onze ans, raconte ses vacances à la campagne avec sa famille.

« Qu'est-ce qu'elle dit?

—Elle dit, répondit l'oncle, que les vacances sont finies »!

Et il se versa° paisiblement un verre de vin.

Je demandai, d'une voix étranglée°:

5 « C'est fini quand?

—Il faut partir après-demain matin, dit mon père. Aujourd'hui, c'est vendredi.

—Ce *fut* vendredi, dit l'oncle. Et nous partons dimanche matin.

—Tu sais bien que lundi, c'est la rentrée des classes »! dit la tante.

Je fus un instant sans comprendre, et je les regardai avec stupeur°.

10 « Voyons, dit ma mère, ce n'est pas une surprise! On en parle depuis huit jours ».

C'est vrai qu'ils en avaient parlé, mais je n'avais pas voulu entendre. Je savais que cette catastrophe arriverait finalement, comme les gens savent qu'ils mourront un jour mais ils se disent: « Ce n'est pas encore le moment d'examiner à fond° ce problème. Nous y penserons en temps et lieu ».

15 Le temps était venu: le choc me coupait la parole, et presque la respiration. Mon père le vit, et me parla gentiment.

« Voyons, mon garçon, voyons! Tu as eu deux grands mois de vacances[1]…

—Ce qui est déjà abusif! interrompit l'oncle. Si tu étais président de la République, tu n'en aurais pas eu autant »!

20 Cet ingénieux argument ne me toucha guère°, car j'avais décidé de n'aspirer à ces hautes fonctions qu'après mon service militaire.

« Tu as devant toi, reprit mon père, une année qui comptera dans ta vie: n'oublie pas qu'en juillet prochain, tu vas te présenter à l'examen des Bourses, pour entrer au lycée au mois d'octobre suivant!

25 —Tu sais que c'est très important! dit ma mère. Tu dis toujours que tu veux être millionnaire. Si tu n'entres pas au lycée, tu ne le seras jamais ».

se versa *poured himself*	
étranglée *strangled*	
stupeur *étonnement*	
à fond *thoroughly*	
guère *hardly*	

© Marcel Pagnol, *"Le Château de ma mère"* - Éditions de Fallois, 2004.

COMPRENEZ-VOUS?

1. Qu'est-ce que le narrateur apprend au début du passage?
2. Pourquoi cette nouvelle ne devrait-elle pas le surprendre?
3. Comment réagit-il? Quel mot utilise-t-il pour décrire la nouvelle? A quoi la compare-t-il?
4. Que pense l'oncle de la durée des vacances scolaires?
5. Pourquoi l'année scolaire qui vient sera-t-elle importante pour le narrateur?

[1] A l'époque de ce récit, les grandes vacances avaient lieu entre la mi-juillet et septembre.

CHERCHEZ LA FORME

1. Trouvez les pronoms objets dans le passage et indiquez leurs antécécents.
2. Trouvez les verbes au futur et au conditionnel dans le passage et mettez-les à l'infinitif.

ALLEZ PLUS LOIN

Imaginez, au présent, les vacances d'un garçon de 10 ans qui passe deux mois à la campagne.

RAPPEL The *future tense*, whose stem is based on the infinitive, is used to talk about what will happen in the future. When one event is expected to happen before another in the future, the earlier one is expressed in the *future perfect* (**futur antérieur**). For more details, see pages 189–190.

Applications

A Les vacances et les voyages changeront-ils? Dans l'avenir, est-ce que tout changera ou nos habitudes de vacances resteront-elles les mêmes? Finissez les phrases selon votre propre vision de l'avenir.

Modèle: Aujourd'hui, je voyage en voiture. Dans l'avenir, …
Je ne voyagerai plus en voiture. Je prendrai l'avion ou peut-être un vaisseau spacial *(space ship)*.

1. Aujourd'hui, nous allons à la plage. Dans l'avenir, …
2. Ces jours-ci, je fais du camping. Quand j'aurai des enfants, …
3. A l'heure actuelle, la plupart des Américains n'ont que quinze jours de congé. Dans vingt ans, …
4. Aujourd'hui, ma famille se détend à la mer. Quand mes parents seront à la retraite, …
5. D'habitude, mes amis s'amusent à la montagne. Lorsqu'ils auront 50 ans, …
6. Mon prof passe toujours ses vacances en Tunisie. A partir de l'année prochaine, …
7. Actuellement, je prends souvent le car. Dès que j'aurai gagné assez d'argent, …
8. De temps en temps, ma mère et moi, nous visitons des musées. Aussitôt que nous ne voyagerons plus ensemble, …

B Des interviews imaginaires. Mettez-vous à deux. L'un(e) d'entre vous est journaliste et l'autre est un personnage célèbre: une vedette de cinéma, un(e) chanteur/chanteuse, un personnage d'une série télévisée, le président des Etats-Unis, etc. Le (La) journaliste pose des questions à la célébrité sur ses projets de vacances et celle-ci répond au futur.

Notez bien: Il y a dans ce genre de situation un certain protocole. Faites attention aux formes interrogatives et utilisez « **vous** » dans les questions.

Modèle: Où irez-vous en vacances?
J'irai à la Martinique.

C Une chaîne d'événements. Avec vos camarades, faites des projets d'avenir d'après le modèle. Une personne complète la phrase donnée. Les autres enchaînent en formant des phrases contenant les mêmes conjonctions et les mêmes temps que dans le modèle.

> **Modèle:** Après avoir reçu mon diplôme, je…
>
> **Après avoir reçu mon diplôme, j'ai l'intention de trouver un poste.**
> **Dès que j'aurai trouvé un poste, je gagnerai beaucoup d'argent.**
> **Lorsque j'aurai gagné beaucoup d'argent, je me marierai.**
> **Aussitôt que je me serai marié(e), ma femme (mon mari) et moi achèterons une belle maison.**
> **Et finalement, nous aurons beaucoup d'enfants et nous serons très heureux.**

1. Après avoir gagné le gros lot *(jackpot)* à la loterie, je…
2. Après avoir pris leur retraite, mes parents…
3. Après avoir fini nos examens à la fin du semestre, mes amis et moi, nous…
4. Après être allé(e) au Sénégal, mon (ma) prof de français…
5. Et moi, après…

> **RAPPEL** The *conditional form* uses the same stem as the future tense, but it has different endings. It is used to express hypotheses (what would or could happen if certain conditions occurred). For more details, see pages 186–190.

D Un rêve. Aimeriez-vous habiter un endroit ou un pays tout à fait différent de celui où vous vous trouvez actuellement? Où iriez-vous? Imaginez votre vie dans cette nouvelle région ou dans cet autre pays: votre logement, votre travail, vos amis, vos distractions, etc. Utilisez le conditionnel pour parler de votre rêve et ensuite, comparez-le à celui d'un(e) ou deux camarades de classe.

E Les parents se font du souci. Quand leurs enfants partent en voyage, les parents veulent savoir s'ils sauront se débrouiller en cas de besoin. Un(e) étudiant(e) joue le rôle du parent inquiet et pose la question. L'autre trouve une réponse rassurante, au conditionnel.

> **Modèle:** perdre ton passeport
> Parent: Qu'est-ce que tu ferais si tu perdais ton passeport?
> Enfant: J'irais au consulat américain.

1. rater l'avion
2. tes valises / ne pas arriver
3. ne pas trouver de chambre d'hôtel
4. on / voler ton portefeuille
5. ne plus avoir d'argent
6. les copains avec qui tu voyages / se faire arrêter par la police
7. tomber malade
8. nous / ne pas pouvoir venir te chercher à l'aéroport à ton retour

Continuez le dialogue.

PREPARATION GRAMMATICALE

Avant de continuer, révisez les phrases avec **si**, pages 192–194.

Saviez-vous que… ?

L'éco-tourisme, aussi appelé tourisme équitable ou éthique, est à la mode. De plus en plus de touristes français sont attirés par la notion de tourisme responsable. Près de 60% d'entre eux affirment savoir ce que ce type de voyage ou de vacances veut dire, contre 27% en 2007, 87% se disent intéressés, principalement pour des raisons de respect de l'environnement et de développement local. Le concept de tourisme responsable est mieux compris, cependant 78% des voyageurs pensent être mal informés. Perçu par 44% des sondés comme une forme de voyage sans beaucoup de luxe ni de confort, l'éco-tourisme reste encore marginal malgré une fréquentation en hausse (7% des voyageurs l'ont pratiqué en 2008 contre 2% en 2007).

Source: www.planetoscope.com 2011

The tense used to express a condition determines the tense used to express the result.

Si je **n'ai** pas trop de travail *(présent)*, **j'irai** *(futur)* à la montagne ce week-end.
*If I **don't have** too much work (present), I **will go** (future) to the mountains this weekend.*

Si je **n'étais** pas à la fac *(imparfait)*, **j'aurais** *(conditionnel présent)* plus de temps.
*If I **were not** in school (imperfect), I **would have** (present conditional) more time.*

Si **j'avais appris** *(plus-que-parfait)* à faire du ski, je **serais allé(e)** *(conditionnel passé)* en Suisse.
*If I **had learned** (pluperfect) to ski, I **would have gone** (past conditional) to Switzerland.*

For more details, see pages 192–194.

F Des vacances: réalité, rêve et regrets. Créez de petits récits en utilisant les débuts de phrases donnés. Attention au temps et à la forme des verbes.

1. La réalité:
 a. Si je pars en vacances l'été prochain, je…
 b. S'il fait beau quand j'arrive, …
 c. Mes amis m'accompagneront si…
 d. Nous nous amuserons si…
 e. Mais nous rentrerons tôt si…

2. Un rêve:
 a. Si j'avais un mois de vacances et beaucoup d'argent, je…
 b. Mes amis m'accompagneraient si…
 c. Ces vacances nous plairaient si…
 d. Si je louais une voiture, …
 e. Je ne coucherais pas sous la tente si…

3. Des regrets. Vous êtes rentré(e) tôt, il a plu la plupart du temps, vous n'avez pas bien mangé, vous avez eu un accident de voiture, vous vous êtes disputé(e) avec vos amis, et quoi d'autre? Exprimez vos regrets et expliquez ce que vous auriez pu ou auriez dû faire autrement.
 a. Si je n'étais pas allé(e) à / en / au / aux…
 b. S'il avait fait beau, nous…
 c. Si je n'avais pas invité mes amis, …
 d. Je n'aurais pas eu d'accident si…
 e. Je me serais reposé(e) si…

G Tout serait différent. Décrivez les conséquences possibles ou probables dans chaque cas suivant. Comparez vos idées à celles de vos camarades de classe. Attention à la forme et au temps des verbes!

 1. Si tous les Américains avaient cinq semaines de congés payés, …
 2. Si mes copains avaient appris à faire de l'escalade, …
 3. Si nous pouvions partir pour Tahiti, …
 4. Si mon professeur de français voulait se cultiver en vacances, …
 5. S'il n'y avait pas de tunnel sous la Manche, …
 6. Si ma mère me payait mon billet d'avion, …
 7. Si j'avais passé l'été à faire du stop, …

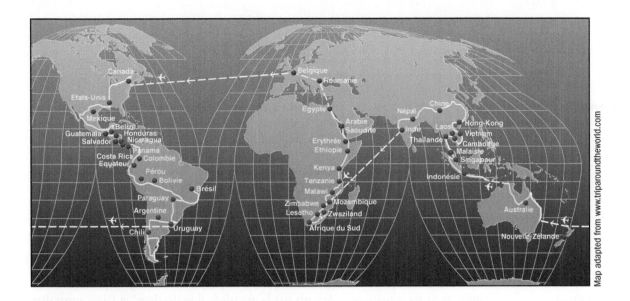

Lecture

En 2007, le Belge Didier Tilman crée un site web pour documenter les trois années de son voyage autour du monde, partager quelques-unes de ses aventures, « faire rêver » et donner envie de partir aux autres, dit-il.

ENTRONS EN MATIERE

Si vous décidiez de partir, de faire le tour du monde, où iriez-vous? Comment voyageriez-vous? Qu'est-ce que vous emporteriez?

Voyage autour du monde: trois ans de vagabondage

PREMIÈRE PARTIE

Préparatifs: Je suis parti avec la certitude de voyager pour une année; l'aventure a duré trois fois plus longtemps.

Je n'ai jamais respecté le moindre itinéraire que je m'étais fixé; celui-ci a toujours été déterminé et a évolué en fonction des rencontres, par définition aléatoires° et 5 imprévisibles.

aléatoires par hasard

Je me suis acheté un billet tour du monde valable un an, je n'ai pu utiliser que le premier trajet (Bruxelles-New York) et je me suis fait rembourser le second tronçon° (Buenos Aires-Auckland).

tronçon partie

J'ai acheté le plus grand sac à dos (que je considérais être mon fil de vie) et l'ai 10 bourré° de tout ce qu'il était recommandé d'emmener (pompe à eau, réchaud°, trousse de pharmacie° préparée par une amie médecin, vêtements de rechange en quantité pour affronter toutes les conditions météorologiques, etc.). Peu à peu je l'ai vidé de son contenu; après plusieurs mois, je l'ai vendu et me suis satisfait d'un plus petit.

bourré *stuffed /* **réchaud** *camping stove*
trousse... *first aid kit*

La plus belle des surprises enfin: Plus longtemps on voyage, moins on dépense.

A Zanzibar PLUS BLANC QUE BLANC

15   Zanzibar: nom et endroit magiques. Je loue une moto pour aller jusqu'à la pointe nord de l'île. Sur la journée, je me fais arrêter huit fois par un officier de police. Contrôle des papiers. Pas de bol° pour moi: je ne possède pas de permis international; mon permis européen ne m'autorise pas à conduire l'engin sur lequel je me trouve assis. Si je dois payer huit fois une amende ou « une contribution », j'aurais mieux fait **20** de louer une voiture de luxe.

    Les sept premiers passages sont franchis sans mal: quelques palabres et excuses confondues suffisent à m'ouvrir (gratuitement) la porte.

    Le huitième policier a lui tout de suite repéré « mon manquement grave aux lois du pays »… il le sait… et va vouloir en abuser. Début des discussions; c'est mal parti, il a **25** tout son temps et est décidé à le prendre.

    Je suis tout à coup ébloui par la blancheur de son uniforme… Admiratif, je le lui dis et demande comment lui ou son épouse font pour obtenir une telle couleur. Mon tee-shirt qui n'a plus vu une poudre ou un savon depuis bien longtemps lui en serait infiniment reconnaissant… Surpris par la question, il se décrispe° et laisse apparaître **30** un sourire assorti à l'uniforme. On enchaîne sur tout et rien et échangeons finalement nos adresses!

    Au moment de le saluer, impossible de faire repartir la moto.

    Pas de problème, c'est maintenant mon meilleur copain: il appelle un ami garagiste et me pousse pour redémarrer…

35   L'Afrique m'a emballé; les Africains m'ont envoûté°.

    Pour toujours.

pas de bol pas de chance

décrispe se détend

envoûté enchanté

COMPRENEZ-VOUS?

1. Comparez ses préparatifs et la réalité de son voyage.
2. Quels mots du texte caractérisent sa façon de voyager?
3. Quel moyen de transport choisit-il à Zanzibar?
4. Pourquoi a-t-il des ennuis avec la police?
5. Comment se lie-t-il d'amitié avec le huitième policier?
6. Comment trouve-t-il l'Afrique? Quels mots vous le disent?

CHERCHEZ LA FORME

Expliquez l'usage du conditionnel dans la phrase: « Si je dois payer… » (lignes 19–20) Est-ce que l'auteur du passage suit les règles que vous apprenez dans ce chapitre? Pourquoi?

Voyage autour du monde: trois ans de vagabondage

DEUXIÈME PARTIE

Notre voyageur se trouve en Amérique du Sud.

EVITA, L'AMOUR EN VOYAGE

Pour traverser la région des lacs et aller de Puerto Montt² (Chili) à Bariloche (Argentine), pas d'autres choix que de passer par une agence de tourisme-Cruce de
40   Lagos-qui offre, sur une journée, de combiner bus, ferries, snow car° pour traverser la frontière.   **snow car** *snow cat*

Pour limiter les frais, je fais le premier tronçon en auto-stop et rejoins Petrohue où une famille m'accueille pour la nuit. Après un solide petit déjeuner j'attends les touristes arrivés en bus et me mêle à eux pour prendre le premier ferry de la journée. Une jolie
45   coordinatrice me demande mon billet et m'accueille à bord. Le temps est exécrable: une enveloppe épaisse de nuage empêche de voir le paysage qui, en principe, doit être la seule raison d'être là… J'entame donc la rédaction de mon journal de bord… avant d'être rejoint par la charmante coordinatrice… Eva–c'est son nom–prend grand soin de moi (sauf à l'heure du repas: je me contente de mon sandwich alors que les autres
50   profitent d'un bon restaurant). Le temps ne s'améliore pas. Nous passons donc une grande partie de la journée à parler ensemble.

Arrivés au soir à Bariloche, le bus dépose un à un les touristes dans leur hôtel respectif. Je reste le dernier à bord… et invite Eva à continuer notre conversation autour d'un bon steak au soir. Elle accepte.
55   Avant de retourner sur Puerto Montt, Eva a trois jours libres que nous passons ensemble. Je promets de venir la revoir après avoir été jusque tout en bas du continent.

Un mois plus tard je la retrouve… et reste dans sa famille un mois supplémentaire.

Mon tour du monde a failli° s'arrêter là–ce qui aurait sans doute été une   **a failli** s'est presque
frustration éternelle–et un beau matin je décide de continuer ma route, le plus loin
60   possible: 48 heures de bus non stop et second avion de mon tour du monde pour la Nouvelle-Zélande… Eva est toujours restée dans mes esprits et souvent mentionnée dans mon journal intime. On a gardé pendant deux ans contact de manière régulière par courrier, téléphone et fax. Elle a accepté ma seconde invitation de venir visiter l'Europe à mon retour de voyage. Elle est venue, a vu et a vaincu.
65   C'était sans doute un signe indéfectible° de notre légende personnelle (dixit Paulho   **indéfectible** sûr
Coelho³): notre mini-trip nous amène au musée océanographique Jacques Cousteau à Monaco. Sur le haut des façades du bâtiment, une dizaine de noms gravés. Notre regard tombe sur ceux de la façade principale: Belgica–Talisman–Valdivia. La Belgique et Valdivia (ville d'où est originaire Eva) déjà protégés et réunis par la magie (de l'amour)…
70   Nous nous sommes depuis lors mariés et avons aujourd'hui deux charmants bambins, Océane et Amadéo.

---

www.triparoundtheworld.com © Didier Tilman

² Ville du sud du Chili, sur le Pacifique
³ Ecrivain brésilien

Eva et Didier au Chili

COMPRENEZ-VOUS?

1. Quels sont les moyens de transport qu'il doit utiliser pour traverser la frontière entre le Chili et l'Argentine?
2. Quels détails indiquent que le narrateur a moins d'argent que les touristes avec qui il fait le voyage?
3. Quel temps fait-il pendant le trajet? Quel rôle joue la météo dans le rapport qui se développe entre le narrateur et Eva?
4. Que font le narrateur et Eva pour permettre à leur relation d'évoluer?
5. A quel moment décident-ils de rester ensemble?

CHERCHEZ LA FORME

1. Du présent au passé: Dans le paragraphe qui commence par « Pour limiter les frais... », mettez tous les verbes conjugués au passé composé.
2. Le passé et les infinitifs: Dans le paragraphe qui commence par « Eva est toujours restée... », identifiez les verbes au passé composé et donnez leur infinitif.

ALLEZ PLUS LOIN

Avec un(e) camarade de classe, créez des dialogues entre Didier et Eva: (1) sur le ferry quand ils viennent de se rencontrer; (2) dans sa famille après un mois, juste avant le départ de Didier pour la Nouvelle-Zélande; (3) quand ils se retrouvent en Europe.

Activites d'expansion

A En famille. Il n'est pas toujours facile de se mettre d'accord sur la destination des vacances. La situation se complique s'il y a plusieurs enfants ou même des grands-parents qui partent ensemble. Formez un groupe de quatre ou cinq et jouez la scène où une famille essaie de se mettre d'accord.

Rendez-vous sur le site web de *Sur le vif* pour regardez la vidéo du Chapitre 5, puis complétez les activités à la page 81 du **Student Activities Manual**.

1. D'abord, choisissez votre rôle: mère, père, grand-parent ou enfant (de quel âge?).
2. Ensuite, pendant quelques minutes, travaillez seul(e) et pensez à ce que votre personnage voudrait faire en vacances. Où désire-t-il aller? Avec qui?, etc.
3. Enfin, discutez de vos idées en groupe. Il faut trouver une solution qui convient à tout le monde et que vous expliquerez plus tard à la classe.

Si vous voulez interrompre:

Patiemment	*Impatiemment*
Une minute...	Attends! / Attendez!
Pardon...	Mais enfin...
Excuse-moi... / Excusez-moi...	Non, mais écoute!...
J'aimerais dire une chose...	Alors là...
	Mais attention...

B Débat: L'importance des voyages

Formez deux groupes. Un groupe va expliquer la validité de la première phrase. L'autre groupe va soutenir l'opinion exprimée dans la deuxième phrase. Les membres des deux groupes préparent individuellement des arguments pour justifier leur point de vue et choisissent ensuite en groupe les meilleurs d'entre eux. Ils les présentent ensuite à l'autre groupe qui donne ses réactions. Pour conclure, votez pour voir ce que pensent la plupart des étudiants.

1. Les voyages ne nous apprennent plus rien puisqu'avec Internet, on a accès au monde entier sans sortir de chez soi.
2. Voyager joue un rôle essentiel dans l'éducation de chaque individu.

Si vous êtes d'accord, vous pouvez dire:

Oui, c'est vrai…

Moi aussi, je pense que…
C'est une bonne idée de…
Tu as raison de dire que…
C'est génial ce que tu dis, parce que…
Je suis entièrement d'accord avec toi car…

Si vous n'êtes pas d'accord, vous pouvez répondre:

Non, je ne crois pas que…
Je crois que tu te trompes…
Je regrette, mais tu as tort de dire que…
A mon avis…
Moi, je ne suis pas d'accord parce que…
Au contraire, je pense que…
Je ne partage pas ton point de vue à ce sujet car…

© Clare Tufts

C Paris Plages.
Lisez le texte suivant sur Paris Plages. Si vous deviez passer une semaine à Paris en août, participeriez-vous aux activités de Paris Plages? Auxquelles et pourquoi? Faites des recherches sur Internet pour voir ce qu'on peut y faire.

Paris Plages est une opération estivale menée par la mairie de Paris depuis 2002. Chaque année, entre juillet et août, pendant environ 4 à 5 semaines, sur 3,5 km, la voie sur berge rive droite de la Seine et la place de l'Hôtel-de-Ville ainsi que des sites annexes—comme le bassin de la Villette—accueillent des activités ludiques et sportives (pétanque, mini-golf, taï-chi, fitness, baignade, bateau, etc.), des plages de sable et d'herbe, des palmiers… L'objectif principal est de donner l'occasion aux habitants de la région ne partant pas en vacances de profiter d'activités qui sont habituellement pratiquées sur les plages du littoral. En 2011, avec plus de 3 millions de personnes et presque 200 000 entrées aux nombreuses activités proposées, Paris Plages a séduit les Parisiens comme les touristes de tous les âges!

Source: www.parisplages.fr

Ciné et télé

© Clare Tufts

A LE CINEMA

Mots apparentés: le cinéma; la salle de cinéma; le film: comique, musical, d'animation, d'aventures, de science-fiction, d'horreur, historique, politique, érotique, pornographique; la comédie musicale; le drame (psychologique); le western; le documentaire; le thriller

le film...	... movie
policier	detective
d'espionnage	spy
de guerre	war
fantastique	fantasy

le (grand) classique	classic
le court métrage	short film
le dessin animé	cartoon
la bande annonce	preview, trailer
le film en couleurs	film in color
en noir et blanc	in black and white
en version originale (en VO)	original version
doublé	dubbed
sous-titré	subtitled
muet	silent
l'écran m.	screen

Pour obtenir des exercices et activités supplémentaires sur le contenu de ce chapitre, rendez-vous sur le site www.cengagebrain.com

© Clare Tufts

le (la) réalisateur (-rice)	director
le (la) scénariste	screenwriter
l'acteur (-trice)	actor (actress)
la vedette, la star	star
le personnage (principal)	(main) character
le (la) cinéphile	movie buff
l'intrigue f.	plot
le dénouement	ending, conclusion
le décor	set
les effets m. spéciaux	special effects
jouer, interpréter un rôle	to play a role
tourner un film	to make a movie
regarder un film	to watch a movie

B LA TELEVISION

le téléviseur	TV set
à la télé	on TV
le (la) téléspectateur (-trice)	television viewer
la chaîne	channel
la télévision par câble	cable television
avoir le câble	to have cable television
la télévision par satellite	satellite television
la télévision par internet	internet television
le home cinéma	home theater entertainment system
la programmation	programming
l'émission f.	program
les informations f. (les infos), le journal (télévisé) (le JT)	the news
le feuilleton	soap opera
la série	television series
le téléfilm	movie made for television
la télé-réalité	reality television
le jeu télévisé	game show
la publicité, la pub	ads, commercials
la télécommande	remote control
zapper	to channel surf
le zapping	channel surfing
le caméscope (numérique)	(digital) video camera
le lecteur DVD	DVD player
graver un DVD	to burn a DVD
télécharger	to download

PREPARATION GRAMMATICALE

Avant de commencer ce chapitre, révisez la négation, pages 197–200.

© Clare Tufts

Vocabulaire

A **Les films que je préfère…** Parmi les six catégories suivantes, choisissez-en quatre. Pour chacune d'elles, donnez le titre de votre film préféré.

film de science-fiction	film d'horreur	grand classique
film d'aventures	film français	dessin animé

Ensuite, trouvez une personne dans la classe avec qui vous avez au moins un titre en commun. Discutez des raisons de vos choix.

B **Comment dit-on?** Trouvez le mot de la liste A du vocabulaire qui correspond à chaque explication suivante.

1. ensemble des événements qui forment l'action principale d'un film
2. personne qui dirige toutes les opérations de préparation et de réalisation d'un film
3. artiste dont la profession est de jouer un rôle à l'écran (télé ou cinéma)
4. amateur et connaisseur en matière de cinéma
5. personne qui jouit d'une grande renommée, une célébrité
6. film dont la bande sonore originale a été remplacée par une bande sonore en langue étrangère
7. conclusion de l'intrigue
8. extrait d'un film qu'on projette avant le début du film principal

C **Devinettes.** Choisissez un mot de la liste B du vocabulaire et expliquez-le en français. Vos camarades de classe vont deviner de quel mot il s'agit.

> **Modèle:** Ce qu'on utilise pour changer la chaîne à la télé.
> **la télécommande**

D **Qu'est-ce qu'on regarde?** Avec trois de vos ami(e)s, vous décidez de regarder la télé ce soir, mais vous n'arrivez pas à vous entendre sur le choix de l'émission: le journal télévisé, un jeu télévisé, un feuilleton ou un téléfilm? Mettez-vous par groupes de quatre. Parmi les quatre émissions proposées, chaque personne choisit « sa préférée ». A tour de rôle, chaque personne essaie de convaincre les trois autres que son émission sera la meilleure.

PREPARATION GRAMMATICALE
Avant de continuer, révisez les pronoms relatifs, pages 200–202.

Lecture

From Albert Robida, *Le Vingtième Siècle*, 1883

Saviez-vous que... ?

Au 1er janvier 2010, les chaînes de télévision publiques se retrouvaient dans un consortium unique: « France télévision ». Les six chaînes du groupe sont: Outre-Mer 1ère, France 2, France 3, France 4, France 5 et France Ô. Ces chaînes ne diffusent plus de publicité entre huit heures du soir et six heures du matin. Il était prévu d'abolir la publicité dans la journée à partir de septembre 2011, mais un moratoire a été annoncé en septembre 2010. Le 17 novembre 2010 l'Assemblée Nationale a voté en faveur du maintien définitif de la publicité en journée sur les chaînes de France télévision, contre l'avis du Ministère du Budget. Puis en décembre, le Sénat, avec le soutien du gouvernement, a adopté un amendement supprimant totalement la publicité sur France TV à partir de janvier 2016. C'est seulement à la suite d'une réunion de la CPM (Commission Paritaire Mixte) que le vote du Sénat et l'abolition totale de la publicité sur les chaînes de France Télévision en 2016 ont été validés.

Auteur, dessinateur, graveur, Albert Robida (1848–1926) était un visionnaire du XXᵉ siècle beaucoup moins connu que son contemporain Jules Verne. Dans ses trois romans (*Le Vingtième Siècle,* 1883, *La Guerre au vingtième siècle,* 1887 et *La Vie électrique,* 1890), Robida imagine le siècle à venir: le métro, le train à grande vitesse, l'avion à réaction (le jet), les infos à la radio 24/7, les bombardements, les rayons X, mais aussi les technologies de communication et en particulier le téléphonoscope, véritable préfiguration de la télévision[1]. Dans le texte qui suit, vous lirez la description de cette invention, extraite du *Vingtième Siècle.* Notez que l'histoire se passe au début des années 1950.

[1] Le 7 septembre 1927 est la date de la première transmission électronique de vidéo, inventée par l'Américain Philo T. Farnsworth; en revanche, la télévision pour le grand public ne s'est répandue ni aux Etats-Unis ni à l'étranger avant la fin des années 1940.

ENTRONS EN MATIERE

L'image à la page 87 est une des illustrations faites par Robida pour la première édition du *Vingtième Siècle*. Qu'est-ce que vous y voyez? Comment sont les gens? Que font-ils?

La télévision—un rêve du XIXe siècle

Parmi les sublimes inventions dont le XXe siècle s'honore, parmi les mille et une merveilles d'un siècle si fécond en magnifiques découvertes, le téléphonoscope peut compter pour une des plus merveilleuses, pour une de celles qui porteront le plus haut la gloire de nos savants. L'ancien télégraphe électrique[2], cette enfantine application de l'électricité, a été détrôné par le téléphone[3] et ensuite par le téléphonoscope, qui est le perfectionnement suprême du téléphone. L'ancien télégraphe permettait de comprendre à distance un correspondant ou un interlocuteur, le téléphone permettait de l'entendre, le téléphonoscope permet en même temps de le voir. Que désirer de plus? […]

Les théâtres eurent ainsi, outre° leur nombre ordinaire de spectateurs dans la salle, une certaine quantité de spectateurs à domicile, reliés au théâtre par le fil° du téléphonoscope. Nouvelle et importante source de revenus. Plus de limites maintenant aux bénéfices, plus de maximum de recettes°! Quand une pièce° avait du succès, outre les trois ou quatre mille spectateurs de la salle, cinquante mille abonnés°, parfois, suivaient les acteurs à distance; cinquante mille spectateurs non seulement de Paris, mais encore de tous les pays du monde.

Auteurs dramatiques, musiciens des siècles écoulés! ô Molière, ô Corneille, ô Hugo, ô Rossini![4] qu'auriez-vous dit au rêveur qui vous eût annoncé qu'un jour cinquante mille personnes, éparpillées° sur toute la surface du globe, pourraient de Paris, de Pékin ou de Tombouctou, suivre une de vos œuvres jouée sur un théâtre parisien, entendre vos vers, écouter votre musique, palpiter aux péripéties violentes° et voir en même temps vos personnages marcher et agir?

Voilà pourtant la merveille réalisée par l'invention du téléphonoscope. La Compagnie universelle du téléphonoscope théâtral, fondée en 1945, compte maintenant plus de six cent mille abonnés répartis dans toutes les parties du monde; c'est cette Compagnie qui centralise les fils et paye les subventions° aux directeurs de théâtres.

L'appareil consiste en une simple plaque de cristal, encastrée dans une cloison d'appartement°, ou posée comme une glace au-dessus d'une cheminée quelconque. L'amateur de spectacle, sans se déranger, s'assied devant cette plaque, choisit son théâtre, établit sa communication et tout aussitôt la représentation° commence.

Avec le téléphonoscope, le mot le dit, on voit et l'on entend. Le dialogue et la musique sont transmis comme par le simple téléphone ordinaire; mais en même temps, la scène elle-même avec son éclairage°, ses décors et ses acteurs, apparaît sur la grande plaque de cristal avec la netteté de la vision directe; on assiste donc réellement à la représentation par les yeux et par l'oreille. L'illusion est complète, absolue; il semble que l'on écoute la pièce du fond d'une loge de premier rang°.

outre en plus de
fil *wire*
recettes l'argent reçu (pour les billets d'entrée) / pièce *play* / abonnés ici, ceux qui ont un téléphonoscope chez eux

éparpillées dispersées

palpiter... *tremble through the violent episodes*

subventions *subsidies*

encastrée... *recessed in the wall*

représentation *performance*

éclairage *lighting*

loge... *front row seat*

From Albert Robida, *Le Vingtième Siècle*, 1883

---

[2] inventé par Samuel Morse; premier message envoyé en 1844
[3] inventé en 1876 par Alexander Graham Bell
[4] Molière (1622–1673), Corneille (1606–1684), Hugo (1802–1885): auteurs dramatiques français; Rossini (1792–1868): compositeur italien, notamment d'opéras

COMPRENEZ-VOUS?

1. Pourquoi le téléphonoscope est-il considéré comme « le perfectionnement suprême du téléphone »?
2. Quelle programmation Robida imagine-t-il pour ses téléspectateurs des années 1950?
3. Qu'est-ce que la Compagnie universelle du téléphonoscope théâtral?
4. En quoi l'installation du téléphonoscope décrite dans ce roman ressemble-t-elle à l'installation sophistiquée du home cinéma d'aujourd'hui?
5. Quels sont les avantages d'avoir un téléphonoscope chez soi selon ce roman?

CHERCHEZ LA FORME

1. Identifiez le temps et l'infinitif de **eurent** (ligne 9) et de **auriez-vous** dit (ligne 17).
2. **Eût annoncé** (ligne 17) est la forme alternative (2ᵉ forme) du conditionnel passé. Mettez-la à la forme que vous avez apprise dans le chapitre 5.
3. Plusieurs infinitifs sont liés au verbe **pourraient** (ligne 18). Identifiez le temps et le mode de **pourraient** et énumérez les infinitifs.

ALLEZ PLUS LOIN

Pourquoi, à votre avis, Robida ne parle-t-il pas d'une programmation plus variée? En plus des pièces de théâtre et des opéras, quelles autres possibilités pouvez-vous imaginer pour les années 1950?

> **RAPPEL** The *negative construction* in French consists of two parts: **ne** + **pas** (or **jamais**, **personne**, **rien**, etc.). The first part of the negative (**ne**) directly precedes the verb; the second part generally follows the verb, but certain expressions require a different placement within the sentence. For more details, see pages 197–200.

Applications

A A la recherche de l'argent. Vous rêvez de devenir scénariste et vous avez choisi le dessin animé comme point de départ pour cette nouvelle carrière. Imaginez que vous vous trouvez en réunion avec un directeur de production *(producer)* chez Walt Disney Studios qui vient de rejeter votre premier scénario. Complétez le dialogue en utilisant des expressions négatives variées.

Modèle: Vous: Mais monsieur, tout le monde aimerait ce dessin animé.
Le directeur: **Non. Personne n'aimerait ce dessin animé.**

1. Vous: Il y a quelque chose de nouveau dans mon film.
   Le directeur:
2. Vous: L'intrigue est très intéressante.
   Le directeur:
3. Vous: Tous les personnages sont fascinants.
   Le directeur:

4. Vous: Le dénouement est heureux et romantique.
   Le directeur:

5. Vous: Les critiques aiment toujours ce genre de dénouement.
   Le directeur:

6. Vous: Avez-vous déjà lu tout le manuscrit?
   Le directeur:

Continuez ce dialogue avec un(e) partenaire…

B Vive la télé! Vous aimez regarder la télévision et vous trouvez qu'elle a une influence très positive sur les adultes aussi bien que sur les enfants. Défendez les avantages de la télévision en mettant les phrases suivantes à la forme affirmative.

1. Aucune émission n'est bonne.
2. La pub n'est jamais captivante.
3. Personne ne regarde les émissions de télé-réalité.
4. Le journal télévisé n'est pas encore aussi bon que la presse.
5. Les enfants ne trouvent rien qu'ils aiment à la télé.
6. Ni les téléfilms ni les feuilletons ne sont meilleurs que les films qui passent au cinéma.
7. La télévision n'aide pas du tout les enfants à développer leur imagination.
8. Je ne connais personne qui aime les séries.
9. Rien n'est logique dans la programmation.
10. La plupart des téléspectateurs ne sont jamais contents.

C Le positif et le négatif. Pierre et Norbert sont frères, mais ils n'ont pas du tout le même caractère ni les mêmes intérêts. Pierre est toujours positif et Norbert est toujours négatif! Voici une petite histoire au sujet de Pierre. Transformez cette histoire pour qu'elle s'applique à Norbert en mettant les phrases à la forme négative.

1. Pierre était très content d'aller au cinéma.
2. Il a beaucoup aimé le film qu'il a vu.
3. Il avait déjà vu d'autres films du même réalisateur.
4. Tout était intéressant dans l'intrigue.
5. Tous les acteurs étaient très bons.
6. Il a été impressionné par les décors et les effets spéciaux.
7. Il a parlé avec beaucoup de gens qui ont aimé ce film.
8. Il est rentré très satisfait de sa soirée.
9. Ses amis lui ont demandé comment il avait trouvé ce film.
10. Pierre a toujours préféré le cinéma à la télévision.

RAPPEL In French, as in English, *relative pronouns* allow you to qualify or expand on something you are saying by attaching a second clause. In this second clause (called a relative or subordinate clause) the relative pronoun can function as the subject, the direct object, or the object of a preposition. For more details, see pages 200–202.

D **Le fabuleux destin d'Amélie Poulain.** Identifiez la fonction de chaque pronom relatif souligné dans les phrases suivantes. Choisissez parmi:

>   sujet
>   objet direct
>   objet de la préposition **de**
>   objet d'une préposition autre que **de**
>   équivalent d'une préposition + **lequel** (exprime le temps ou le lieu)

1. *Amélie* est le titre <u>qu'</u>on donne à la version anglaise du film français *Le fabuleux destin d'Amélie Poulain.*
2. Amélie est une fille <u>dont</u> la mère est morte écrasée par une personne tombée de Notre-Dame.
3. Elle a un père <u>qui</u> s'intéresse plus à son nain de jardin qu'à elle.
4. Elle quitte la maison de ses parents et s'installe à Paris <u>où</u> elle travaille comme serveuse.
5. Un jour, elle trouve <u>ce qu'</u>elle veut faire dans la vie: améliorer la vie des autres.
6. Elle aide la concierge <u>qui</u> ne s'est jamais remise de la mort de son mari.
7. Elle aide son voisin <u>qu'</u>on appelle « l'homme de verre » parce que ses os se cassent facilement.
8. Elle aide un jeune homme <u>dont</u> le patron se moque de manière assez cruelle.
9. Elle rend visite à son père à <u>qui</u> le nain de jardin disparu envoie des cartes postales de partout dans le monde!
10. Il faut voir le film pour savoir <u>ce qui</u> se passe une fois qu'Amélie a rencontré Nino.

E **Une comédie classique.** Complétez les phrases suivantes avec les pronoms relatifs qui conviennent.

1. *Le Viager* est un film comique français _____ on m'a parlé récemment.
2. Goscinny, _____ on connaît comme scénariste de la bande dessinée *Astérix,* a écrit le scénario de ce film avec Pierre Tchernia.
3. C'est l'histoire d'un célibataire de 59 ans _____ est persuadé par son médecin de lui vendre en viager[5] sa propriété à Saint-Tropez.
4. Mais il ne meurt pas, _____ désespère la famille du médecin.
5. En fait, ce vieil homme semble retrouver une seconde jeunesse dans sa propriété sur la Côte d'Azur _____ il fête son centième anniversaire avant le dénouement de l'histoire!

F **Donnez un coup de main!** Pour son cours de français, un de vos amis doit écrire un court texte sur son film préféré. Afin de rendre le style plus fluide, le professeur a demandé d'utiliser autant de pronoms relatifs que possible. Aidez votre ami à lier les phrases de son texte avec des pronoms relatifs variés. Vous pouvez aussi changer des noms sujets en pronoms sujets, si nécessaire.

Je vais parler de *Titanic*. *Titanic* est un de mes films préférés. Les personnages principaux de cette histoire sont une jeune femme et un jeune homme. La jeune femme voyage avec son fiancé riche. Le jeune homme est très pauvre. Le fiancé n'est pas gentil. La jeune femme a un peu peur de lui. Le jeune homme fait un dessin de la jeune femme nue. Le fiancé découvre le dessin. La jeune femme tombe amoureuse du jeune homme. Le fiancé se méfie de *(distrusts)* la jeune femme. Quand le bateau commence à couler *(sink)*, le fiancé monte dans un

[5] Vendre en viager *to sell a house so as to provide the seller with a life of annuity.*

canot de sauvetage *(lifeboat)*. Cette action réduit le nombre de places disponibles pour les femmes et les enfants. La jeune femme refuse de quitter le bateau sans le jeune homme. Je trouve cela très romantique! Le jeune homme reste trop longtemps dans l'eau. La température de l'eau est très basse. Le jeune homme meurt dans l'eau froide. La jeune femme se rend compte de cela quand elle se réveille. La jeune femme est sauvée par des gens. Ces gens entendent le bruit de son sifflet *(whistle)*. L'acteur Leonardo DiCaprio est devenu le héros de toutes les adolescentes à la sortie du film. Leonardo DiCaprio a interprété le rôle du jeune homme. La chanson thème du film était interprétée par Céline Dion. Beaucoup de gens ont acheté l'enregistrement de cette chanson.

G Vous et la télé. Créez des phrases originales en utilisant les éléments donnés.

1. l'émission de télé-réalité / que
2. le journal télévisé / qui
3. un jeu télévisé / dont
4. un feuilleton / dans lequel
5. la pub / où

Lecture

© Clare Tufts

Albert Camus (1913–1960) est né en Algérie mais a passé la plus grande partie de sa vie adulte en France. Ses œuvres les plus connues sont les romans *L'Etranger* (1942) et *La Peste* (1947), les pièces de théâtre *Caligula* (1938) et *Le Malentendu* (1944) et les essais philosophiques *Le Mythe de Sisyphe* (1942) et *L'Homme révolté* (1951). Camus est mort dans un accident de voiture en 1960, trois ans après avoir reçu le Prix Nobel. Au moment de sa mort, il préparait une nouvelle œuvre à laquelle il avait donné le titre provisoire *Le Premier Homme*. Le texte que vous allez lire est tiré de ce manuscrit inachevé, publié chez Gallimard en 1994.

ENTRONS EN MATIERE

Avez-vous déjà vu un film muet? Si oui, lequel? Quel âge aviez-vous quand vous l'avez vu? Quelle a été votre réaction? Si vous n'avez jamais vu de film muet, expliquez pourquoi. Pensez-vous qu'un spectateur regarde un film muet de la même façon qu'il regarde un film parlant? Quelles pourraient être les différences?

POUR MIEUX COMPRENDRE

Aujourd'hui, avant le début d'un film, on projette souvent des annonces publicitaires ou des bandes annonces. Parcourez les premières lignes du texte de Camus pour découvrir ce qu'on projetait au cinéma décrit par le narrateur.

Le Premier Homme

PREMIÈRE PARTIE

Les séances de cinéma réservaient d'autres plaisirs à l'enfant... [...] Jacques escortait sa grand-mère qui, pour l'occasion, avait lissé ses cheveux blancs et fermé son éternelle robe noire d'une broche d'argent. [...] Le cinéma projetait alors des films muets, des actualités° d'abord, un court film comique, le grand film et pour finir un film à 5 épisodes, à raison d'un bref épisode par semaine. La grand-mère aimait particulièrement ces films en tranches dont chaque épisode se terminait en suspens. Par exemple le héros musclé portant dans ses bras la jeune fille blonde et blessée s'engageait sur un pont de lianes° au-dessus d'un cañon° torrentueux. Et la dernière image de l'épisode hebdomadaire° montrait une main tatouée qui, armée d'un couteau primitif, tran- 10 chait les lianes du ponton°. Le héros continuait de cheminer superbement malgré les avertissements vociférés des spectateurs des « bancs »°. La question alors n'était pas de savoir si le couple s'en tirerait°, le doute à cet égard n'étant pas permis, mais seulement de savoir comment il s'en tirerait, ce qui expliquait que tant de spectateurs, arabes et français[6], revinssent° la semaine d'après pour voir les amoureux arrêtés dans leur 15 chute mortelle par un arbre providentiel. Le spectacle était accompagné tout au long au piano par une vieille demoiselle qui opposait aux lazzis° des « bancs » la sérénité immobile d'un maigre dos en bouteille d'eau minérale capsulée d'un col de dentelle°. Jacques considérait alors comme une marque de distinction que l'impressionnante demoiselle gardât des mitaines° par les chaleurs les plus torrides. Son rôle d'ailleurs n'était pas 20 aussi facile qu'on eût pu° le croire. Le commentaire musical des actualités, en particulier, l'obligeait à changer de mélodie selon le caractère de l'événement projeté. Elle passait ainsi sans transition d'un gai quadrille° destiné à accompagner la présentation des modes de printemps à la marche funèbre de Chopin à l'occasion d'une inondation° en Chine ou des funérailles d'un personnage important dans la vie nationale ou inter- 25 nationale. Quel que soit le morceau, en tout cas, l'exécution était imperturbable [...]. C'était elle en tout cas qui arrêtait d'un coup le vacarme° assourdissant en attaquant à pleines pédales le prélude qui était censé créer l'atmosphère de la matinée. Un énorme vrombissement° annonçait que l'appareil de projection se mettait en marche, le calvaire° de Jacques commençait alors.

actualités informations

lianes *vines* / **cañon** canyon
hebdomadaire qui passe toutes les semaines / **ponton** *floating bridge* / **bancs** les places bon marché / **s'en...** échapperait à cette situation

revinssent (imparfait du subjonctif) sont revenus
lazzis *jeers, hooting*
col... *lace collar*

mitaines gants dont les doigts sont coupés / **eût...** (plus-que-parfait du subjonctif) aurait pu
quadrille air de danse
inondation *flood*

vacarme grand bruit fait par les spectateurs
vrombissement *humming* /
calvaire *suffering*

---

[6] Cette histoire se passe en Afrique du Nord.

COMPRENEZ-VOUS?

1. Qu'est-ce qui assurait le retour des spectateurs chaque semaine?
2. Est-ce que la salle était silencieuse pendant la projection du film muet? Expliquez.
3. Que pensait Jacques de la femme qui jouait du piano? Comment est-ce que l'apparence physique de cette femme aide à créer cette impression?
4. Selon Jacques, pourquoi le travail de cette femme n'était-il pas facile?
5. Comment se comportaient les autres spectateurs dans la salle?
6. Dites quel temps verbal prédomine dans cette description. Qu'est-ce que ce temps suggère au sujet de l'importance du cinéma dans la vie de Jacques et de sa grand-mère?

CHERCHEZ LA FORME

Trouvez tous les pronoms relatifs dans ce passage, puis identifiez leur fonction (sujet, objet direct, etc.).

Le Premier Homme

DEUXIÈME PARTIE

30 Les films, étant muets, comportaient en effet de nombreuses projections de texte écrit qui visaient° à éclairer l'action. Comme la grand-mère ne savait pas lire, le rôle de Jacques consistait à les lui lire. Malgré son âge, la grand-mère n'était nullement sourde°. Mais il fallait d'abord dominer le bruit du piano et celui de la salle, dont les réactions étaient généreuses. De plus, malgré l'extrême simplicité de ces textes, beaucoup des
35 mots qu'ils comportaient n'étaient pas familiers à la grand-mère et certains même lui étaient étrangers. Jacques, de son côté, désireux d'une part de ne pas gêner les voisins et soucieux surtout de ne pas annoncer à la salle entière que la grand-mère ne savait pas lire (elle-même parfois, prise de pudeur, lui disait à haute voix, au début de la séance: « tu me liras, j'ai oublié mes lunettes »), Jacques donc ne lisait pas les textes aussi fort
40 qu'il eût pu le faire. Le résultat était que la grand-mère ne comprenait qu'à moitié, ex-igeait qu'il répète le texte et qu'il le répète plus fort. Jacques tentait de parler plus fort, des « chut »° le jetaient alors dans une vilaine honte, il bafouillait°, la grand-mère le grondait° et bientôt le texte suivant arrivait, plus obscur encore pour la pauvre vieille qui n'avait pas compris le précédent. La confusion augmentait alors jusqu'à ce que
45 Jacques retrouve assez de présence d'esprit pour résumer en deux mots un moment crucial du *Signe de Zorro* par exemple, avec Douglas Fairbanks père. « Le vilain veut lui enlever la jeune fille », articulait fermement Jacques en profitant d'une pause du piano ou de la salle.

Tout s'éclairait, le film continuait et l'enfant respirait. En général, les ennuis
50 s'arrêtaient là. Mais certains films du genre *Les Deux Orphelines* étaient vraiment trop compliqués, et, coincé° entre les exigences de la grand-mère et les remontrances de plus en plus irritées de ses voisins, Jacques finissait par rester coi°. Il gardait encore le souvenir d'une de ces séances où la grand-mère, hors d'elle, avait fini par sortir, pendant qu'il la suivait en pleurant, bouleversé à l'idée qu'il avait gâché° l'un des rares
55 plaisirs de la malheureuse et le pauvre argent dont il avait fallu le payer.

visaient *aimed*
sourde *deaf*

« chut » *"hush"* / **bafouillait** parlait de façon incohérente / **grondait** *scolded*

coincé pris
coi silencieux

gâché *spoiled*

Albert Camus, *Le premier homme* © Editions Gallimard; Tous les droits d'auteur de ce texte sont réservés.
Sauf autorisation, toute utilisation de celui-ci autre que la consultation individuelle et privée est interdite.
www.gallimard.fr

COMPRENEZ-VOUS?

1. Qu'est-ce qui, dans les films muets, aidait les spectateurs à comprendre l'action?
2. Qu'est-ce que Jacques et sa grand-mère voulaient cacher aux autres spectateurs?
3. Que faisait Jacques pour aider sa grand-mère à comprendre?
4. Pourquoi est-ce que Jacques ne réussissait pas toujours à aider sa grand-mère?
5. Expliquez le comportement de Jacques à la fin de ce passage.

CHERCHEZ LA FORME

Il y a six pronoms relatifs dans ce passage. Trouvez-en cinq, puis transformez les propositions relatives en phrases complètes logiques.

Notez que le sixième et dernier pronom relatif du texte (**dont,** ligne 55) remplace **de** dans l'expression **payer de,** synonyme de **payer avec** : « … il la suivait en pleurant, bouleversé à l'idée qu'il avait gâché… le pauvre argent dont (avec lequel) il avait fallu payer (l'un des rares plaisirs de la malheureuse) ».

ALLEZ PLUS LOIN

En quoi la situation des spectateurs de films muets décrits par Jacques ressemble-t-elle à celle des spectateurs d'un film sous-titré?

Activités d'expansion

Rendez-vous sur le site web de *Sur le vif* pour regardez la vidéo du Chapitre 6, puis complétez les activités à la page 93 du **Student Activities Manual**.

A **Les films étrangers.** Que pensez-vous des films étrangers? Les préférez-vous aux films américains? Préférez-vous les films étrangers sous-titrés ou doublés? Pourquoi? Quel est votre film étranger favori? Quel est le film étranger le plus mauvais que vous ayez jamais vu?

B **Chez soi?** Préférez-vous regarder un film au cinéma, à la télévision, en DVD ou sur l'ordinateur? Quels sont les avantages et les inconvénients de chaque méthode de diffusion?

C **Débat: La technologie exerce-t-elle une bonne ou une mauvaise influence sur les enfants?** La classe est divisée en trois pour débattre de l'influence (1) de la télévision, (2) des jeux vidéo et (3) d'Internet sur les enfants. Les membres de chaque groupe préparent individuellement une liste des raisons pour lesquelles « leur » technologie exerce la meilleure influence sur les enfants. Ensuite, ils comparent leurs listes à celles des autres membres de leur groupe et choisissent les cinq meilleurs arguments. Enfin, les groupes présentent leurs arguments au cours d'un débat.

T'étais pas né

Eric Frasiak, www.frasiak.com, avec l'accord de Crocodile Productions.

Lecture

Voici les paroles d'une chanson tirée de l'album *Parlons-nous*, d'Eric Frasiak, sorti en 2009. Bien que son site Internet indique huit CDs dans sa discographie, Frasiak lui-même a précisé dans une interview qu'il y en a trois qui comptent dans son évolution comme chanteur: *Repartir à zéro* (2003), un album « d'introspection »; *Itinéraires* (2006), « des chansons de route » écrites à l'époque où il voyageait beaucoup; et *Parlons-nous*, « celui qui me ressemble le plus, un mélange de passion, de révolte et d'humour ». Influencé dans sa jeunesse par la musique de plusieurs musiciens/chanteurs français (Léo Ferré, Bernard Lavilliers, François Béranger), mais également de Dylan, de Bruce Springsteen et de Pink Floyd, Frasiak révèle dans ses compositions un goût pour l'éclectisme. Né dans les Ardennes (nord-est de la France), Frasiak a passé quelques années à Paris au milieu des années 1980, mais quand les deux albums produits pendant ce séjour ne lui ont pas apporté de succès, il a quitté la capitale et a créé un studio de production puis une radio locale à Bar-le-Duc. En 1996 il est revenu à la composition et à la production de ses propres chansons, mais pour pouvoir vivre « normalement » aujourd'hui il continue son travail à la radio et dans le studio d'enregistrement. L'inspiration pour les chansons de Frasiak vient de tout: « Mon inspiration c'est la vie, les rencontres, l'amour, la connerie humaine, la politique, les bons moments, enfin tout ce qui fait qu'on existe ».

ENTRONS EN MATIERE

Comment la technologie a-t-elle rendu votre vie très différente de celle que menaient vos parents quand ils avaient votre âge? Et vos grands-parents? Est-ce que ces deux autres générations comprenaient le mot « ami » de la même façon que vous le faites aujourd'hui? Pourquoi?

UNE PREMIERE ECOUTE

Ecoutez maintenant la chanson et notez tous les mots et expressions qui sont les mêmes que ceux que vous utilisez en anglais. Pour quelle raison Frasiak les met-il dans cette chanson, selon vous?

T'étais pas né

 CD 1, Track 7

Tout c' qu'on avait, c'était nos potes°
Un vieux pat' d'eph'°, une paire de bottes
Avec nos guitares à deux balles°
Les new Rimbaud[1] d' la Place Ducale[2]
5 On avait des rêves plein la tête
Y avait pas encore internet

C'était des zozos° un peu space
Mes vrais amis, pas ceux d' Myspace
Z'étaient pas sur Wikipédia
10 Nos mots d'amour, nos gueules de bois°
Et nos p'tits matins qui titubent°
Personne les matait° sur Youtube

Nos vies, c'était un p'tit peu l' souk°
On les mettait pas sur Facebook
15 Ça craquait sur nos trente-trois tours°
Pendant qu'on attendait l'amour
On la cherchait pas sur Google
Celle qu'en pincerait pour nos p'tites gueules°

Mais tu t'en fous bien de tout ça
20 Parce que t'étais pas encore là
J' t'avais même pas imaginé
T'étais pas né

potes amis

pat' d'eph' (pattes d'éléphant) *bell-bottoms* /
à deux balles à deux francs (ou deux euros)

zozos ici, garçons naïfs et un peu stupides

gueule de bois bouche sèche, causée par l'abus d'alcool /
tituber *stagger* / **mater** *here, to peep or spy on*

l'souk (le souk) ici, tout en désordre

trente-trois tours disques vinyles

en pincerait... *to have a crush on them*

---

[1] Rimbaud (1854–1891): poète français qui a écrit toute son œuvre avant l'âge de vingt ans, puis a laissé tomber la poésie pour une vie d'aventure et de voyages loin de la France.

[2] La Place Ducale, construite en 1606, est la place principale de la ville Charleville-Mézières, dans le département des Ardennes.

potable ici, très attrayante

Quand on trouvait une fille potable°
Pas d' SMS sur son portable
25 Pas d' longues soirées sur MSN
Pour dire qu'elle en valait la peine
Qu'on l'aimerait pour la vie qui vient
Au moins celle qui va jusqu'à demain

On n' chattait pas sur les forums
à la gomme sans valeur,
sans intérêt
30 Avec des pseudos à la gomme°
Des filles plus belles que des mannequins
Y en avait au café du coin
Et on comptait pas sur Meetic[3]
Pour nous trouver la plus magique

35 J'y avais même jamais pensé,
T'étais pas né
Quand y'a une coupure internet
C'est le monde entier qui s'arrête
Les mots d'amour dans les modems
40 Ça remplace pas les vrais « Je t'aime »

J't'avais même pas imaginé,
T'étais pas né

ordi ordinateur

Eteins un p'tit peu ton ordi°
Vas voir dehors c'est la vraie vie
45 J'sais bien qu'elle te fait un peu peur
Mais faut pas tout croire au 20H[4]
T'as pas besoin d'ADSL
ailes *wings*
Pour que la vie te donne des ailes°

J't'avais même pas imaginé
50 J'savais même pas que tu viendrais,
T'étais pas né

T'étais pas né
Paroles et musique: Eric Frasiak / Crocodile Productions 2009

---

[3] Un site de rencontres sur Internet, plus ou moins l'équivalent de « Match.com » aux Etats-Unis.
[4] Les journaux télévisés du soir commencent à 20h en France.

COMPRENEZ-VOUS?

1. Le chanteur identifie sa propre génération dans la première strophe. Il était adolescent/jeune adulte en quelle décennie? Quel(s) mot(s) vous donne(nt) cette idée?
2. Selon la deuxième strophe (vers 7–12), comment le chanteur et ses amis passaient-ils leurs soirées? Justifiez votre réponse.
3. Quel rôle la musique jouait-elle dans la vie du chanteur et de ses amis quand ils étaient adolescents? Comment le savez-vous?
4. Dans les strophes 2 et 3 le chanteur parle de plusieurs réseaux sociaux, d'un moteur de recherche, et d'une encyclopédie en ligne. Lesquels? Est-ce que vous les utilisez vous-même? Pour chacun, indiquez la fréquence de votre utilisation en précisant: *tous les jours | de temps en temps | rarement | jamais.*
5. Le refrain reprend le titre de cette chanson: « Tu n'étais pas né ». En écoutant cette chanson (sans lire les paroles), peut-on savoir si « tu » est un homme ou une femme? Peut-on le savoir en lisant les paroles? Comment? Qui est cette personne, à votre avis?
6. Où et comment le chanteur et ses amis parlaient-ils aux filles quand ils étaient jeunes?
7. Est-ce que « tu » se comporte de la même façon envers les filles de son âge? Expliquez.
8. Dans la dernière strophe (vers 45–46), le chanteur associe les mots « peur » et « 20h ». Pourquoi?
9. Dans sa chanson, Frasiak montre une attitude plutôt négative envers cette technologie qui n'existait pas quand il était jeune. Pourquoi la vie était-elle meilleure pour lui et ses amis?

LA CHANSON EN VIDEO

© Clare Tufts

En 2010 Frasiak a produit un clip vidéo de cette chanson. On peut le visionner sur son site personnel (www.frasiak.com) et sur YouTube. Sur son site personnel le chanteur dit qu'il avait « envie de mettre des images sur **T'étais pas né**, cette chanson dédiée à mon fils et ses 26H/jour sur internet. Une chanson qui parle des réseaux pas si sociaux que ça ». Il précise que celui qui joue son fils est un jeune homme qui s'appelle Faustin Tirelli, et que son fils joue le rôle du bassiste vers la fin du clip. C'est Frasiak lui-même qui joue le père.

Regardez ce clip, puis mettez-vous par groupes de trois ou quatre pour analyser vos réactions. Est-ce que vos idées sur la chanson ont changé après avoir vu les images? Comment?

ALLEZ PLUS LOIN

Dans l'interview publiée sur Internet mentionnée dans l'introduction (http://3-2-1-chansons.wifeo.com/rencontre-avec-eric-frasiak.php), Frasiak parle de la difficulté de gagner sa vie parce qu'il n'est pas un chanteur « connu ». Il dit: « Il est aussi difficile de se produire sur scène quand on n'est pas trop médiatisé mais des circuits de concerts 'à la maison' existent. Et puis il y a internet et son ouverture incroyable sur le monde. Que de belles rencontres j'ai pu faire grâce au Web… » Maintenant que vous connaissez bien sa chanson « T'étais pas né » et que vous avez regardé le clip, trouvez-vous de l'ironie dans sa remarque et dans la production de ce clip? Pourquoi?

Traditions

© Clare Tufts

 ## A LES PERSONNAGES

Mots apparentés: le héros, l'héroïne, le prince, la princesse, le (la) magicien(ne), le dragon, le monstre, le vampire

le roi (la reine)	king (queen)
le chevalier	knight
la dame	lady
la demoiselle	young lady
la fée, la bonne fée	fairy, fairy godmother
la marâtre	wicked stepmother

le diable	devil
le (la) sorcier (-ière)	wizard, sorcerer, witch
le spectre, le fantôme, le (la) revenant(e)	ghost
le (la) nain(e)	dwarf
le lutin	elf
le (la) géant(e)	giant
l'ogre (l'ogresse)	ogre
le loup-garou (les loups-garous)	werewolf (werewolves)
la licorne	unicorn

 Pour obtenir des exercices et activités supplémentaires sur le contenu de ce chapitre, rendez-vous sur le site
www.cengagebrain.com

© Famille Thibault

B LES CONTES

Mots apparentés: imaginer, s'imaginer, enchanter

Il était une fois...	*Once upon a time there was/were . . .*
Ils vécurent heureux et eurent beaucoup d'enfants.[1]	*They lived happily ever after . . .*
raconter	*to tell (a story, a tale)*
le conte de fées	*fairy tale*
le bien	*good*
le mal	*evil*
une histoire à dormir debout	*tall tale (hard to believe)*
rêver (à, de)	*to dream (about)*
le rêve	*dream*
le cauchemar	*nightmare*
rêvasser, être dans la lune	*to daydream*

bâtir des châteaux en Espagne	*to build castles in the air*
le merveilleux	*the supernatural*
ensorceler, jeter un sort (à)	*to cast a spell (on)*
hanter	*to haunt*
le charme, le sortilège	*magic spell*
rompre le charme	*to break the spell*
la magie (noire)	*(black) magic*
la malédiction	*curse*
maudire	*to curse (someone or something)*
craindre	*to fear, to be afraid of*
faire...	
la cour (à)	*to court, to woo*
peur (à)	*to frighten*
semblant (de)	*to pretend*

[1] la fin traditionnelle des contes de fées français

Gustave Doré, Les Contes de Charles Perrault, "La Barbe bleue/Bluebeard"

PRÉPARATION GRAMMATICALE

Avant de commencer ce chapitre, révisez la formation du subjonctif, pages 204–207.

Vocabulaire

A Devinettes. Choisissez un mot ou une expression de la liste du vocabulaire. Donnez-en une définition en français pour que vos camarades de classe devinent ce que vous avez choisi.

> **Modèle:** Vous: **Ce sont de grands bâtiments élégants, souvent avec des tours, où habitent les rois et les reines. On en trouve beaucoup dans la vallée de la Loire en France.**
>
> Vos camarades: **Ce sont des châteaux.**

B Transformations. Si vous pouviez vous transformer en l'un des personnages de la liste A du vocabulaire, lequel choisiriez-vous? Faites votre choix, puis circulez dans la classe pour trouver d'autres étudiants qui ont choisi le même personnage. Ensemble, discutez des raisons de votre choix pour pouvoir les présenter à la classe.

C Associations. Choisissez deux mots de la liste B et associez-les à quatre personnages de la liste A. Expliquez vos associations à la classe.

> **Modèle:** le bien: le héros, la princesse, le chevalier, le prince
> **Ces personnages sont souvent des héros de contes. Ils représentent le bien.**

D Vos réactions. Quand vous étiez petit(e) et qu'on vous lisait ou qu'on vous racontait des contes de fées (ou quand vous regardiez des dessins animés ou des films pour enfants), quelle était votre réaction face aux personnages de la liste suivante? Expliquez vos réactions.

Vocabulaire utile: effrayer, amuser, intéresser, ennuyer, faire peur, faire rire, rendre heureux(-euse) / triste, etc.

Modèles: les loups-garous
Ils me faisaient rire parce que je les trouvais ridicules.

le chevalier
Il m'intéressait parce qu'il avait toujours un cheval et que j'adorais les chevaux.

1. les vampires
2. la licorne
3. la sorcière
4. la bonne fée
5. le géant

6. la marâtre
7. les nains
8. le dragon
9. les fantômes
10. les monstres

Lecture

ENTRONS EN MATIERE

Vous connaissez certainement quelques fables (d'Esope, par exemple). Quelles en sont les caractéristiques? Qui sont les personnages des fables? Quels adjectifs associez-vous aux différents personnages? A qui s'adressent les fables? Quel est le but *(purpose)* de la fable?

AVANT DE LIRE

Une image ou une illustration peut vous donner une idée du sujet, du thème, des personnages et même de l'intrigue d'un texte. Avant de lire la fable, regardez bien l'illustration à la page suivante. Qu'est-ce que vous voyez? Comment sont ces deux animaux? Comparez-les.

La Grenouille qui veut se faire aussi grosse que le bœuf

Les fables françaises les plus connues sont celles de Jean de La Fontaine (1621–1695). Bien qu'il imite les fables de l'Antiquité (d'Esope, par exemple), il les adapte aussi pour plaire à ses contemporains. Très appréciées de Louis XIV, de l'aristocratie et de la bourgeoisie du XVIIᵉ siècle, ses fables ne s'adressent pas seulement aux enfants, bien que les enfants aiment les lire encore aujourd'hui. On continue à les apprendre par cœur à l'école en France.

Une grenouille vit un bœuf
Qui lui sembla de belle taille.
Elle, qui n'était pas grosse en tout
comme un œuf,

5 Envieuse, s'étend°, et s'enfle°
et se travaille,
Pour égaler l'animal en grosseur,
Disant: « Regardez bien, ma sœur;
Est-ce assez? dites-moi: n'y suis-je

10 point encore?
—Nenni°—M'y voici donc?
—Point du tout. —M'y voilà?
—Vous n'en approchez point ».
La chétive pécore°

15 S'enfla si bien qu'elle creva°
Le monde est plein de gens qui ne
sont pas plus sages.
Tout bourgeois veut bâtir comme les
grands seigneurs,

20 Tout petit prince a des ambassadeurs,
Tout marquis veut avoir des pages.

s'étend *expands itself*
s'enfle *inflates itself*

Nenni Non, pas du tout

chétive pécore petit animal
faible / **creva** *burst, died*

La grenouille qui voulait se faire aussi grande que
le bœuf, Willy Aractingi, 1930–2003, Huile sur toile
100x100cm, Février 1994. Copyright famille Aractingi.

« La Grenouille qui veut se faire aussi grosse que le bœuf » par Jean de la Fontaine, *Fables*
Recording: © Cengage Learning

COMPRENEZ-VOUS?

1. Pourquoi la grenouille admire-t-elle le bœuf?
2. Quel adjectif montre sa réaction face au bœuf?
3. Qu'est-ce qu'elle fait pour « égaler » le bœuf?
4. Est-ce facile ou difficile pour la grenouille? Comment le savez-vous?
5. Qu'est-ce qui arrive à la grenouille?
6. Utilisez vos propres mots pour résumer la morale ou la leçon de cette fable en une ou deux phrases.

CHERCHEZ LA FORME

1. Trouvez les verbes au passé simple dans la fable et donnez leur infinitif.
2. Trouvez les pronoms relatifs dans la fable, donnez leur antécédent et expliquez leur fonction grammaticale.

ALLEZ PLUS LOIN

1. Comment La Fontaine caractérise-t-il la grenouille dans cette fable? Quel est le rapport entre la manière dont il la présente et les caractéristiques de cet animal dans la nature? (Vocabulaire utile: coasser (*to croak*).)
2. Dans le vers 5 quel son est répété plusieurs fois? Comment s'appelle cette technique poétique?

Applications

A **Des ambitions.** La grenouille explique ce qu'elle pense au bœuf. Donnez la réaction du bœuf en complétant ses réponses.

1. LA GRENOUILLE: Nous sommes sœurs.
   LE BŒUF: Je ne crois pas que…
2. LA GRENOUILLE: Je suis toute petite.
   LE BŒUF: Il est évident que tu…
3. LA GRENOUILLE: Être grand est admirable.
   LE BŒUF: Il n'est pas vrai que…
4. LA GRENOUILLE: Je peux t'égaler en grosseur.
   LE BŒUF: Je doute que tu…
5. LA GRENOUILLE: Je fais un gros effort.
   LE BŒUF: Il est ridicule de…
6. LA GRENOUILLE: Regarde! Je réussis.
   LE BŒUF: Il n'est pas possible que tu…

B **Vos réactions.** Faites quelques remarques sur les fables et les contes de fées. Complétez les phrases en choisissant entre l'infinitif, l'indicatif et le subjonctif.

1. Dans une fable, il est important que les animaux…
2. Il faut que la morale…
3. Il est probable que les enfants d'aujourd'hui…
4. Et moi, j'espère que…
5. Dans des contes, les enfants veulent…
6. Il est important que les petites filles…
7. Parfois, les enfants ont peur…
8. Je crois que…

C **Les contes de fées et les enfants: un débat.** Certaines personnes pensent que les contes de fées sont trop violents pour être lus aux enfants, tandis que d'autres les trouvent importants pour leur éducation. Choisissez votre point de vue et, avec des camarades de classe qui pensent comme vous, complétez les phrases. Puis présentez-les sous forme de débat.

CONTRE: Il vaut mieux que…
CONTRE: Je regrette que…
CONTRE: Je doute que…
CONTRE: Il est essentiel de…

POUR: Il est important…
POUR: Il faut que les parents…
POUR: Je préfère que…
POUR: Mes enfants veulent…

Continuez avec vos propres expressions.

D **La reine et le marchand de potions magiques.** Lisez le texte ci-dessous, puis complétez les phrases selon ce qui est demandé.

Il était une fois une reine veuve, mère de trois enfants, un fils de 17 ans et deux filles de 15 et 20 ans. Elle s'entendait bien avec sa famille, son peuple l'aimait, mais pendant les longues soirées d'hiver, elle s'ennuyait et se sentait seule. Un soir de janvier, pendant une tempête de neige, quelqu'un frappa à la porte de son palais. Puisque ses demoiselles d'honneur *(ladies in waiting)* s'étaient déjà couchées, elle ouvrit la porte elle-même. Devant elle se trouvait un jeune homme d'une vingtaine d'années qui voulait lui vendre des potions magiques. Elle le pria d'entrer, ils se parlèrent toute la nuit, et le lendemain matin, la reine se dit « Je suis amoureuse de lui et je vais l'épouser ».

Comment vont réagir ses demoiselles d'honneur et ses enfants? Imaginez leurs réactions lorsque la reine leur fait part de sa décision.

Modèle:	LA REINE:	Je peux me marier avec lui.
	LES DEMOISELLES:	**Il n'est pas évident que vous puissiez vous marier avec lui.**

LA REINE:	C'est le plus bel homme du monde.
LES DEMOISELLES:	Nous doutons que…
LA REINE:	Il m'aime à la folie.
LES DEMOISELLES:	Il est possible que…
LA REINE:	Nous voulons nous marier immédiatement.
LES DEMOISELLES:	Il est ridicule de…
LA REINE:	Il ne connaît pas mes enfants.
LES DEMOISELLES:	Mais il faut que…
LA REINE:	Nous leur en parlerons demain.
LES DEMOISELLES:	Nous espérons que…

L'histoire continue. Le couple se retrouve avec les enfants de la reine. Comment réagissent les enfants? Complétez leurs phrases.

LA FILLE DE 15 ANS:	Je veux…
LE FILS:	J'insiste pour que…
LA FILLE DE 20 ANS:	Il est probable…
TOUS LES ENFANTS:	Il est évident…

Maintenant, travaillez à trois pour trouver une fin à cette histoire. Quel groupe a la fin la plus amusante, réaliste, romantique ou tragique?

Gustave Doré, Les Contes de Charles Perrault, "Petit Chaperon Rouge/Little Red Riding Hood"

E **Une question de points de vue.** Vous connaissez certainement le conte du *Petit Chaperon rouge*, qui apporte une galette à sa grand-mère et se fait manger par le loup. Dans la version des frères Grimm—celle connue par les anglophones—il y a un bûcheron *(woodcutter)* qui sauve le Petit Chaperon rouge à la fin. (Vous travaillez avec cette version-ci.) Dans la version française, la petite fille meurt. Mettez-vous à la place des personnages (colonne A) et donnez votre réaction (colonne B) face aux événements (colonne C). Faites les changements nécessaires selon le personnage qui parle. N'hésitez pas à ajouter des expressions.

Modèle: LE PETIT CHAPERON ROUGE: **Je regrette que ma grand-mère soit malade.**
LE LOUP: **Je suis content qu'elle soit malade.**

A. Personnages	**B. Réactions**	**C. Evénements**
LA MÈRE	être content	La grand-mère est malade.
LE PETIT CHAPERON ROUGE	avoir peur	La mère envoie sa fille chez la grand-mère.
LA GRAND-MÈRE	regretter	Le Petit Chaperon rouge rend visite à sa grand-mère.
LE LOUP	vouloir	Le loup a faim.
LE BÛCHERON	être vrai	Il va vite chez la grand-mère.
	être dommage	Il la dévore.
	croire	Il met ses vêtements.
	Il faut	Le Petit Chaperon rouge ne comprend pas.
	??	Elle s'approche du lit.
		Le bûcheron peut la sauver.

F **Que de complications!** Voici des extraits de l'histoire d'une belle princesse et d'un beau chevalier qui s'aiment. Lisez-les, puis, avec un(e) partenaire, finissez les phrases pour créer un conte amusant, tragique ou heureux, au choix!

1. Une jeune et jolie princesse aime un beau chevalier quoique…
2. Son père, le roi, leur permet de se marier à condition que…
3. Le triste chevalier part pour…
4. Il voyage pendant un an avant de…
5. Il demande à un nain de l'aider afin de…
6. Mais le nain refuse, jusqu'à ce que…
7. Heureusement, le chevalier réussit, sans…
8. (Inventez la fin vous-même.)

G **Réactions et expériences personnelles.** Travaillez en groupes de trois et à tour de rôle, posez-vous les questions suivantes sur les contes de fées, le merveilleux, les films d'horreur, etc.

1. Quel est le pire cauchemar que vous puissiez imaginer?
2. Quel est le plus beau rêve que vous puissiez faire?
3. Croyez-vous au merveilleux? Expliquez votre opinion.
4. Croyez-vous à la magie noire? Dans quel(s) pays est-ce qu'on y croit?
5. Quel est votre conte de fées favori? Pourquoi?
6. Connaissez-vous des histoires à dormir debout? Lesquelles?
7. Aimez-vous les films d'horreur? Pourquoi ou pourquoi pas?

Lecture

L'histoire que vous allez lire a ses origines en Corse, une île située à moins de 200 km au sud-est de Nice, dans la mer Méditerranée. Cette « île de beauté », où est né Napoléon, est française depuis 1768 mais ses habitants se sont toujours sentis différents du reste des Français. La moitié d'entre eux continuent à parler corse (parallèlement au français), une langue qui ressemble beaucoup à l'italien. C'est pourtant en français qu'un vieux berger° de 90 ans raconte cette histoire qu'il a entendue au cours d'une veillée° quand il avait 20 ans.

berger la personne qui s'occupe des moutons
veillée réunion le soir

> **Saviez-vous que… ?**
>
> Pendant longtemps, certains folkloristes pensaient que la pantoufle qui joue un rôle si important dans *Cendrillon* n'était pas en « verre » mais en « vair », une fourrure grise venant d'un animal qui ressemble à un écureuil. Mais aujourd'hui, on croit que Perrault voulait vraiment dire « verre ». Le verre était, à l'époque de Perrault, un matériau rare et précieux, symbolique donc d'une personnalité exceptionnelle, particulièrement fine et légère, au point de pouvoir porter de telles chaussures sans les briser ni en être incommodée. On pourrait conclure en plus, « au nom de la raison », qu'il serait bien difficile de chausser une pantoufle de verre si elle ne s'ajustait pas exactement à la forme et à la taille du pied, ce qui se produit dans l'histoire.
>
> *Source:* adapté de www.snopes.com

ENTRONS EN MATIERE

Si vous vouliez trouver quelqu'un avec qui vous passeriez le reste de votre vie, quelles qualités devrait posséder cette personne?

POUR MIEUX COMPRENDRE

Vous allez lire un conte. Qu'attendez-vous de ce genre littéraire? Quelles en sont les caractéristiques? Après avoir lu tout le conte, dites si ses caractéristiques correspondent à celles que vous aviez indiquées avant de l'avoir lu.

La fleur, le miroir et le cheval

PREMIÈRE PARTIE

fréquentaient voyaient souvent

Una volta era[2]... une fois il y avait trois jeunes gens. Ils fréquentaient° tous les trois la même jeune fille dans l'espoir de l'avoir en mariage. Depuis longtemps ils lui faisaient la cour de la sorte; alors, le plus jeune des trois garçons a dit:

—Mes camarades, il faut le dire! Nous ne pouvons pas continuer cette vie. Il faut
5 qu'elle nous dise celui qu'elle veut, de nous trois.

Alors, les voilà qui vont trouver la jeune fille, et lui demandent lequel d'entre eux elle souhaiterait avoir pour mari.

Elle a répondu:

—Partez tous les trois pendant un an; au bout de l'an, vous reviendrez me voir:
10 celui qui m'apportera le plus joli cadeau sera mon mari.

Un beau matin, ils sont donc partis tous les trois. Le soir, ils arrivent devant une maison, où ils restent pour coucher, la nuit. Le lendemain, de bonne heure, ils se sont quittés, après s'être dit:

—Au bout de l'an, nous nous retrouverons ici. Le premier arrivé attendra les autres.
15 Et puis, là-dessus, ils sont partis, chacun suivant son chemin.

Le premier est arrivé dans un endroit où on ne voyait que des fleurs. Il voit une

proposait offrait

femme qui proposait° une boîte bien fermée, à vendre. C'était une boîte contenant des fleurs. Il lui demande:

—Madame, combien cette boîte?
20 —Mille francs.

---

[2] *Una volta era…* (langue corse) Une fois il y avait: Il était une fois…

Alors le jeune homme lui dit:

—Mais pourquoi est-ce si cher?

Elle lui répond:

—Vous ouvrirez la boîte. Il y a dedans une fleur: si vous vous trouvez en face d'un
25 mort, en lui frottant° la fleur sur le visage, vous verrez qu'il vivra, et il ne mourra plus.

Le jeune homme a donné mille francs à la femme, et il a emporté la boîte avec lui.
Puis il a repris le chemin de la maison où ils devaient se retrouver tous les trois.

Quant au° second des jeunes gens, il est arrivé dans un pays où il voit un homme
tenant par la bride° un beau cheval. Tout de suite, il lui demande:
30 —Combien en voulez-vous?

—Trois mille francs.

—C'est cher!

—Mais c'est un cheval qui fait en une heure le chemin qu'on fait en un an!

Alors, le jeune homme lui achète le cheval, et l'emmène avec lui jusqu'au lieu fixé
35 pour le rendez-vous.

Le troisième, lui, arrive dans un endroit où il y avait des miroirs à vendre.
Il demande à un monsieur, qui en avait un dans une boîte:

—Bonjour, Monsieur! Vous vendez des miroirs?

—Oui.
40 —Combien celui-là?

—Quatre mille francs!

—C'est joliment cher! Pourquoi le faites-vous ce prix-là?

—Parce que, dans ce miroir, vous voyez la personne que vous demandez à voir, au
moment où vous le désirez.
45 Le jeune homme achète le miroir, et s'en retourne à la maison, où il devait retrouver
les deux autres. Et là, dans la maison où ils s'étaient quittés tous les trois, ils se retrouvent tous les trois, avec chacun un cadeau pour la jeune fille qu'ils aimaient.

Mais ils n'étaient pas encore arrivés au village de leur fiancée! Ah, il leur faudrait
bien un an pour y aller![3]

en... *by rubbing*

Quant... En ce qui concerne
la bride *bridle*

COMPRENEZ-VOUS?

1. Pourquoi les trois jeunes gens ne sont-ils pas contents?
2. Comment la jeune fille va-t-elle décider qui épouser?
3. Qu'est-ce que les trois jeunes hommes achètent?
4. Pourquoi les objets achetés sont-ils si chers? Selon vous, l'objet le plus cher est-il
   aussi le meilleur cadeau? Pourquoi ou pourquoi pas?
5. Quand les trois hommes se retrouvent, sont-ils près ou loin de leur bien-aimée?
   Comment le savez-vous?

CHERCHEZ LA FORME

Le futur: identifiez les verbes au futur dans les paragraphes qui commencent par les
phrases suivantes: 1. « Partez tous les trois ». 2. « Vous ouvrirez la boîte ». Donnez
l'infinitif de ces verbes.

A DISCUTER

Avec un(e) ou deux camarade(s) de classe, imaginez maintenant avec quel jeune
homme la jeune fille se mariera. Justifiez votre choix.

[3] Le temps écoulé dans cette première partie est un peu ambigu. Il faut un jour aux jeunes gens pour aller
de chez eux à la maison d'où ils partent. La durée de leurs voyages pour chercher des cadeaux n'est pas
précisée. A la fin, on dit qu'il leur faudra un an pour retourner chez leur fiancée.

Deuxième partie

de... encore

50 Enfin, ils font de nouveau° route ensemble. Le troisième, qui avait le miroir, le regardait sans cesse, pour y voir les traits de la jeune fille. Un beau jour, en le regardant, il se met à pleurer. Les deux autres lui demandent ce qu'il a, mais il ne voulait pas le dire.

—Mais pourquoi pleures-tu?

—Notre fiancée est morte! dit-il.

55 Alors, le premier, qui avait la boîte avec la fleur, dit aux autres:

—Si seulement nous pouvions y arriver avant son enterrement!

Son camarade voyait la jeune fille dans son miroir, mais lui pouvait la faire revivre avec sa fleur.

—Oh! dit celui qui avait le miroir, comment ferions-nous? Il y a un an à marcher
60 avant d'arriver chez elle!

—On peut y arriver quand même, dit le second, qui avait le cheval.

—Comment? dirent les autres.

Lui, il avait un cheval qui faisait en une heure le chemin qu'on fait en un an!

Alors, comme le cheval était prêt à partir, tous les trois montent dessus, et les voilà
65 en route. Il y avait un an à marcher, mais au bout d'une heure les voilà arrivés!

Tous les trois, ils montent dans la maison de leur fiancée. Les parents et toute la famille de la jeune fille étaient réunis là, en train de pleurer.

Alors, le premier, qui avait la fleur, leur a dit:

—Retirez-vous tous, et laissez-moi seul avec la jeune fille.

70 Tous se retirent de la chambre où elle reposait.

Lui, prend la fleur dans sa boîte, et la passe sur la figure de sa fiancée. Et voilà qu'elle vit!

Alors, les gens rentrent dans la chambre, et la voient debout!

Maintenant, quant à savoir lequel des trois jeunes gens sera son mari, cherchez
75 donc! L'un avait la fleur, qui l'a fait vivre, mais l'autre avait le cheval, qui les a fait

auprès près

arriver auprès° d'elle, et le troisième, le miroir, où il l'avait vue!

Source: La fleur, le miroir et le cheval

COMPRENEZ-VOUS?

1. Pourquoi le jeune homme au miroir se met-il à pleurer?
2. Qu'est-ce qu'ils font pour arriver vite chez « leur fiancée »?
3. Combien de temps dure leur voyage?
4. Que fait le jeune homme avec la fleur?
5. Quel est le résultat de cette action?
6. Quel est le dilemme à la fin du conte? Comparez la situation à la fin de l'histoire à celle qui existait au début. Y a-t-il maintenant un favori parmi les jeunes hommes?

CHERCHEZ LA FORME

Que de pronoms! Relisez les paragraphes qui commencent par les phrases suivantes. Faites la liste des pronoms (personnels et relatifs) qui s'y trouvent, et donnez la fonction et l'antécédent de chacun d'entre eux. **1.** (lignes 6–7): « Alors, les voilà… avoir pour mari ». **2.** (lignes 50–52) « Enfin, ils font de nouveau… il ne voulait pas le dire ».

A DISCUTER

Avec qui la jeune fille devrait-elle se marier à la fin? Donnez votre opinion et justifiez-la.

ALLEZ PLUS LOIN

1. **La répétition.** Cette histoire, racontée par un vieux berger, fait partie de la tradition orale. La répétition est une caractéristique typique de la littérature orale. Soulignez les répétitions que vous avez remarquées en lisant. Selon vous, pourquoi y a-t-il des répétitions dans un texte oral? Y voyez-vous aussi des détails qui changent au cours du conte? Y a-t-il une fleur ou plusieurs fleurs?

2. **Le merveilleux.** Vous avez certainement remarqué que ce qui se passe dans ce conte ne correspond pas à la réalité. Soulignez les éléments du merveilleux que vous avez remarqués. Pourquoi veut-on s'échapper de la réalité?

Activites d'expansion

A Les conseils de la famille. Mettez-vous à cinq et jouez les rôles de la jeune fille et de quatre membres de sa famille (la mère, le père, le frère, la sœur, la grand-mère). Ceux-ci essaient de la conseiller après le retour des jeunes hommes et elle réagit à leurs suggestions. Attention à l'usage de l'infinitif, du subjonctif et de l'indicatif.

Rendez-vous sur le site web de **Sur le vif** pour regarder la vidéo du Chapitre 7, puis complétez les activités à la page 106 du **Student Activities Manual**.

Pour exprimer votre opinion:

Je crois…	Je ne crois pas…	Je voudrais …
Il faut…	Il est nécessaire…	Je veux…
Il vaut mieux…	Il est préférable…	Je refuse de…

B Le courrier du cœur. Mettez-vous à la place d'un des trois jeunes hommes. D'abord, écrivez à un site Internet ou une lettre au courrier du cœur (il en existe où on peut demander des conseils pour les affaires du cœur) dans laquelle vous expliquez votre dilemme: ce que vous avez fait et ce qui est arrivé. Demandez des conseils. Ensuite, répondez à une des lettres de vos camarades de classe.

C Mon conte favori. Voici les noms français de quelques contes célèbres: *Blanche-Neige, Cendrillon, Le Petit Chaperon rouge, La Belle au bois dormant, Barbe-Bleue, Le Chat botté, La Belle et la Bête.* Les connaissez-vous? Résumez brièvement un de ces contes (ou un autre conte très connu de votre choix) à deux camarades qui vont deviner de quel conte il s'agit. Puis celui qui a deviné résume un autre conte, et ainsi de suite.

En famille

© Famille Planchot

A LA FAMILLE MODERNE

le beau-père	father-in-law, step-father
la belle-mère	mother-in-law, step-mother
le père (la mère) célibataire	single father (mother)
le demi-frère	step-brother, half-brother
la demi-sœur	step-sister, half-sister
aîné(e) adj./n.	older, oldest (brother/sister/child)
cadet(-te) adj./n.	younger, youngest (brother/sister/child)
l'enfant unique m./f.	only child
la famille...	
éclatée	broken family
homoparentale	homoparental
monoparentale	single-parent family
nombreuse[1]	family with many children
recomposée	blended family
la femme au foyer	housewife, woman who does not work outside the home

le foyer, le ménage	household
l'union libre f.	living together without being married
vivre ensemble	to live together

B LES AMIS

le copain (la copine)	friend, buddy, chum
mon copain, ma copine	my boyfriend, my girlfriend

C LES RAPPORTS

s'entendre (bien/mal)	to get along (well/badly)
se comprendre	to understand each other
se disputer (avec)	to argue, to disagree, to fight (with)
se fâcher (contre)	to get angry (with)
en vouloir à	to be mad at
Ma sœur m'en veut.	My sister is mad at me.
gronder	to scold (parent/child)
(s')engueuler (fam.)	to yell at (each other)
s'inquiéter (de), se faire du souci (pour quelqu'un)	to worry (about)
se calmer	to calm down
(s')embrasser	to kiss (each other)
faire confiance à (quelqu'un)	to trust (someone)
se marier (avec)	to get married (to)
divorcer (de, d'avec)	to divorce (someone)

[1] En 2011 toutes les familles de deux enfants de moins de 20 ans ont droit à des allocations familiales: 2 enfants = 125,18 €, 3 enfants = 286,95€, et 161,17 par enfant de plus par mois. Les familles nombreuses (une famille d'au moins trois enfants) qui ont des revenus modestes reçoivent des allocations de rentrée scolaire (de 284,97 € pour un enfant âgé de 6 à 10 ans jusqu'à 311,11 € pour un enfant âgé de 15 à 18 ans), une réduction d'impôts, des tarifs réduits pour les transports, etc.

Pour obtenir des exercices et activités supplémentaires sur le contenu de ce chapitre, rendez-vous sur le site www.cengagebrain.com/login

© Clare Tufts

super	*neat, great, terrific*
génial(e)	*fantastic, great*
sympathique (sympa)	*nice*

E AU FOYER

l'intimité *f.*	*privacy*
le (la) colocataire	*housemate*
coloc *(fam.)*	
déménager	*to move (out)*
emménager	*to move in*
louer	*to rent*
le loyer	*(the) rent*
les charges *f.*	*utilities, maintenance or service costs*
la facture	*bill (phone, electric, etc.)*
les frais *m.*	*expenses*
s'occuper de	*to take care of*
faire...	
les tâches ménagères	*to do housework*
les courses	*to go grocery shopping, to run errands*
la cuisine	*to cook*
la lessive	*to do (the) laundry*
le ménage	*to do (the) housework, to clean*
la vaisselle	*to do (the) dishes*
passer l'aspirateur	*to vacuum*
ranger	*to pick up, to straighten up (house, room)*
repasser	*to iron*
sortir la poubelle	*to take out the trash*
tondre le gazon/la pelouse	*to mow the lawn*

verser une pension alimentaire	*to pay alimony*
se sentir à l'aise/mal à l'aise	*to feel (be) comfortable / uncomfortable*
soutenir	*to support, to stand by*
Mes parents me soutiennent (moralement / financièrement).	*My parents support me (emotionally / financially).*
supporter	*to put up with, to stand*
Je ne le supporte pas.	*I can't stand him (it).*

D DES TRAITS DE CARACTERE

autoritaire	*authoritarian*
juste	*fair*
impartial(e)	*impartial, unbiased*
être de bonne / mauvaise humeur	*to be in a good / bad mood*
être facile / difficile à vivre	*to be easy / hard to get along with*

Vocabulaire

A **Devinettes.** Choisissez un des mots de la liste de vocabulaire. Donnez-en une définition pour que vos camarades de classe puissent deviner quel mot vous avez choisi.

> **Modèle:** Vous: **C'est une famille où les parents ne vivent plus ensemble et ne se parlent plus.**
> CAMARADE: **C'est une famille éclatée.**

PREPARATION GRAMMATICALE

Avant de commencer ce chapitre, révisez la formation et l'usage des adverbes, pages 213–215.

B **C'est tout le contraire.** Une copine idéaliste voit la vie familiale en rose, mais vous, vous croyez qu'elle rêve. Répondez à ce qu'elle vous dit en la contredisant. Utilisez le vocabulaire du chapitre autant que possible.

> **Modèle:** ELLE: Dans ma famille, tout le monde s'entend toujours bien.
> Vous: Tu exagères! **Tout le monde se dispute de temps en temps.**

1. ELLE: Je me marierai pour la vie.
   Vous: Tu rêves!…
2. ELLE: Les femmes au foyer sont toujours de bonne humeur.
   Vous: Tu plaisantes!…
3. ELLE: Un père doit être un peu autoritaire pour que ses enfants lui obéissent.
   Vous: Quelle horreur!…
4. ELLE: Une famille nombreuse, c'est l'idéal.
   Vous: Mais non!…
5. ELLE: Les grands-parents ne grondent jamais leurs petits-enfants.
   Vous: Ce n'est pas réaliste!…
6. ELLE: Les parents sont toujours contents quand leur enfant adulte choisit de vivre chez eux
   Vous: Tu exagères! ….

C **Positive ou négative?** Il y a des personnes pour qui le mot « famille » évoque le bonheur, pour d'autres, l'horreur. Mettez-vous par groupes de trois ou quatre. Chaque personne fait deux listes d'au moins cinq mots tirés du vocabulaire du chapitre: (1) des mots ou expressions à connotation positive et (2) des mots ou expressions à connotation négative. Comparez vos listes à celles des membres de votre groupe. Si vous n'avez pas les mêmes mots, échangez vos points de vue.

D **Des portraits.** A trois ou à quatre, faites un portrait détaillé (positif ou négatif) d'un des foyers de la liste suivante. N'hésitez pas à exagérer. Inventez les membres de chaque famille (âge, sexe, profession, etc.). Que fait chaque personne? Comment sont les rapports entre ces personnes?

© Stanislas LIBAN

1. une famille monoparentale
2. une famille nombreuse
3. deux jeunes gens vivant ensemble
4. une famille recomposée
5. une famille éclatée

Saviez-vous que... ?

La colocation est un phénomène qui prend de l'ampleur. 73% des 16–25 ans connaissent quelqu'un au sein de leur entourage qui vit ou a vécu en colocation, 67% parmi ceux qui n'ont jamais vécu en colocation. 9% des 16–25 ans déclarent vivre actuellement en colocation. D'après les colocataires (actuels et ex), la vie en colocation dure en moyenne 11 mois. Le plus souvent, les jeunes s'installent avec des proches (vs des inconnus): amis proches ou amis d'amis (62%) ou membres de la famille (12%).

Source: www.tns-sofres.com 2010

E **Avec mon (ma) coloc.** Les jeunes vivent souvent avec des colocataires. Quels sont les avantages et les inconvénients de la colocation? Comment est le (la) colocataire idéal(e)? Comparez vos idées sur ce sujet à celles de deux autres camarades de classe. Est-ce que la colocation marcherait bien pour vous trois?

PRÉPARATION GRAMMATICALE

Avant de continuer, révisez la comparaison des adverbes et des noms, pages 215–216.

Lecture

« Génération Tanguy » doit son nom à un film, *Tanguy*, sorti en 2001. Cette comédie noire montre un jeune homme de 28 ans qui habite encore chez ses parents et n'a pas hâte de les quitter. Ce phénomène de société est de plus en plus d'actualité. En 2008, dans l'Union européenne, un homme sur trois et une femme sur cinq, âgés de 18 à 34 ans, habitaient toujours chez leurs parents. En dehors de l'Europe la situation n'est pas bien différente comme vous le constaterez dans les extraits d'un article paru dans *Femme Magazine* du *Journal de l'Île de la Réunion*[2].

ENTRONS EN MATIERE

Pour quelles raisons, selon vous, un jeune adulte (entre l'âge de 18 et 30 ans) vivrait-il chez ses parents? Quels sont les avantages et les inconvénients pour l'enfant? Et pour les parents?

Génération « Tanguy » ou l'indépendance tardive°

tardive *delayed*

Pas de loyer à débourser°, pas de linge à laver, pas de dîner à préparer... Le « Tanguy » mène la belle vie chez ses parents. Pas vraiment pressés de quitter le nid°, ces « vingtenaires », plus connus sous le nom de génération « Tanguy »! Ils squattent le domicile de papa-maman, jusqu'à ce que toutes les conditions soient réunies pour
5 voler de leurs propres ailes°. Et cela peut prendre du temps...

débourser *payer*

nid *nest*

ailes *wings*

JE SUIS UNE « TANGUY »

« Je suis une « Tanguy ». Je vis toujours chez papa-maman. Et ça m'arrange bien parfois », avoue Mickaëlle. À 20 ans, cette étudiante en première année d'espagnol profite pleinement des avantages qu'offre la vie chez ses parents. Peu ou pas de tâches ménagères, adieu les factures et les fourneaux°. La belle vie quoi!

fourneaux *ovens*

PRÉCARITÉ ÉCONOMIQUE

10 Phénomène de société, la génération Tanguy touche aussi bien les filles que les garçons. « Je reste chez mes parents pour le confort. J'ai 29 ans et concernant l'avenir, il est encore incertain. Pourtant, j'ai un emploi stable, un CDI[3], mais je ne peux pas prendre un appartement. Je n'aurais plus assez d'argent pour le reste. Alors à quoi bon partir? Chez mes parents, j'ai moins de contraintes. Je participe au loyer, mais je ne m'occupe

[2] L'Ile de la Réunion est un département français d'outre-mer (DOM) qui se trouve dans l'Océan indien, à l'est de Madagascar.
[3] Contrat à durée indéterminée, c'est-à-dire, un poste permanent.

15 pas des tâches ménagères », avoue Frédéric, graphiste à Sainte-Marie. Sympa, la vie chez les parents! Nourri, logé, blanchi° et en prime, grandes économies. Et dire qu'il y a quarante ou cinquante ans, les jeunes ne cherchaient qu'à quitter au plus vite leur famille. À devenir indépendants. À l'heure actuelle, c'est plutôt l'inverse que l'on observe. L'entrée dans l'âge adulte ne coïncide plus forcément avec l'accès à un premier emploi
20 ou l'installation en couple. « La fin des études ne correspond plus systématiquement à l'obtention d'un poste stable, mais à une période plus ou moins longue de recherche d'emploi, de petits boulots, de stages, de formations… L'insertion professionnelle est plus tardive, plus difficile. C'est pourquoi ils restent confortablement chez papa-maman et font quelques économies », analyse Thierry Malbert, anthropologue et
25 spécialiste de la parenté. Outre cette précarité économique, les jeunes sortent de plus en plus diplômés du système éducatif français. Des études plus longues retardent aussi, mais dans de moindres proportions, l'âge de la décohabitation avec les parents. Et l'intimité dans tout cela?

VOUS AVEZ DIT INTIME?

Ramener son petit ami *at home*, impensable pour Aline. « Je ne dis pas aux hommes
30 que je vis encore chez mes parents, c'est trop la honte! (Rires) Et quand je me décide à l'avouer… Ils ont peur car pour eux ça signifie « présentation des parents ». C'est très frustrant comme situation ». Même discours chez Geneviève, 31 ans, assistante d'éducation dans une école primaire à Saint-André. « L'intimité? ça n'existe pas lorsqu'on vit chez ses parents. Alors on s'arrange comme on peut, on va chez lui ou à
35 l'hôtel. Honnêtement, je ne pense pas tenir longtemps »! Et vos parents, ils en pensent quoi du fait que vous squattez (encore!) leur domicile? « Ma mère est contente, elle est très protectrice alors… Elle n'est pas prête de me jeter dehors. Au contraire, quand je parle de déménager, elle flippe », confie Geneviève en rigolant. En revanche, Eric, le père d'Adrien, 26 ans, ne partage pas le même enthousiasme. « Il se lève à 14h, ne fait
40 pas de lessive, mange n'importe quoi à n'importe quelle heure, et bien sûr, la vaisselle il connaît pas! C'est vrai qu'on en a un peu marre°, mais on ne peut pas le foutre° à la porte ». Certains parents sont déçus. Ils se sont tellement investis dans l'avenir de leur(s) enfant(s) qu'ils attendent un retour sur efforts fournis. Et puis, ils souhaiteraient passer à autre chose… leur rôle de parents assumé, ils estiment pouvoir vivre
45 leur vie conjugale. Mais comment profiter pleinement avec un Tanguy dans les pattes?

Le Journal de l'île de la Réunion, Femme Magazine par Audrey Hoarau

COMPRENEZ-VOUS?

1. Faites une liste des raisons principales pour lesquelles les jeunes dans l'article continuent à vivre chez leurs parents.
2. En quoi la situation était-elle différente il y a cinquante ans?
3. Quels sont les inconvénients mentionnés?
4. Qu'en pensent les parents? Ont-ils tous les mêmes réactions?

CHERCHEZ LA FORME

La comparaison. Trouvez trois exemples de formes comparatives dans le paragraphe « Précarité économique ». Qu'est-ce qu'on compare, des adjectifs, des adverbes ou des noms?

ALLEZ PLUS LOIN

Le phénomène Tanguy est accentué dans les pays du Sud et de l'Est de l'Europe. Dans les pays du Nord de l'Europe, les jeunes adultes ont tendance à quitter plus tôt le domicile familial.[4] Selon vous, s'agit-il plutôt de la situation économique ou est-ce une question de culture?

Applications

> **RAPPEL** Many adverbs are made by adding **-ment** to a form of the adjective (usually feminine). Most adverbs *immediately follow the verb* they modify. Certain adverbs (for instance, adverbs of time and place) can take other positions in the sentence. For more details, see pages 213–215.

A Les tâches ménagères. En utilisant des adverbes variés, créez des phrases qui expliquent comment ou quand les personnes indiquées font les activités suivantes.

> **Modèle:** (repasser) votre mère / votre frère / vous
> **Ma mère repasse constamment.**
> **Mon frère repasse mal.**
> **Moi, je repasse rarement.**

1. (tondre le gazon) vous / votre mère / votre grand-père
2. (passer l'aspirateur) vos colocataires / votre petit(e) frère (sœur) / vous
3. (faire la lessive) votre professeur / un étudiant de première année / vous
4. (sortir la poubelle) vous / votre père / vos colocataires
5. (faire la vaisselle) vos parents / le président des Etats-Unis / vous
6. (payer les factures) votre mère / votre colocataire / vous

B Les rapports. Trouvez trois adverbes pour modifier chacun des verbes, puis faites trois phrases—la première au présent, la deuxième au passé et la troisième au futur—en utilisant le verbe donné et vos adverbes. Variez les sujets et ajoutez des détails pour rendre les phrases plus intéressantes.

> **Modèle:** (crier) fort, tout le temps, jamais
> **Mon petit frère crie très fort quand on lui refuse quelque chose.**
> **Quand j'étais petit(e), je criais tout le temps quand je me mettais en colère. Nous ne crierons jamais quand nous aurons des enfants.**

1. se fâcher contre quelqu'un
2. soutenir
3. être de bonne humeur
4. faire confiance (à)
5. s'habituer (à)
6. s'embrasser
7. divorcer

[4] "Un trentenaire sur trois vit chez papa et maman" http://lci.fr 2011

RAPPEL To compare how something is done, use **plus / aussi / moins** + *adverb* + **que**. To make a superlative statement, use **le plus / le moins** + *adverb*. For more details, see page 215.

C **Qui le fait le mieux?** Présentez votre famille (parents, frères, sœurs, oncles, tantes, cousins, grands-parents, etc.) en les comparant. Suivez les indications données. Exagérez, si vous voulez. Si personne de votre famille ne fait l'activité mentionnée, remplacez-la par une autre activité qui vous semble plus appropriée. Variez les adverbes!

Modèle: chanter

Dans ma famille, mon père chante mieux que ma mère, mais c'est ma cousine qui chante le mieux.

1. faire du vélo
2. regarder la télé
3. jouer de la guitare
4. parler français
5. faire du ski
6. travailler
7. dormir
8. *au choix*

RAPPEL To compare nouns, use **plus de / autant de / moins de** + *noun* + **que.** To make a superlative statement, use **le plus de / le moins de** + *noun* + **de.** For more details, see page 216.

D **Ce n'est pas pareil.** En utilisant les éléments donnés, comparez la vie d'une jeune personne qui habite chez ses parents à celle d'une personne qui vit seule dans son propre appartement. Utilisez le verbe indiqué.

Modèle: le loyer

On paie moins de loyer quand on vit chez ses parents que lorsqu'on vit seul.

1. les tâches ménagères (faire)
2. les factures (payer)
3. la liberté (avoir)
4. les fêtes (organiser)
5. l'argent (dépenser)
6. le temps libre (avoir)
7. les repas (préparer)
8. les courses (faire)

PREPARATION GRAMMATICALE

Avant de continuer, révisez les pronoms démonstratifs, pages 216–217.

RAPPEL One way to avoid repetition in French is to use *demonstrative pronouns* (**celui, ceux, celle, celles**). These are often combined with relative pronouns (**qui, que, dont**) to define or explain, or followed by **de** + *noun phrase*. See pages 216–217 for more details.

E **Qui est-ce?** Voici deux listes: une liste de personnes et une liste de définitions ou d'explications. Créez des phrases logiques en associant chaque personne avec la définition ou l'explication qui convient. Employez un pronom démonstratif et le pronom relatif qui convient pour relier les deux parties. Commencez chaque phrase par: **Dans une famille…**

> **Modèle:** le fils aîné / se quereller parfois avec ses sœurs
> **Dans une famille, le fils aîné est celui qui se querelle parfois avec ses sœurs.**

Personnes	**Définitions ou explications**
1. une belle-mère	savoir s'amuser seul
2. un père célibataire	les enfants ont peur (de)
3. de bons parents	être décrit(e) de manière stéréotypée
4. une mère compréhensive	soutenir leurs enfants
5. un enfant unique	écouter ses enfants
6. un grand-père autoritaire	élever son enfant seul

F **Leurs rôles.** Comparez de deux façons différentes les membres de chaque type de famille, en utilisant des adverbes et des pronoms démonstratifs.

> **Modèle:** (la mère) une famille nombreuse / une famille avec un seul enfant
> **La mère d'une famille nombreuse dort moins que celle d'une famille avec un seul enfant.**
> **La mère d'une famille nombreuse s'énerve plus souvent que celle d'une famille avec un seul enfant.**

1. (le père) une famille traditionnelle / une famille moderne
2. (les frères et les sœurs) une famille recomposée / une famille nombreuse
3. (la grand-mère) une famille monoparentale / une famille traditionnelle
4. (l'homme) une union libre / une famille monoparentale
5. (l'enfant unique) une famille monoparentale / une famille traditionnelle
6. (les filles) une famille traditionnelle / une famille moderne

G Parlons de nos familles et de nos amis. Avec un(e) camarade de classe, posez-vous des questions sur vos rapports avec vos amis et votre famille.

1. Est-ce que tu t'entends bien avec tous les membres de ta famille? Est-ce qu'il y a quelqu'un avec qui tu te disputes de temps en temps? Explique.
2. Qu'est-ce qui provoque des disputes chez toi?
3. De quoi est-ce que tu parles avec tes parents? De quoi est-ce que tu ne leur parles pas?
4. Est-ce que tu demandes des conseils à tes parents? Si oui, à propos de quoi? Est-ce que tu consultes tes amis quand tu as besoin de conseils? Est-ce que tu suis leurs conseils?
5. Est-ce que tes parents connaissent tes amis? Comment les trouvent-ils? Et que pensent tes amis de tes parents?

Lecture

Les passages suivants sont extraits d'une œuvre autobiographique de Simone de Beauvoir (1908–1986). Romancière et philosophe, ses œuvres les plus connues sont *Le Deuxième Sexe* (1949), devenu l'ouvrage de référence du mouvement féministe, son roman *Les Mandarins* (1954), qui a gagné le Prix Goncourt et sa série autobiographique: *Mémoires d'une jeune fille rangée, La Force de l'âge* et *La Force des choses*. Elle rencontre Jean-Paul Sartre (1905–1980) à la Sorbonne en 1929 et lui reste unie jusqu'à sa mort. La première partie de la lecture vous présente le début de ses mémoires. Dans la deuxième partie, elle parle de son adolescence.

ENTRONS EN MATIERE

Qu'est-ce que vous voyez sur cette photo? Décrivez les personnes et imaginez leurs rapports. Selon vous, de quand date cette photo?

POUR MIEUX COMPRENDRE

Faites des prédictions avant de lire les passages qui suivent. Vous savez que vous allez lire le début des mémoires de Simone de Beauvoir. D'habitude, par quoi commence-t-on une autobiographie? A quel moment de sa vie commence-t-on? De qui parle-t-on? Maintenant, lisez les premières phrases de chaque paragraphe. Vos prédictions sont-elles correctes?

© Brand X Pictures/ Getty Images

Mémoires d'une jeune fille rangée°

rangée *sérieuse, sage*

Première partie

Je suis née à quatre heures du matin, le 9 janvier 1908, dans une chambre aux meubles laqués° de blanc qui donnait sur le boulevard Raspail[5]. Sur les photos de famille prises l'été suivant, on voit de jeunes dames en robes longues, aux chapeaux empanachés de plumes d'autruche°, des messieurs coiffés de canotiers° et de panamas qui sourient à un
5   bébé: ce sont mes parents, mon grand-père, des oncles, des tantes, et c'est moi. Mon père avait trente ans, ma mère vingt-et-un, et j'étais leur premier enfant. Je tourne une page de l'album; maman tient dans ses bras un bébé qui n'est pas moi; je porte une jupe plissée°, un béret, j'ai deux ans et demi, et ma sœur vient de naître. Je fus, paraît-il, jalouse, mais pendant peu de temps.
10   Aussi loin que je me souvienne, j'étais fière d'être l'aînée: la première. Déguisée en chaperon rouge, portant dans mon panier galette et pot de beurre, je me sentais plus intéressante qu'un nourrisson° cloué dans son berceau°. J'avais une petite sœur: ce poupon° ne m'avait pas…
        Ma mère m'inspirait des sentiments amoureux; je m'installais sur ses genoux, dans
15   la douceur parfumée de ses bras, je couvrais de baisers sa peau de jeune femme; elle apparaissait parfois la nuit, près de mon lit, belle comme une image, dans sa robe de verdure mousseuse° ornée° d'une fleur mauve, dans sa scintillante robe de jais° noir. Quand elle était fâchée, elle me « faisait les gros yeux »; je redoutais° cet éclair orageux° qui enlaidissait son visage; j'avais besoin de son sourire.
20   Quant à mon père, je le voyais peu. Il partait chaque matin pour « le Palais »[6] portant sous son bras une serviette° pleine de choses intouchables qu'on appelait des dossiers°. Il n'avait ni barbe ni moustache, ses yeux étaient bleus et gais. Quand il rentrait le soir, il apportait à maman des violettes de Parme. Papa riait aussi avec moi; il me faisait chanter; il m'ébahissait° en cueillant au bout de mon nez des pièces de cent
25   sous[7]. Il m'amusait et j'étais contente quand il s'occupait de moi, mais il n'avait pas dans ma vie de rôle bien défini.

laqués *laquered*

plumes… *ostrich feathers*
canotiers *boaters (hats)*

plissée *pleated*

nourrisson *tout petit bébé*
cloué… *stuck in her crib*
poupon *petit bébé*

mousseuse *soft* / ornée *décorée*
jais *noir profond* / redoutais *craignais* / éclair… *stormy flash*

serviette *briefcase*
dossiers *files*

m'ébahissait *m'étonnait*

COMPRENEZ-VOUS?

1. Que voit l'auteur sur la première photo? Qu'est-ce qui a changé sur la deuxième photo?
2. Quelle a été la réaction de Simone à la naissance de sa petite sœur? Pourquoi ce sentiment n'a-t-il pas duré longtemps?
3. Décrivez ses rapports avec sa mère et comparez-les à ceux qu'elle avait avec son père.

CHERCHEZ LA FORME

Dans le deuxième paragraphe ci-dessus, Simone de Beauvoir décrit sa mère. Trouvez cinq adjectifs à la forme féminine et donnez-en la forme masculine.

[5] nom d'une rue à Paris
[6] Palais de Justice
[7] *magic trick, when coins, here franc pieces, appear at the tip of the nose*

ALLEZ PLUS LOIN

D'après les trois paragraphes de la première partie de la lecture, avez-vous l'impression que Simone de Beauvoir a eu une enfance heureuse? Justifiez votre réponse avec des exemples tirés du texte.

POUR MIEUX COMPRENDRE

Comment l'attitude d'un enfant envers ses parents change-t-elle à l'adolescence? Pourquoi y a-t-il un tel changement?

Dans l'extrait qui suit, Simone de Beauvoir décrit ses rapports avec ses parents, surtout avec sa mère, à l'âge de 13 ans.

© Charles Hewitt/Picture Post/Getty Images

Simone de Beauvoir

Mémoires d'une jeune fille rangée

DEUXIÈME PARTIE

fléchi *weakened*
s'éveillait *was awakening*
corvées tâches pénibles

pesait *weighed me down*

missel livre de prières de la messe / **cuir...** *fawn-colored leather* / **toile** *canvas*

tirelire *piggy bank*

je... *I stood up to her*
céder *to give in*

qu'elle... *she would have made me rebel*

menus petits / **moudre** *grind*
caisse... poubelle

J'avais perdu la sécurité de l'enfance; en échange je n'avais rien gagné. L'autorité de mes parents n'avait pas fléchi° et comme mon esprit critique s'éveillait°, je la supportais de plus en plus impatiemment. Visites, déjeuners de famille, toutes ces corvées° que
30 mes parents tenaient pour obligatoires, je n'en voyais pas l'utilité. Les réponses: « Ça se doit. Ça ne se fait pas » ne me satisfaisaient plus du tout. La sollicitude de ma mère me pesait°. Elle avait « ses idées » qu'elle ne se souciait pas de justifier, aussi ses décisions me paraissaient-elles souvent arbitraires. Nous nous disputâmes violemment à propos d'un missel° que j'offris à ma sœur pour sa communion solennelle: je le voulais relié de
35 cuir fauve° comme celui que possédait la plupart de mes camarades; maman estimait qu'une couverture de toile° bleue serait bien assez belle; je protestai que l'argent de ma tirelire° m'appartenait; elle répondit qu'on ne doit pas dépenser vingt francs pour un objet qui peut n'en coûter que quatorze. Pendant que nous achetions du pain chez le boulanger, tout au long de l'escalier et de retour à la maison, je lui tins tête°. Je dus
40 céder°, la rage au cœur, me promettant de ne jamais lui pardonner ce que je considérais comme un abus de pouvoir. Si elle m'avait souvent contrariée, je crois qu'elle m'eût précipitée dans la révolte°. Mais dans les choses importantes—mes études, le choix de mes amies—elle intervenait peu; elle respectait mon travail et même mes loisirs, ne me demandant que de menus° services: moudre° le café, descendre la caisse à ordures°.
45 J'avais l'habitude de la docilité, et je croyais que, en gros, Dieu l'exigeait de moi; le conflit qui m'opposait à ma mère n'éclata pas; mais j'en avais sûrement conscience.

Son éducation, son milieu l'avaient convaincue que pour une femme la maternité est le plus beau des rôles: elle ne pouvait le jouer que si je tenais le mien°, mais je refusais d'entrer dans la comédie des adultes. [...] Ma mère devinait en moi des réticences qui 50 lui donnaient de l'humeur°, et elle me grondait souvent. Je lui en voulais de me maintenir dans la dépendance et d'affirmer sur moi des droits. En outre, j'étais jalouse de la place qu'elle occupait dans le cœur de mon père car ma passion pour lui n'avait fait que grandir.

si.... *if I played my role*

lui... *put her in a bad mood*

COMPRENEZ-VOUS?

1. Qu'est-ce que l'auteur a du mal à accepter quand elle arrive à l'adolescence?
2. Que pense-t-elle maintenant des « obligations » de famille?
3. Pourquoi se dispute-t-elle avec sa mère à propos d'un cadeau pour sa sœur?
4. Diriez-vous que Simone de Beauvoir est têtue *(stubborn)*? Pourquoi?
5. Quelles tâches ménagères doit-elle faire à l'époque?
6. Pourquoi ne se révolte-t-elle pas ouvertement contre sa mère?
7. Quel est le rôle le plus important pour une femme, selon la mère? Qu'en pense la fille?
8. Qu'est-ce qui suggère que la mère se rend compte des opinions de sa fille?

CHERCHEZ LA FORME

1. **Le passé**. Relisez le deuxième paragraphe et le troisième paragraphe (de la première partie). Identifiez et justifiez le temps de tous les verbes. Pourquoi est-ce que l'auteur utilise ce temps?
2. **Des adverbes**. Dans la deuxième partie, on trouve trois adverbes formés à partir d'adjectifs: **impatiemment** (ligne 29), **violemment** (ligne 33) et **sûrement** (ligne 46). Quel est l'adjectif qui correspond à chaque adverbe et quel verbe ou quelle expression verbale cet adverbe modifie-t-il?

ALLEZ PLUS LOIN

Qu'est-ce que nous apprenons dans la dernière phrase de cet extrait (lignes 51–53)? Est-ce une réaction assez typique pour une jeune fille de cet âge? Expliquez votre réponse.

Rendez-vous sur le site web de **Sur le vif** pour regardez la vidéo du Chapitre 8, puis complétez les activités à la page 119 du **Student Activities Manual**.

Activites d'expansion

A **Qu'est-ce qui caractérise les parents d'aujourd'hui?** Selon vous, comment sont les parents actuels? Travaillez en groupes et trouvez ensemble cinq mots qui caractérisent la situation des parents. Comparez vos idées aux résultats d'un sondage d'IPSOS pour *Enfant Magazine & Femme Actuelle*, juillet 2011. Discutez des différences.

	Ensemble	Parents	Non parents
Manque d'autorité	71	67	73
Stress	40	44	37
Difficulté	38	37	38
Fatigue	34	38	32
Conflit	28	29	28
Besoin d'aide	27	24	28
Responsabilité	25	28	23
Incompréhension	24	25	24
Tendresse	24	27	23
Manque de connaissance	23	20	24

Source: adapté d'*Ipsos.fr* 2011

B **L'indépendance.** La majorité des Français entre 15 et 29 ans vivent encore chez leurs parents. A votre avis, que se passe-t-il quand l'enfant annonce son départ à ses parents ou bien son retour au foyer? Mettez-vous par groupes de trois (le père, la mère et le jeune) et jouez les scènes suivantes.

1. Une jeune personne de 18 ans veut quitter le foyer familial. Ses parents ne sont pas d'accord, alors leur enfant essaie de les convaincre. Quels sont les arguments des parents et ceux de l'adolescent(e)?
2. La situation a maintenant changé. Après avoir fini ses études, l'enfant décide de revenir habiter chez ses parents. Mais cette fois-ci, les parents préfèreraient qu'il/elle cherche son propre appartement. Expliquez les raisons de chacun.

C **On cherche un(e) coloc.** Toute la classe participe au jeu de rôle suivant. On désigne trois ou quatre étudiants qui cherchent un appartement. Ceux-ci doivent faire une liste de questions à poser aux groupes de colocataires éventuels. Les autres membres de la classe se mettent par groupes de deux ou trois: ils vivent déjà ensemble en colocation. Pour choisir un nouveau (une nouvelle) coloc, ils discutent d'abord des qualités « essentielles » recherchées, puis ils font une liste de questions à poser aux « candidats ». Faites preuve de créativité et d'imagination. Il se peut que les « candidats » doivent passer plusieurs entretiens avant de trouver un appart.

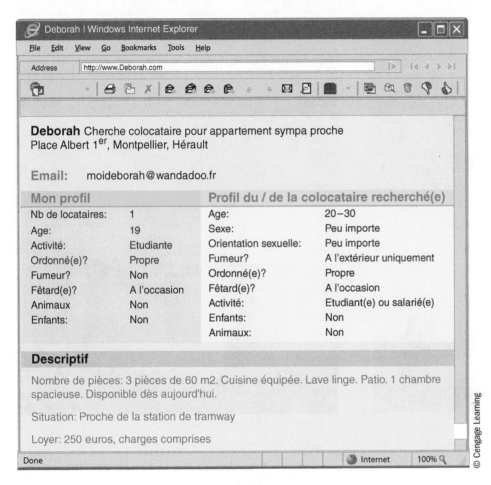

Deborah | Windows Internet Explorer

File   Edit   View   Go   Bookmarks   Tools   Help

Address   http://www.Deborah.com

Deborah Cherche colocataire pour appartement sympa proche
Place Albert 1er, Montpellier, Hérault

Email: moideborah@wandadoo.fr

Mon profil		Profil du / de la colocataire recherché(e)	
Nb de locataires:	1	Age:	20–30
Age:	19	Sexe:	Peu importe
Activité:	Etudiante	Orientation sexuelle:	Peu importe
Ordonné(e)?	Propre	Fumeur?	A l'extérieur uniquement
Fumeur?	Non	Ordonné(e)?	Propre
Fêtard(e)?	A l'occasion	Fêtard(e)?	A l'occasion
Animaux	Non	Activité:	Etudiant(e) ou salarié(e)
Enfants:	Non	Enfants:	Non
		Animaux:	Non

Descriptif

Nombre de pièces: 3 pièces de 60 m2. Cuisine équipée. Lave linge. Patio. 1 chambre spacieuse. Disponible dès aujourd'hui.

Situation: Proche de la station de tramway

Loyer: 250 euros, charges comprises

Done   Internet   100%

© Cengage Learning

Sans frontières

© Guillaume de CROP

© Guillaume de CROP

A LE MONDE

Mots apparentés: le climat, l'économie (*f.*), le gouvernement, négocier, le (la) réfugié(e)

le (la) citoyen(ne)	*citizen*
le traité	*treaty*
l'accord (*m.*)	*agreement*
le commerce équitable	*fair trade*
délocaliser	*to outsource*
l'ONG (l'organisation (*f.*) non gouvernementale)	*NGO (non-governmental organization)*
l'ONU (Organisation (*f.*) des Nations-Unies)	*UN (United Nations)*

le pays en voie de développement	*developing country*
le tiers monde	*third world*
le marché	*market*
le (la) bénévole, volontaire	*volunteer*
se porter volontaire	*to volunteer*
la guerre	*war*
l'asile (*m.*) (politique)	*(political) asylum*
la catastrophe (naturelle)	*(natural) disaster*
la région sinistrée	*disaster area*
le patrimoine	*heritage*

Pour obtenir des exercices et activités supplémentaires sur le contenu de ce chapitre, rendez-vous sur le site www.cengagebrain.com

Clare Tufts

B L'ENVIRONNEMENT

Mots apparentés: consommer, la pollution, polluer, l'émission (*f.*), la surpopulation

gaspiller	*to waste*
le combustible fossile	*fossil fuel*
le pétrole	*oil*
le charbon	*coal*
la centrale nucléaire	*nuclear power plant*
l'effet (*m.*) de serre	*greenhouse effect*
le gaz à effet de serre	*greenhouse gas*
la tempête, l'orage (*m.*)	*storm*
le trou d'ozone	*hole in the ozone*
le réchauffement climatique	*global warming*
l'empreinte (*f.*) carbone	*carbon footprint*
le glacier	*glacier*
la calotte polaire	*polar ice cap*
fondre	*to melt*
l'ours (*m.*) polaire	*polar bear*
les déchets (*m.*)	*trash, refuse, waste*
la déchetterie (déchèterie) (France)	*recycling center*
l'écocentre (*m. Québec*)	*recycling center*

C DÉMARCHES[1]

Mots apparentés: la biodiversité, conserver, l'écotourisme (*m.*), recycler, le recyclage

trier	*to sort*
le tri	*sorting*
la propreté	*cleanliness*
bio (biologique)	*organic*
les produits bio	*organic food*
le potager	*vegetable garden*
le biocarburant	*biofuel*
le développement durable	*sustainable development*
renouvelable *adj.*	*renewable*
l'énergie	
solaire	*solar*
éolienne	*wind*
nucléaire	*nuclear*
le (la) militant(e)	*activist*
la campagne	*countryside*
.... politique, environnementale	*political, environmental campaign*
à la campagne	*in the country*

[1] *Steps, approaches (f.)*

Le 1ᵉʳ juin 2007 la France a créé le Ministère de l'Écologie, de l'Énergie, du Développement durable et de l'Aménagement du Territoire. Récemment, le nom a été changé en Ministère de l'Écologie, du Développement durable, des Transports et du Logement. Il est chargé de mener la « métamorphose » de la société afin de pouvoir gérer la raréfaction des ressources naturelles et les changements climatiques. Cette métamorphose doit constituer un nouveau moteur pour l'économie. Son but est de démontrer, concrètement dans les faits, que la protection de l'environnement ne coûte pas plus cher et qu'elle se traduit souvent par plus de bien-être et de pouvoir d'achat.

Source: http://www.developpement-durable.gouv.fr

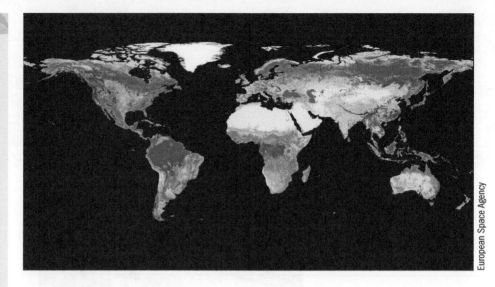

European Space Agency

Vocabulaire

A Devinettes. Choisissez un des mots de la liste A du vocabulaire. Donnez-en une définition ou expliquez le mot sans le révéler, afin que vos camarades de classe puissent le deviner.

> **Modèle:** Vous: **ne pas tout jeter, trouver une autre façon d'utiliser un objet**
> Vos camarades: **recycler**

B Des familles de mots. Voici quelques mots apparentés au vocabulaire de ce chapitre. Trouvez les mots correspondants dans les listes A, B, et C. Donnez la partie du discours (nom, verbe, adjectif, etc.) de tous les mots.

1. réchauffer
2. le gaspillage
3. le soleil
4. la consommation
5. la délocalisation
6. émettre
7. le bénévolat
8. renouveler
9. militer
10. pétrolier

C Qu'est-ce qu'on fait? Avec un(e) partenaire, finissez les phrases suivantes de façon logique. Faites autant de phrases que possible en utilisant le vocabulaire du chapitre ou votre propre vocabulaire. Comparez vos phrases à celles d'autres groupes.

> **Modèle:** Quelqu'un qui est persécuté pour ses opinions politiques…
> **peut demander l'asile politique dans un autre pays.**

1. Un militant qui organise une campagne pour le recyclage…
2. Une personne qui ne veut pas utiliser un combustible fossile pour se déplacer doit…
3. Quelqu'un qui veut changer le monde mais qui n'aime pas la politique…
4. Après une catastrophe naturelle, des gens qui se portent volontaires…
5. Ceux qui font très attention à ce qu'ils mangent…
6. Une famille qui ne veut pas jeter trop de choses…
7. Le chef d'un restaurant qui cherche des produits frais…
8. Un citoyen responsable…

D Trouvez le mot. Voici dix définitions qui correspondent à dix mots tirés des listes de vocabulaire. Quel est le mot défini?

1. combustible solide, de couleur noire
2. endroit où on met des déchets
3. acheter des produits dont on n'a pas vraiment besoin, consommer avec excès
4. un aliment produit sans pesticide, sans herbicide chimique, sans fertilisant artificiel
5. l'énergie qui vient du vent
6. ce que cherche une personne en danger pour des raisons politiques
7. conflit armé entre groupes sociaux ou entre pays
8. usine qui produit du courant électrique en utilisant de l'uranium
9. grand mammifère carnivore blanc
10. une personne qui apporte son aide volontaire sans être rémunérée

RAPPEL Interrogative forms allow you to *request information*. To review question formation, see **Structures,** Chapter 2, pages 160–163.

E Le ministre. Vous avez l'occasion d'interviewer le nouveau ministre de l'Écologie, du Développement durable, des Transports et du Logement (voir **Saviez-vous que…?** page 128). Avec un(e) ou deux camarade(s) de classe, préparez des questions à lui poser sur son ministère ou sur les problèmes de l'environnement en France. Commencez par l'expression interrogative donnée et utilisez le pronom **vous**.

1. combien
2. depuis quand
3. que
4. avec qui
5. pourquoi
6. de quoi
7. qui
8. quel(le)(s)
9. où

F Une table ronde d'experts. Avec un(e) partenaire, préparez cinq questions que vous pourriez poser à une des personnes suivantes sur le sujet indiqué.

1. une infirmière: son séjour en Somalie avec Médecins sans frontières (au passé)
2. une femme politique membre des Verts (parti écologiste): la politique environnementale (au futur)
3. un ingénieur: l'énergie nucléaire dans le monde (temps au choix)
4. un employé de la Banque de France: l'euro (au futur)
5. un ancien volontaire du *Peace Corps:* le travail des associations humanitaires (au passé)

Lecture

Actuellement, l'écologie, une question qui préoccupe le monde entier, est aussi un thème d'excellence pour les poètes et artistes de la chanson française. Pierre Perret est l'un de ces chanteurs engagés. Né en 1934, il est considéré comme une légende de la chanson française. Il maîtrise les subtilités de la langue française et de l'argot (il a réécrit les fables de La Fontaine), et interprète avec un sourire malicieux des thèmes sérieux et pertinents sur un ton enfantin qui peut sembler naïf. Ses plus grands succès datent des années 1960 et 1970, mais il continue d'écrire et d'interpréter aujourd'hui. La chanson que vous allez lire et écouter est sortie en 1998 mais reste très actuelle.

AVANT DE LIRE

Les couleurs s'associent souvent aux émotions. On peut être rouge de honte, ou voir tout en rose, si on est trop optimiste. Une peur bleue est une peur violente, par exemple. Quand on est très fâché, on peut dire qu'on est vert de rage. Mais le vert fait aussi allusion à la protection de l'environnement ou au parti écologiste, les Verts. En tout cas, si quelqu'un vous dit qu'il est vert, cela veut probablement dire qu'il soutient le mouvement écologiste. Lisez la première strophe de la chanson qui est aussi le refrain. Comment le chanteur associe-t-il les différents sens du mot **vert?**

www.ecolabel.eu

POUR MIEUX COMPRENDRE

Parcourez le texte de la chanson qui est présenté comme le chanteur l'a écrit. Vous verrez qu'il y a des apostrophes qui remplacent certaines lettres pour reproduire la façon dont le chanteur les prononce. De quelle lettre s'agit-il la plupart du temps?

Je suis vert de colère

 CD 1, Track 9

Refrain
Je suis vert, vert, vert,
Je suis vert de colère
Contre ces pauv'typ's
Qui bousillent° la terre,

5 Cette jolie terre
Que nos pères, nos grands-pères
Avaient su préserver
Durant des millénaires.

bousillent *wreck*

10 Les rivières écument°.
Les usines fument.
Les moutons mang'leurs papas
Changés en granulés[2]
Les déchets ultimes,
15 La vach'folle° en prime,
Sont un p'tit cadeau du ciel
De nos industriels.

Refrain

De Brest aux Maldives[3],
Vont à la dérive°
20 Des poubell's radio-activ's
Jusqu'au fond des lagunes
Et, mêm'sans tapage°,
Des maires de village
En enterr'dans leur commun'
25 Pour faire entrer des thunes°.

Refrain

Les blés, les patates°
Sont bourrés d'nitrates.
On shoote° aussi bien les veaux°
Qu'les champions haut-niveau[4].
30 On s'fait des tartines
Au beurr'de dioxine.
En voiture, on a l'point vert
Pour doser nos cancers.

Refrain

Sous la couch'd'ozone,
35 L'oxyd'de carbone°
Tue nos forêts si précieus's
Autant qu'les tronçonneus's°.

L'air pur s'amenuise°.
Nos sources s'épuisent°
40 Mais colorants, salmonelloses
Nous font la vie en rose.

Refrain

Pour qu'y ait pas d'panique,
Leurs poisons transgéniques,
Ils les nomment « sciences de la vie »
45 Ou « biotechnologies ».
Leur's gènes font la nique°
Aux antibiotiques.
Pour guérir nos infections,
Faudra d'l'inspiration.

Refrain

50 Tous les ans, bonhomme,
Sept milliards de tonnes
De gaz mortel CO_2
S'envolent dans les cieux.
L'effet d'serr'menace.
55 Ça fait fond'les glaces.
La mer mont': c'est sans danger,
Y aura qu'à éponger°.

Je suis vert, vert, vert,
Je suis vert de colère
60 Contre ces pauv'typ's
Qui bousillent la terre.
Il y a ceux qui chantent
La chanson du profit
Contre tous ceux qui aiment
65 La chanson de la vie.

Je suis vert de colère, Pierre Perret © Editions Adèle

écument	*foam*
s'amenuise	devient plus petit
sources...	*springs are drying up*
vach'folle	*mad cow (disease)*
font la nique	*thumb their nose at*
à la dérive	*adrift*
tapage	bruit
thunes	argent
patates	pommes de terre
shoote	injecte de la drogue
veaux	petits de la vache
éponger	*mop up*
l'oxyd'de carbone	*carbon monoxide*
tronçonneus'	*chain saw*

COMPRENEZ-VOUS?

1. Dans chaque strophe le chanteur mentionne plusieurs problèmes de l'environnement. Identifiez-en autant que possible.
2. Qui sont les responsables ou les coupables mentionnés dans la chanson?
3. Quels sont les résultats de ces formes de pollution?

[2] La maladie de la vache folle est une infection dégénérative du système nerveux central des vaches, des moutons, etc. Elle était très répandue entre 1986 et les années 2000, touchant plus de 190 000 animaux. Cette épidémie trouve son origine dans les farines animales incorporées à l'alimentation des bovins. Ces farines animales étaient obtenues à partir de parties non consommées de carcasses bovines et de cadavres d'animaux.

[3] Les Maldives, officiellement la République des Maldives, sont un pays d'Asie du Sud-Ouest, constitué de 1 199 îles, dont 202 habitées, situées à environ 451 km au sud de l'Inde.

[4] On injecte des hormones de croissance aux veaux pour qu'ils grandissent plus vite, comme le font certains sportifs pour se donner plus de force ou de muscles.

CHERCHEZ LA FORME

1. Trouvez les verbes pronominaux dans la chanson et mettez-les au passé composé.
2. Relisez les quatre derniers vers de la chanson. Qui sont « ceux » dont le chanteur parle?

ALLEZ PLUS LOIN

Trouvez des exemples d'humour noir, de cynisme ou d'ironie dans cette chanson.

RAPPEL To make *hypotheses,* that is, to suggest what might happen or how things would be or how they could have been, use the *conditional* mood in French. See **Structures,** Chapter 5, page 190.

Applications

© Matthew71/istockphoto.com

A Si elle/il pouvait tout changer. Si les personnes suivantes avaient le pouvoir de résoudre les problèmes du monde que feraient-elles? Quels seraient les résultats? Comment serait le monde? Utilisez le conditionnel dans vos réponses.

1. un ingénieur
2. une agricultrice
3. une maîtresse d'école
4. un infirmier
5. une star du cinéma
6. un éboueur *(trash collector)*

B Un tout autre monde. Décrivez les résultats probables ou possibles dans chaque cas suggéré. Comparez vos idées à celles de vos camarades de classe.

1. S'il n'y avait plus de pétrole dans le monde,…
2. Si l'UE n'existait plus,…
3. Si tous les glaciers fondent,…
4. Si le mur de Berlin n'était pas tombé en 1989,…
5. Si on n'arrive pas à arrêter le réchauffement climatique,…
6. Si la frontière entre le Mexique et les Etats-Unis n'existait plus,…
7. Si le Canada envahissait les Etats-Unis,…
8. Si les Etats-Unis avaient un président « vert »,…

RAPPEL To *describe* people, places, and events, review *adjectives* and *comparisons* (**Structures,** Chapter 2, pages 158–159), *adverbs* (**Structures,** Chapter 8, pages 213–215), and *relative pronouns* (**Structures,** Chapter 6, pages 200–202).

C Optimiste ou pessimiste? Décrivez, au futur, comment vous imaginez l'avenir dans vingt ans. Utilisez les thèmes indiqués ou d'autres de votre choix. Comparez vos réponses à celles de vos camarades.

> **Modèle:** la guerre
>
> PESSIMISTE: **La guerre sera encore plus atroce parce qu'on utilisera des armes biologiques qui tueront encore plus de personnes et qui détruiront l'environnement pour ceux qui survivront. Les hommes seront encore plus méchants.**
>
> OPTIMISTE: **Il n'y aura plus de guerre parce que nous nous comprendrons mieux. Les hommes seront plus pacifiques et ils ne voudront plus se battre. Il y aura un seul gouvernement mondial, et on sera tous des citoyens du monde.**

1. l'environnement
2. le statut de la femme
3. le statut des groupes minoritaires
4. la technologie
5. l'économie
6. les médias
7. l'énergie

D La France et votre pays. Décrivez et comparez les deux pays et leurs habitants en utilisant ce que vous avez appris sur les catégories indiquées dans les chapitres précédents de *Sur le vif*.

> **Modèle:** l'immigration
>
> **L'immigration est un aussi gros problème en France qu'aux Etats-Unis. Pendant longtemps en Amérique, les immigrés trouvaient assez facilement du travail mais depuis quelques années, c'est devenu plus difficile. Aujourd'hui, il y a moins d'immigrés d'Amérique centrale, et certains des autres immigrés, comme les informaticiens indiens, rentrent dans leur pays d'origine pour y travailler. En France, où le taux de chômage est plus élevé, c'est encore plus compliqué. La plupart des immigrés qui sont francophones viennent d'Afrique. Il n'y a pas de travail chez eux. Dans les deux pays, on n'accepte pas toujours très bien les immigrés, surtout ceux qui ne parlent pas la langue, et ils ont parfois du mal à s'intégrer.**

1. les langues étrangères
2. les écoles et les universités
3. les jeunes
4. les voitures
5. les vacances
6. le cinéma et la télévision
7. la famille

Saviez-vous que... ?

Voulez-vous découvrir la France d'une autre manière? L'écologie et le bio vous tiennent à cœur? N'hésitez plus! Le WWOOFing est fait pour vous. WWOOF vous offre la possibilité de découvrir les différentes techniques de l'agriculture biologique en partageant le quotidien de fermiers bio ou de personnes ayant un rapport privilégié avec la nature. Quel meilleur moyen pour découvrir la France, pays si fier de sa culture gastronomique et de son terroir, que de séjourner avec ses habitants en partageant leur vie quotidienne? Du petit déjeuner au dîner en passant par les soins aux animaux d'élevage et/ou « l'aide aux champs », découvrez une façon de vivre saine, alternative, simplement naturelle.

Source: www.wwoof.fr

RAPPEL To express *opinions*, certain verbs or expressions followed by the **subjunctive,** *indicative,* or *infinitive* can be used (review **Structures,** Chapter 7, pages 204–211), as well as *negative constructions* when you disagree (review **Structures,** Chapter 6, pages 197–200).

E **C'est vrai?** Votre sœur, qui a 12 ans, commence à s'intéresser à ce qui se passe dans le monde; donc elle est toujours en train de poser des questions. En jouant le rôle du membre de la famille indiqué, utilisez les expressions données pour lui répondre et des pronoms pour éviter la répétition.

1. VOTRE SŒUR: Est-il vrai que la France et l'Allemagne sont les deux pays les plus forts dans l'UE?
   VOUS: Oui, il est vrai que…

2. VOTRE SŒUR: Si on est français, est-ce qu'on a besoin d'un passeport pour aller en Italie?
   PAPA: Si on est français, il n'est pas nécessaire de…

3. VOTRE SŒUR: Est-ce que les Européens veulent tous parler anglais?
   MAMAN: Je doute que…

4. Votre sœur: Les Européens savent beaucoup de choses sur l'Amérique?
   VOUS: Il est possible que…

5. VOTRE SŒUR: Et nous, est-ce que nous nous intéressons au tiers monde?
   PAPA: Pas beaucoup. C'est dommage que…

6. VOTRE SŒUR: Est-ce que la prospérité s'établit rapidement en Russie?
   MAMAN: Il est peu probable que…

7. VOTRE SŒUR: Avons-nous encore besoin d'une armée?
   VOUS: Oui, je crois que…

8. VOTRE SŒUR: Est-ce que les Américains parlent beaucoup de langues?
   MAMAN: Je ne pense pas que…

9. VOTRE SŒUR: Penses-tu que je devrais apprendre à parler plusieurs langues?
   MAMAN: Oui, il faut que…

10. VOTRE SŒUR: Vous aimez répondre à mes questions?
    TOUS: Bien sûr, nous sommes contents de…

F **Des images stéréotypées?** Préparez une description détaillée des groupes ou des concepts de la liste, en tenant compte du point de vue indiqué entre parenthèses. Votre partenaire trouve que vous exagérez et vous contredit en faisant le portrait opposé.

Modèle: les hommes politiques (portrait négatif)
VOUS: **Moi, je crois que tous les hommes politiques sont corrompus. Ils veulent tous avoir du pouvoir et de l'argent. Ils mentent pour être élus et ne pensent jamais au bien-être des citoyens.**

VOTRE PARTENAIRE: **Je ne suis pas d'accord. Il est vrai que certains hommes politiques sont corrompus, mais je ne crois pas qu'ils soient tous corrompus. Ils ne cherchent qu'à aider les citoyens, ce qui n'est pas toujours facile.**

1. les réfugiés politiques (portrait positif)
2. les écolos (portrait négatif)
3. les partis politiques (portrait positif)
4. l'Union européenne (portrait négatif)
5. l'aide humanitaire (portrait positif)

© Falconia/istockphoto.com

RAPPEL To *narrate in the past*, review the uses of the *imperfect*, **passé composé**, and *pluperfect* (**Structures,** Chapter 3, pages 165–171).

G **Tout le monde exagère!** Avec un(e) partenaire, imaginez que vous vous êtes trouvé(e) dans une des situations de la liste suivante. Racontez en trois ou quatre phrases ce qui s'est passé en exagérant beaucoup. Comparez votre récit à ceux de vos camarades de classe.

1. A Paris: Vous avez dîné au Palais de l'Elysée avec le président de la République française.
2. A Moscou: Vous avez servi d'interprète au président des Etats-Unis.
3. En Turquie: Vous visitiez le pays quand il y a eu un tremblement de terre.
4. Au Brésil: Vous avez participé aux préparations pour la Coupe du monde de football en 2014.
5. A Washington: Le vice-président des Etats-Unis vous a invité(e) à visiter la ville.
6. A Londres: Vous êtes allé(e) au théâtre et un des membres de la famille royale était assis à côté de vous.
7. En France: Vous avez participé au Tour de France.
8. En Chine: Vous avez participé à une manifestation et on n'a pas voulu vous laisser quitter le pays.

H **Leurs rêves de jeunesse.** Imaginez les rêves et les activités des personnes de la liste quand elles avaient l'âge indiqué.

Modèle: Napoléon, à 7 ans
> **Il voulait être officier et commander beaucoup d'hommes.**
> **Il n'obéissait plus à ses parents mais il voulait que ses amis le suivent.**
> **Il montait souvent à cheval et jouait avec des petits soldats de plomb.**

1. Nelson Mandela, à 14 ans
2. Einstein, à 12 ans
3. le pape, à 15 ans
4. Jeanne d'Arc, à 10 ans
5. Gustave Eiffel[5], à 7 ans
6. Martin Luther King Jr., à 9 ans
7. Fidel Castro, à 10 ans
8. vous, à 13 ans
9. votre professeur de français, à 15 ans

[5] L'ingénieur qui a fait construire la Tour Eiffel en 1889.

Lecture

patrimoine héritage

Fondée en 2003 pour préserver l'agriculture locale et aider les agriculteurs à transmettre leur patrimoine°, l'association Terre de Liens a commencé à acquérir des terres afin de permettre aux fermes de continuer à vivre. En 10 ans, les prix de la terre ont augmenté de 40% à cause de l'urbanisation et chaque semaine, près de 200 fermes disparaissent. Depuis 2009, l'association a établi un fonds de dotation° afin de faciliter les dons et la transmission d'exploitations.°

fonds de dotation *endowment*
exploitations fermes

ENTRONS EN MATIERE

Selon vous, pourquoi les fermes disparaissent-elles? Quel rôle joue l'agriculture locale dans la protection de l'environnement?

POUR MIEUX COMPRENDRE

Lisez la première phrase. Pourquoi est-il difficile de s'établir comme agriculteur? Continuez à lire jusqu'à la fin du paragraphe. Olivier et Julie achètent-ils une ferme ou en louent-ils une?

© Terre de Liens

© Terre de liens

Terre de Liens pour la préservation du patrimoine rural

PREMIÈRE PARTIE

parcours du combattant *obstacle course*

Pour de nombreux jeunes agriculteurs, s'installer relève du parcours du combattant°: prix des terrains trop chers, investissements de départ trop importants, difficultés à trouver une exploitation°. Olivier, 29 ans, et sa femme Julie en ont fait l'expérience puisqu'ils ont mis plus d'un an avant de trouver une exploitation. Grâce au fonds Terre de Liens qui leur a proposé un bail° rural environnemental—c'est-à-dire la location de terre en échange de sa préservation—ils ont pu reprendre une installation, *la Ferme des Vignes°*, pour y élever des chèvres° et installer des ruches°. Ce bail rural environnemental signifie qu'ils s'engagent à respecter l'environnement, la biodiversité, les paysages et la qualité de l'eau ou des produits.

exploitation *ici* ferme

bail *lease* 5

vignes *vines* / **chèvres** *goats*
ruches *beehives*

Originaire d'Alsace et fils de paysan, le jeune homme réalise après des études 10 dans l'agroalimentaire que reprendre une ferme l'intéresse plus. Il se forme alors aux pratiques agricoles en faisant du *wwoofing*[6] (il s'agit d'aider sur une exploitation en échange du gîte° et du couvert°, idéal pour apprendre de nouvelles pratiques agricoles) en France et en Roumanie.

gîte logement / **couvert** repas

[6] Wwoofing: voir www.wwoofinternational.org. On fait du travail bénévole sur des fermes biologiques.

COMPRENEZ-VOUS?

1. A quelles difficultés un jeune agriculteur qui veut acheter une ferme doit-il faire face?
2. Qu'est-ce qu'Olivier et sa femme ont l'intention de faire sur leur ferme?
3. Qu'est-ce qu'un bail rural environnemental? Quelles sont les obligations de celui qui tient un bail?
4. Comment Olivier s'est-il préparé pour devenir agriculteur?

CHERCHEZ LA FORME

L'infinitif. Dans le paragraphe d'introduction, trouvez tous les exemples d'un infinitif après une préposition.

Terre de Liens

DEUXIÈME PARTIE

15 Fin 2010, après l'échec de la négociation pour reprendre une ferme, le couple apprend qu'une exploitation de 35 hectares[7] va se libérer en Saône et Loire[8]. Abandonnée au milieu des années 1970, des exploitants ont remis en état cette ferme et y ont développé l'agriculture en biodynamie (forme d'agriculture biologique basée sur les cycles lunaires et des préparations spécifiques). Puis, pour en assurer la pérennité°, le
20 terrain a été confié à une association qui le louait. Apprenant le départ des précédents exploitants, Olivier et Julie sont allés à la rencontre de Terre de Liens avec leur projet d'apiculture° et d'élevage avec transformation fromagère°. Après avoir effectué une étude économique prévisionnelle et l'acceptation de leur dossier par le fonds Terre de Liens, l'association gestionnaire° de la *Ferme des Vignes* a accepté d'en faire don
25 au fonds Terre de Liens. Ce dernier accorde alors à Julie et Olivier un bail rural environnemental qui durera tant qu'ils seront en activité. « Cette formule a changé mon regard. Pour tout vous dire, à la base, nous voulions devenir propriétaires, mais nous nous sommes rendus compte que le bail rural environnemental offre au final beaucoup d'avantages. Nous avons gagné en sécurité, nous nous sommes moins endettés° et
30 cela nous a permis d'investir ailleurs que dans le foncier° ».

En contrepartie, Olivier et Julie s'engagent à pratiquer l'agriculture biologique et à préserver la biodiversité.: « Par exemple, nous respectons les haies°, nous nous efforçons de les garder hautes afin qu'elles puissent continuer d'abriter de nombreuses espèces alors que dans la région certains exploitants les coupent à 1 mètre 20 de hauteur »,
35 explique le jeune exploitant, avant d'ajouter qu'il laisse fleurir ses pâturages avant d'y laisser paître° ses 35 chèvres. Les ruches sont installées à proximité des bois présents sur le terrain. La majeure partie de la production de la ferme est vendue localement. « Nous sommes très contents d'avoir pu conduire ce projet avec l'aide de Terre de Liens. Ils nous ont offert un véritable confort dans nos démarches », conclut Olivier. Fort de
40 son expérience, l'association a déjà soutenu plus de 80 exploitations en France, le fonds de dotation a pour le moment étudié et validé sept projets et 12 autres sont en cours d'étude et devraient bientôt se concrétiser.

pérennité durée

projet d'apiculture *apiary*
d'élevage... *cheese making*
gestionnaire *managing*

endettés fait des dettes
foncier propriété, terre

haies *hedges*

paître *graze*

Terre de Liens © (www.terredeliens.org)

[7] 35 hectares est l'équivalent d'à peu près 86.5 acres.
[8] Département de la Bourgogne, au centre de la France.

COMPRENEZ-VOUS?

1. Combien de temps durera le bail d'Olivier et de Julie?
2. Olivier aurait préféré être propriétaire d'une ferme mais il voit des avantages à avoir signé un bail. Résumez-les.
3. Que font Olivier et Julie pour conserver la biodiversité?
4. Qu'est-ce qu'ils produisent? Où vendent-ils leurs produits?

CHERCHEZ LA FORME

Des pronoms. Dans cette deuxième partie, trouvez l'antécédent des pronoms objets suivants: **y** ont développé (l.17), pour **en** assurer (l.19), qui **le** louait (l.20), d'**en** faire don (l.24), nous nous efforçons de **les** garder hautes (l.33), avant d'**y** laisser paître (l.35)

ALLEZ PLUS LOIN

Selon vous, doit-on protéger l'agriculture locale? Pourquoi et comment?

Guillaume de CROP

Activités d'expansion

Rendez-vous sur le site web de **Sur le vif** pour regardez la vidéo du Chapitre 9, puis complétez les activités à la page 133 du **Student Activities Manual**.

A Des entretiens d'embauche. Avec un(e) partenaire, choisissez une des situations suivantes et jouez la scène de l'entretien d'embauche. Un(e) étudiant(e) est le (la) candidat(e) et l'autre fait passer l'entretien.

1. un poste avec l'ONG l'Homme et l'Environnement à Madagascar
2. un stage à Genève avec la Croix-Rouge
3. un poste avec Médecins sans frontières
4. une mission *(assignment)* avec le *Peace Corps*

B **Je veux changer de vie.** On vous a offert un poste que vous êtes prêt/e à accepter mais certaines personnes ne comprennent pas votre décision. En groupe de deux ou trois, jouez les rôles.

1. Vous occuper d'une ferme et faire du fromage. Vos parents vous croient fou (folle).
2. Travailler deux ans à Bruxelles avec l'UE: Vous manquerez à votre copain (copine).
3. Enseigner pendant deux ans dans une école primaire sur l'Ile de la Réunion: Vos amis ne comprennent pas pourquoi.
4. Vous porter volontaire au Guatemala avec *Habitat for Humanity:* Vos grands-parents ne savent pas ce que c'est.
5. Partir au Togo avec le *Peace Corps:* Votre employeur n'est pas content.

C **Un monde sans frontières.** Quels sont les avantages et les inconvénients d'un monde sans frontières? Mettez-vous par groupes de deux ou trois et décidez si vous êtes oui ou non en faveur d'un monde sans frontières. Justifiez votre opinion en énumérant les avantages ou les inconvénients. Quelle est l'opinion de la majorité des étudiants de la classe?

© Clare Tufts

Les Cajuns

De la musique Cajun: Bruce Daigrepont à l'accordéon avec sa femme Sue au frottoir.

© David Redfern/Redferns/Getty Images

© Getty Images

Lecture

AVANT DE LIRE ET D'ECOUTER

Dans quelles régions de l'Amérique essaie-t-on de conserver l'héritage français? Quels aspects de cet héritage veut-on garder?

QUE VEUT DIRE «CAJUN» ET QUI SONT LES CAJUNS?

Le mot « cajun » est une altération du mot anglais *acadian*. C'est en 1755 que les autorités britanniques entreprennent la déportation des Acadiens (habitants de langue française de la Nouvelle-Ecosse et du Nouveau-Brunswick au Canada). Pendant les huit années suivantes, plus de 10 000 Acadiens seront déportés en France, sur l'Ile-du-Prince-Edouard, sur la côte est des Etats-Unis et vers la Louisiane où il y avait aussi des Français (qui s'appelaient « créoles ») depuis le début du XVIIIᵉ siècle.

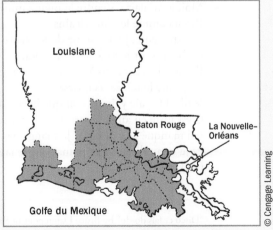

© Cengage Learning

Au vingtième siècle, en 1968, la Louisiane s'est déclarée officiellement bilingue et a créé un ensemble de lois destinées à promouvoir le français comme seconde langue de tout l'Etat. De nos jours, les Cajuns sont toujours fiers de leurs origines françaises et essaient de préserver leur héritage linguistique, gastronomique et musical. La musique cajun, comme la langue cajun, est un mélange de traditions variées. A la base, il y a surtout l'influence de la France (en particulier des régions comme la Normandie, la Bretagne, le Poitou et la Picardie), du Québec et du Nouveau-Brunswick (influences anglaises, écossaises et irlandaises). Les Noirs et les Espagnols des Antilles ont apporté leur propre accent et ont créé la variation qui s'appelle le zydeco. Les instruments typiques de la musique cajun sont l'harmonica, le violon, la guitare, l'accordéon, le triangle et les cuillères. Dans la musique zydeco on trouve aussi le frottoir *(washboard)*.

Voici les paroles d'une chanson cajun, écrite et chantée par Bruce Daigrepont, un musicien de La Nouvelle-Orléans. Cette chanson exprime la nostalgie que ressent le chanteur pour son « pays ». En lisant, essayez d'imaginer la musique qui accompagne les paroles.

Disco et *fais-do-do*[1]

je... j'étais impatient	A peu près cinq ans passés, je pouvais pas espérer°	CD 1, Track 10
	Pour quitter la belle Louisiane;	
	Quitter ma famille, quitter mon village,	
	Sortir de la belle Louisiane.	
	5 J'aimais pas l'accordéon, j'aimais pas le violon.	
	Je voulais pas parler le français.	
	A cette heure, je suis ici dans la Californie.	
	J'ai changé mon idée.	
	Je dis: Hé yaie yaie. Je manque la langue Cadjin.	
	10 C'est juste en anglais parmi les Américains.	
	J'ai manqué Mardi Gras. Je mange pas du gombo.	
fais... soirées pour danser et faire la fête	Et je va au disco, mais je manque le fais do-do°.	
	J'avais l'habitude de changer la station	
	Quand j'entendais les chansons Cadjins.	
	15 Moi, je voulais entendre la même musique	
	Pareil comme les Américains.	
	A cette heure, je m'ennuie de les vieux Cadjins.	
	C'est souvent je joue leurs disques.	
	Et moi, je donnerais à peu près deux cents piastres	
livre *pound* / **écrevisses** *crayfish*	20 Pour une livre° des écrevisses°.	
	Je dis: Hé yaie yaie. Je manque la langue Cadjin.	
	C'est juste en anglais parmi les Américains.	
	J'ai manqué Mardi Gras. Je mange pas du gombo.	
	Et je va au disco, mais je manque le fais do-do.	
	(bis)	

"Disco et fais do-do" by Bruce Daigrepont in *Stir up the Roux,* 1987.

[1] En français de France, *faire do-do* est une expression enfantine qui veut dire *dormir* ou *se coucher.* [En anglais: *nighty-night* ou *beddy-by*] En cajun, un « fais-do-do » est une fête où on danse !

COMPRENEZ-VOUS?

1. Depuis combien de temps le chanteur n'habite-t-il plus en Louisiane?
2. Pourquoi a-t-il quitté son « pays »?
3. Qu'est-ce qui lui manque?
4. Quelle sorte de musique aimait-il écouter quand il était encore en Louisiane?
5. Quelle sorte de musique aime-t-il écouter en Californie?
6. Pour quel plat paierait-il 200 dollars?
7. Dans la chanson, qu'est-ce qui montre qu'il ne se sent pas tout à fait « américain »?

QUESTIONS DE LANGUE

Vous avez certainement remarqué que le français de cette chanson ne ressemble pas tout à fait au français standard. Réécrivez les phrases ou propositions suivantes comme si vous étiez professeur de français.

1. A peu près cinq ans passés…
2. Je manque la langue Cadjin.
3. Je mange pas du gombo.
4. Je va au disco…
5. Pour une livre des écrevisses…
6. … dans la Californie

© Cengage Learning

ET LA MUSIQUE?

Selon vous, comment est la musique de cette chanson? Maintenant, écoutez-la. Comment réagissez-vous à cette musique?

© Clare Tufts

CHAPITRE I

Structures

TOPICS

I. VERB REVIEW: *payer, s'ennuyer*

II. PRESENT INDICATIVE

III. INFINITIVES

IV. IMPERATIVES

V. *FAIRE CAUSATIF*

I. Verb Review

A. Payer and other verbs that end in **-ayer** can be conjugated two ways: they can retain the **y** throughout, or the **y** can change to **i** before the unpronounced verb endings **-e, -es, -ent** and in all forms of the future and conditional.

Present		Subjunctive	
je pa**ie** (paye)	nous payons	je pa**ie** (paye)	nous payions
tu pa**ies** (payes)	vous payez	tu pa**ies** (payes)	vous payiez
il/elle/on pa**ie** (paye)	ils/elles pa**ient** (payent)	il/elle/on pa**ie** (paye)	ils/elles pa**ient** (payent)

Future		Conditional	
je pa**ierai** (payerai)	nous pa**ierons** (payerons)	je pa**ierais** (payerais)	nous pa**ierions** (payerions)
tu pa**ieras** (payeras)	vous pa**ierez** (payerez)	tu pa**ierais** (payerais)	vous pa**ieriez** (payeriez)
il/elle/on pa**iera** (payera)	ils/elles pa**ieront** (payeront)	il/elle/on pa**ierait** (payerait)	ils/elles pa**ieraient** (payeraient)

B. S'ennuyer and other verbs that end in **-uyer** always change the **y** to **i** before the unpronounced verb endings **-e, -es, -ent** and in all forms of the future and conditional.

Present		Subjunctive	
je m'ennu**ie**	nous nous ennuyons	je m'ennu**ie**	nous nous ennuyions
tu t'ennu**ies**	vous vous ennuyez	tu t'ennu**ies**	vous vous ennuyiez
il/elle/on s'ennu**ie**	ils/elles s'ennu**ient**	il/elle/on s'ennu**ie**	ils/elles s'ennu**ient**

 SELF-CHECK Student Activities Manual, *Exercise I, A, p. 7.*

II. Present Indicative

Grammar Video Tutorials

Ⓐ USAGE

The *present tense* of the indicative is used to:

- tell about what is happening now;

  Nous **écrivons** sur nos copies.
  La maîtresse **choisit** les mots.
  Je **cherche** le sujet de la phrase.
  Chaque étudiant **prend** son livre et **lit.**

- make generalizations or speak about habitual actions;

  Les cours **sont** interactifs.
  Ils **ont** toujours beaucoup de devoirs.
  Il y **a** beaucoup de lectures à faire chez soi.
  Les élèves **aiment** les vacances.

- indicate what is going to happen in the near future;

  Ce soir, nous **allons** à une fête chez le professeur.
  Demain, il y **a** un contrôle de vocabulaire.
  J'**obtiens** mon diplôme à la fin de l'année.

- indicate what is going to happen in the near future using **aller** + *infinitive;*

  Je **vais étudier** au Canada l'année prochaine.
  Nous **allons rendre** nos devoirs à la fin de l'heure.
  La maîtresse **va indiquer** les fautes.
  Les professeurs **vont demander** de meilleures conditions de travail.

- indicate what has just happened using **venir de** + *infinitive;*

  Ses parents **viennent de recevoir** son relevé de notes.
  Ce nul **vient de se réveiller** après une petite sieste.
  Vous **venez de voir** votre prof de chimie dans la rue.

- indicate that an action which started in the past is continuing
  into the present, when used with the preposition **depuis.**

  Depuis cinq ans, je **rêve** de parler russe sans accent.
  Cette jeune Française **fait** ses études à Vancouver **depuis** six mois.

Ⓑ FORMATION

General observations: While reviewing, it is important to pay attention to the present
indicative forms for the 1st and 3rd person plural forms **(nous, ils)** and to the spelling
of the infinitive, because other tenses use these forms as their base.

1. The three major groups of regular verbs

a. Verbs with infinitive ending in **-er:**
   aimer, assister, discuter, étudier, passer, etc.

To conjugate these verbs, drop the **-er** of the infinitive and add **-e, -es, -e, -ons, -ez, -ent.**

j'étudi**e**	nous étudi**ons**
tu étudi**es**	vous étudi**ez**
il/elle/on étudi**e**	ils/elles étudi**ent**

A large group of **-er** verbs undergo spelling changes for pronunciation consistency.

- Verbs whose stem ends in **-g** (parta**ger**) add an **e** before the **-ons** ending in the **nous** form: parta**geons.**
- Verbs whose stem ends in **-c** (commen**cer**) change the **c** to **ç** in the **nous** form: commen**çons.**

Some verbs have two different stems, one for the **je, tu, il** and **ils** forms and another for the **nous** and **vous** forms.

- Verbs like **appeler** and **jeter** double the **l** or the **t** in the stem for all but the **nous** and **vous** forms.

j'appel**le**	nous appelons
tu appel**les**	vous appelez
il/elle/on appel**le**	ils/elles appel**lent**

- Verbs like **acheter** and **modeler** change the **e** to **è** in the stem for all but the **nous** and **vous** forms.

j'ach**è**te	nous achetons
tu ach**è**tes	vous achetez
il/elle/on ach**è**te	ils/elles ach**è**tent

- Verbs like **préférer** and **sécher** change the **é** to **è** in the stem for all but the **nous** and **vous** forms.

je préf**è**re	nous préférons
tu préf**è**res	vous préférez
il/elle/on préf**è**re	ils/elles préf**è**rent

b. Regular verbs with infinitives ending in **-ir:**
   agir, choisir, finir, réussir, etc.

These verbs are conjugated by dropping the **-r** from the infinitive and adding **-s, -s, -t, -ssons, -ssez, -ssent.**

je réussi**s**	nous réussi**ssons**
tu réussi**s**	vous réussi**ssez**
il/elle/on réussi**t**	ils/elles réussi**ssent**

The verbs **dormir, partir, sentir,** and **sortir** have some irregularities in their formation. To find the stem for their singular forms, *drop the last three letters of the infinitive* and add the regular ending for **-ir** verbs (**-s, -s, -t**). For the plural forms, drop only the ending **-ir** from the infinitive and add **-ons, -ez, -ent.**

je dor**s**	nous dorm**ons**
tu dor**s**	vous dorm**ez**
il/elle/on dor**t**	ils/elles dorm**ent**

The verbs **couvrir, offrir, ouvrir,** and **souffrir** are conjugated like **-er** verbs.

j'offr**e**	nous offr**ons**
tu offr**es**	vous offr**ez**
il/elle/on offr**e**	ils/elles offr**ent**

See Appendix C for more examples of irregular verb conjugations.

c. Regular verbs with infinitives ending in **-re:**
   entendre, rendre, répondre, etc.

To conjugate these verbs, drop the **-re** and add **-s, -s, –, -ons, -ez, -ent.**

je rend**s**	nous rend**ons**
tu rend**s**	vous rend**ez**
il/elle/on rend	ils/elles rend**ent**

2. Pronominal verbs

Pronominal or reflexive verbs are conjugated like nonreflexive verbs, but are accompanied by reflexive pronouns (**me, te, se, nous, vous, se),** which refer back to the subject.

> Je **m'inscris** dans ce cours.
> Vous **vous envoyez** des e-mails.
> La maîtresse **se promène** entre les pupitres.

There are four categories of pronominal verbs.

a. Pronominal verbs that express the idea that the *subject* and the *object* are doing something to each other are called *reciprocal verbs.*

> Les étudiants **se** parlent.
> *The students are talking to **each other**.*

> Nous **nous** aidons dans ce cours.
> *We help **each other** in this course.*

Many verbs that take direct or indirect objects can be turned into reciprocal verbs by adding a reflexive pronoun.

Je vois mon prof dans la rue.   →   Nous **nous** voyons dans la rue.
Il téléphone à son copain.   →   Ils **se** téléphonent.

b. Pronominal verbs that express the idea that the subject is doing something to himself or herself are called *reflexive verbs*.

Les élèves **se** calment.
*The students calm (**themselves**) down.*

L'étudiant **se** réveille.
*The student wakes (**himself**) up.*

Ma mère **se** demande si je travaille bien à l'école.
My mother is wondering if I am working well at school.

c. Some verbs are used only reflexively, and with these the reflexive pronoun is often untranslatable.

Ils **se souviennent** bien de leur premier professeur de français.
*They **remember** well their first French professor.*

Nous **ne nous moquons pas** de ceux qui ratent l'examen.
*We **don't make fun** of those who fail the exam.*

L'université **s'occupe** de tout.
*The university **takes care** of everything.*

d. A reflexive construction is frequently used in French to avoid having a passive construction.

Comment est-ce que cela **se fait?**
*How is that **done?***

III. Infinitives

Ⓐ USAGE

Infinitives are used in a variety of ways.

- When one verb follows another, with no conjunction (like **que**) between them, the first verb is conjugated and the second verb remains an infinitive.

Je **veux suivre** ce cours.
Il **espère réussir** à cet examen.
Nous **n'aimons pas faire** les devoirs.
On se prépare pour **pouvoir participer.**

NOTE: Pay attention to the difference between the construction above (a conjugated verb + an infinitive) and the construction of the **passé composé** (a conjugated auxiliary verb + a past participle).

Il **a séché** son cours de maths hier.
Elle **est arrivée** en retard à l'examen.

- When pronominal (reflexive) verbs are used as infinitives following a conjugated verb, the reflexive pronoun agrees with the subject of the main verb.

  Nous espérons **nous** inscrire sans problèmes.
  We hope to register without problems.

  Est-ce que **tu** peux **te** débrouiller en français?
  *Can **you** get along in French?*

- A verb appears in its infinitive form following a preposition (except **en;** see Appendix B).

  Il travaille dur **afin d'avoir** de bonnes notes à la fin de l'année.
  *He's working hard **in order to have** good grades at the end of the year.*

  On n'obtient pas un diplôme **sans avoir** assez d'UE.
  *One doesn't graduate **without having** enough credits.*

  Dans une dictée, il faut faire attention **de bien accorder** les verbes avec les sujets.
  *In a dictation, you have to be careful **to make** subjects and verbs **agree.***

- After the preposition **après,** the past infinitive must be used. (For formation of the past infinitive, see the following section B).

  Après avoir fini ses études, elle est retournée chez ses parents.
  *After **having finished** her studies, she went back to her parents' (house).*

  Après avoir travaillé avec Nabil, j'ai enfin compris les devoirs.
  After I worked with Nabil, I finally understood my homework.

- An infinitive can be the subject of a sentence.

  Bosser à la dernière minute, ce n'est pas une bonne idée.
  Cramming at the last minute is not a good idea.

  Choisir une université canadienne, c'est faire l'expérience de la vie nord-américaine.
  Choosing a Canadian university means experiencing life in North America.

B FORMATION

There are two tenses for the infinitive: the present and the past. The past infinitive is formed with the infinitive **avoir** or **être** + *the past participle of the main verb.*

Present Infinitive	Past Infinitive
étudier	**avoir** étudié
rendre	**avoir** rendu
rentrer	**être** rentré(e)(s)
s'inscrire	**s'être** inscrit(e)(s)

Après avoir étudié tout l'après-midi, il est sorti avec ses copains.
After having studied all afternoon, he went out with his friends.

NOTE: The agreement rules that apply to the **passé composé** also apply to the past infinitive. In verbs conjugated with the auxiliary **être,** the past participle agrees with the subject of the sentence.

> **Après être rentrée** de vacances, **elle** a recommencé à travailler sur sa thèse.
> *After having returned from vacation, **she** started working again on her dissertation.*

To negate an infinitive, both **ne** and **pas** (or other negative form) are placed in front of the infinitive.

> Je bosse toute la nuit pour **ne pas échouer** à l'examen.
> *I am cramming all night so **I won't fail** the exam.*

> Il est préférable de **ne jamais redoubler** une année.
> *It is best **never to repeat** a year.*

✔ **SELF-CHECK** Student Activities Manual, *Exercises II–III, B-G, pages 8–10.*

IV. Imperatives

Grammar Video Tutorials

Ⓐ USAGE

The imperative forms are used to give *commands, orders,* or even to extend *invitations.*

> **Choisis** les cours qui t'intéressent.
> **Rendez** vos devoirs à la fin du cours.
> **Etudions** à la bibliothèque ce soir.
> **Souviens-toi** de la règle.

You can soften the command by using **s'il te plaît** (with familiar commands) or **s'il vous plaît** (with formal or plural commands).

> **Explique**-moi les devoirs, s'il te plaît.
> **Répétez** la question, s'il vous plaît.

If you wish to be less direct or abrupt in expressing a command, you can phrase your request as a question.

> Tu peux m'expliquer les devoirs?
> Pourriez-vous répéter la question?

Ⓑ FORMATION

There are three different imperative forms you can use, depending on whom you are addressing.

1. The second person singular form, based on the **tu** form of the present: for commands given to someone you know well.

> **Réponds!**
> **Finis** tes études!
> **Fais** tes devoirs!

a. **-er** verbs (and those verbs conjugated like **-er** verbs) drop the **-s** of the **tu** form.

> Ne **parle** pas!
> **Ecoute** bien!

NOTE: When the second person singular (**tu** form) is followed immediately by **y** or **en,** the ending **-s** is retained to make it easy to pronounce.

> **Vas-y!**
> **Manges-en!**

b. Pronominal verbs keep the reflexive pronoun. **Te** changes to **toi** when it follows the affirmative imperative.

> **Débrouille-toi!** (se débrouiller)
> **Rappelle-toi** qu'il y a un contrôle demain! (se rappeler)

2. The first person plural form, based on the **nous** form of the present: for commands in which the speaker is including himself or herself.

> **Assistons** à cette conférence!
> **Remercions** le prof!

3. The second person plural form, based on the **vous** form of the present: for commands to more than one person or to someone you do not know well.

> **Ecoutez!**
> **Taisez-vous!** (se taire)

Three verbs frequently used in the imperative are irregular: their forms are based on the subjunctive.

avoir:	Aie! Ayons! Ayez!	**Ayez** confiance!
être:	Sois! Soyons! Soyez!	**Soyons** attentifs!
savoir:	Sache! Sachons! Sachez!	**Sache** que le prof est fâché!

When the imperative is negative, the **ne** precedes the verb, and the **pas** (or other negative form) follows. If there is a reflexive pronoun it will appear after the **ne,** in front of the verb.

> Ne **vous disputez** pas!
> Ne **sèche** jamais ce cours!
> N'**oublions** pas la date de l'examen!

 SELF-CHECK Student Activities Manual, *Exercises IV, L–M, pages 12–13.*

V. *Faire causatif*

To indicate that the subject is having something done (and not doing it himself or herself) use the verb **faire** + *infinitive.*

> Quand je m'endors en classe, le prof me **fait écrire** des phrases au tableau.
> *When I fall asleep in class, the professor **makes** me **write** sentences on the board.*

> Parfois un élève **fait rire** toute la classe.
> *Sometimes a student **makes** the whole class **laugh**.*

Quand nous sommes insolents en cours, le prof nous **fait** nous **excuser** par écrit.
*When we talk back to the teacher, he **makes** us **excuse** ourselves in writing.*

Le prof **fait signer** le bulletin par les parents.
*The teacher **has** the parents **sign** the report card.*

Mon père me **fait venir** dans son bureau quand j'ai une mauvaise note.
*My father **makes** me **come** into his study when I have a bad grade.*

Ce prof est très exigeant. Il nous **fait** beaucoup **travailler.**
*This professor is very demanding. He **makes** us **work** a lot.*

NOTE: The pronouns that accompany the infinitives in the last two examples are direct object pronouns. The infinitive in the **faire causatif** construction can also take an indirect object, an indirect object pronoun, or **y.**

Elle **a fait envoyer** son dossier à l'université.
*She **had** her record **sent** to the university.*

Elle l'y **a fait envoyer.**
*She **had** it **sent** there.*

Elle **a fait envoyer** son dossier (dir. obj.) à M. Dupont (ind. obj.).
*She **had** her record **sent** to Mr. Dupont.*

Elle le lui **a fait envoyer.**
*She **had** it **sent** to him.*

 SELF-CHECK Student Activities Manual, *Exercises V, O, page 14.*

Structures

I. Verb Review

A. Décrire (écrire, inscrire, etc.) is irregular in the **present indicative tense** and **past participle.**

je décris	nous décrivons
tu décris	vous décrivez
il/elle/on décrit	ils/elles décrivent
Past participle: décrit	

Formation of other tenses and modes is standard.

Imperfect stem:	(Stem of present indicative **nous** form)	décriv-
Future/Conditional stem:	(Drop the final **e** of the infinitive)	décrir-
Subjunctive stem:	(Stem of present indicative **ils/elles** form)	décriv-

B. S'asseoir is unusual in that it has two stems for the conjugation of the present indicative, the present subjunctive, the imperfect, the future, and the conditional. The one below is the most commonly used.

Present		**Future**	
je m'assieds	nous nous asseyons	je m'assiérai	nous nous assiérons
tu t'assieds	vous vous asseyez	tu t'assiéras	vous vous assiérez
il/elle/on s'assied	ils/elles s'asseyent	il/elle/on s'assiéra	ils/elles s'assiéront

Past participle:	assis
Imperfect stem:	nous nous assey-
Conditional stem:	je m'assiér-
Subjunctive stem:	ils/elles s'assey-

NOTE: Do not confuse:

Je m'assieds.	*I'm sitting down [action].*
Je me suis assis(e).	*I sat down [action].*
Je suis assis(e).	*I'm seated [state].*

 SELF-CHECK Student Activities Manual, *Exercises I, A, page 23.*

II. Descriptive Adjectives

Adjectives are used to modify (qualify or describe) nouns or pronouns.

 **FORMATION**

In French, adjectives agree in gender (masculine / feminine) and in number (singular / plural) with the nouns or pronouns they modify. For example:

Elle a les **cheveux longs** et **ondulés.**

General rules for formation of descriptive adjectives:

- The majority of adjectives follow a standard pattern of formation.

  masculine singular form + **s** = *masculine plural form*
      impoli   impoli**s**

  masculine singular form + **e** = *feminine singular form*
      impoli   impoli**e**

  masculine singular form + **es** = *feminine plural form*
      impoli   impoli**es**

- If the masculine singular form already ends in **-e,** the feminine singular form is the same.

  un **jeune** homme **mince**   une **jeune** femme **mince**

- If the masculine singular form already ends in **-s,** the masculine plural form is the same.

  un jeune étudiant **français**   de jeunes étudiants **français**

Masculine Singular	Feminine Singular	Masculine Plural	Feminine Plural
• ends in a consonant or a vowel other than -e **content**	+ e contente	+ s contents	+ es contentes
• ends in -e **mince**	no additional ending mince	+ s minces	+ s minces
• ends in -s **français**	+ e française	no additional ending français	+ es françaises

1. Variation of feminine forms

There are many adjectives that do not follow the regular pattern for the formation of the feminine in the preceding chart. These are difficult to group, as there are many variations, but some of the broader categories are explained below.

a. Adjectives that end in **-er** and **-f** form the feminine using these patterns:

Endings		Examples	
Masculine	**Feminine**	**Masculine**	**Feminine**
-er	-ère	premier	première
-f	-ve	actif	active

b. Adjectives that end in **-x** form the feminine several different ways. Since there is no pattern, the masculine and feminine forms should be learned together.

Frequently used adjectives of this type:

Masculine	Feminine
heureux	heureuse
faux	fausse
doux	douce
roux	rousse
vieux	vieille

c. Adjectives that end in **-eur** have several different feminine endings.

• Most adjectives with the masculine singular ending **-eur** change to the feminine singular ending **-euse.**

flatteur	flatteuse
moqueur	moqueuse
travailleur	travailleuse
trompeur	trompeuse

However, some frequently used exceptions to this pattern are:

extérieur / intérieur	extérieure / intérieure
supérieur / inférieur	supérieure / inférieure
majeur / mineur	majeure / mineure
meilleur	meilleure

- Some adjectives with the masculine singular ending **-teur** change to the feminine singular ending **-trice.** These cases have to be learned.

créa**teur**	créa**trice**
conserva**teur**	conserva**trice**

However, there are exceptions to this pattern, including:

men**teur**	men**teuse**

d. Many adjectives that have a masculine singular form ending in a *vowel + a consonant* form the feminine by doubling the consonant before adding an **e.**

bo**n**	bo**nne**
genti**l**	genti**lle**
gra**s**	gra**sse**
gro**s**	gro**sse**
italie**n**	italie**nne**
nature**l**	nature**lle**
ne**t**	ne**tte**
parei**l**	parei**lle**

However, some adjectives that have a masculine singular form ending in **-et** add an accent and an **-e** instead of doubling the consonant.

compl**et**	compl**ète**
discr**et**	discr**ète**
inqui**et**	inqui**ète**
secr**et**	secr**ète**

e. Finally, there are some frequently used descriptive adjectives that do not follow a regular pattern for formation of the feminine.

blan**c**	blan**che**
favor**i**	favor**ite**
lon**g**	lon**gue**
publi**c**	publi**que**
se**c**	sè**che**

2. Variation of plural forms

The majority of descriptive adjectives, including all of the irregular forms explained above, form the plural by adding **-s** to both the masculine and feminine singular forms. However, there are a few exceptions to this pattern.

a. Adjectives that have the masculine singular ending **-al** form the masculine plural ending two different ways, while the feminine singular has only one pattern for plural formation.

Masculine singular	Feminine singular	Masculine plural	Feminine plural
norm**al**	norm**ale**	norm**aux**	norm**ales**
fin**al**	fin**ale**	fin**als**	fin**ales**

NOTE: The pattern of **final** is only used for a few additional adjectives: **banal, fatal, glacial, natal, naval.**

b. There are five adjectives in French that use alternate masculine singular forms when they precede nouns that begin with a vowel or a mute **h.** The feminine forms of these adjectives are derived from the alternate masculine singular forms.

The masculine and feminine plural forms are not based on the alternate singular forms.

Masculine singular	Feminine singular	Masculine plural	Feminine plural
beau (bel)	belle	beaux	belles
fou (fol)	folle	fous	folles
mou (mol)	molle	mous	molles
nouveau (nouvel)	nouvelle	nouveaux	nouvelles
vieux (vieil)	vieille	vieux	vieilles

3. Invariable adjective forms

Some descriptive adjectives are invariable. This means that the same form of the word is used to modify all nouns, whether they are masculine, feminine, singular, or plural.

a. Some frequently used adjectives of color that are actually formed from nouns fall into this category: **bordeaux, cerise, marron, orange.**

b. A frequently used adjective that has a plural form but no feminine form is: **snob (snobs).** As explained on page 23, it is becoming more common to see the invariable adjective **chic** written **chics** in the plural.

c. The adjectival expression **bon marché** is invariable.

B POSITION

Descriptive adjectives *generally follow* the nouns they modify.

> C'est un garçon **heureux.**
> Il porte un pantalon **gris.**

There are, however, some adjectives that normally precede the nouns they modify, and others that change meaning depending on whether they precede or follow the noun.

1. Adjectives that normally precede the noun include:

beau, joli, jeune, vieux, bon, mauvais, gentil, petit, nouveau, autre[1]

> Je porte souvent cette **vieille** jupe.
> Sa sœur est une très **jolie** femme.

2. Some frequently used adjectives that change meaning depending on whether they precede or follow the noun are:

ancien	mon **ancienne** maison	my *former* house
	une maison **ancienne**	an *old* house
cher	mon **cher** ami	my *dear* friend
	un blouson **cher**	an *expensive* jacket
dernier	le **dernier** train	the *last* train (in a series)
	la semaine **dernière**	*last* week (= preceding)

---

[1] English-speaking students learning French often use the acronym "**BAGS**" to help them remember this group of adjectives: **B**eauty / **A**ge / **G**oodness / **S**ize.

grand	un **grand** homme	a **great** man
	un homme **grand**[2]	a **tall** man
même	le **même** jour	the **same** day
	le jour **même**	the **very** day
pauvre	le **pauvre** homme	the **poor** man (= deserving to be pitied)
	l'homme **pauvre**	the **poor** man (= not rich)
propre	sa **propre** chambre	his **own** room
	des draps **propres**	**clean** sheets

 SELF-CHECK Student Activities Manual, *Exercises II, B and C, pages 23–24.*

III. Comparative and Superlative of Adjectives

When comparing people or things, you will want to say that one is *equal to, superior to,* or *inferior to* the other, just as in English.

Equality	Superiority	Inferiority
aussi + adjective + **que**	**plus** + adjective + **que**	**moins** + adjective + **que**

Ton tee-shirt est **aussi** sale **que** ton jean!
*Your T-shirt is **as** dirty **as** your jeans!*

Mon père est **plus** conservateur **que** ma mère.
*My father is **more** conservative **than** my mother.*

Je suis **moins** chic **que** ma sœur.
*I'm **less** chic **than** my sister.*

NOTE: The adjective **bon(ne)** becomes **meilleur(e)** in comparisons of superiority.

Est-ce que son deuxième album est **meilleur que** le premier?
*Is his second album **better than** the first one?*

Be careful not to confuse **meilleur,** the comparative form of the adjective **bon,** with **mieux,** the comparative form of the adverb **bien.** The adjective is used to modify or qualify a noun, whereas the adverb is used to modify a verb/an action.

Adjective meilleur(e)(s):	**Adverb** mieux:
C'est une **bonne** chanson.	Elle chante **bien.**
*It is a **good** song.*	*She **sings** well.*
Elle est **meilleure** que les autres.	Elle chante **mieux** que les autres.
*It is **better** than the others.*	*She sings **better** than the others.*

For more examples of the use of the adverb **mieux,** see **Structures,** Chapter 8, page 215.

---

[2] Normally one would say: **Cet homme est grand** or **Il est grand.**

To describe someone or something as being better or worse than all others, use a superlative construction.

Most	Least
le/la/les plus + adjective (+ **de**)	**le/la/les moins** + adjective (+ **de**)

Victor est **le plus** sympathique
  (**des** enfants).
*Victor is **the nicest***
  (***of** the children).*

Sophie est **la moins** paresseuse
  (**des** filles).
*Sophie is the **least lazy***
  (***of** the girls).*

NOTE: The adjective **bon(ne)** becomes **le/la/les meilleur(e)(s)** in superlative statements.

C'est **la meilleure** description de la mode punk.
*It's the **best description** of punk fashion.*

 SELF-CHECK Student Activities Manual, *Exercises III, F and G, pages 25–26.*

IV. *Tout*

The word **tout** can function in several different ways.

A THE ADJECTIVE *TOUT*

As an adjective, **tout** has four forms:

Masculine singular	Feminine singular	Masculine plural	Feminine plural
tout	toute	tous[3]	toutes

The adjective **tout** means *the entire, the whole, all, every.*

Toute la famille est désagréable.
*The **whole** family is unpleasant.*

Elle m'envoie un texto **tous** les jours.
*She sends me a text message **every** day.*

B THE PRONOUN *TOUT*

The pronoun **tout** has three forms. There is only one singular form, which means *everything*. There are two plural forms, but they both mean *everyone* or *all of them.*

Tes robes? Elles sont **toutes** dans la valise.
*Your dresses? **All of them** are in the suitcase.*

---

[3] The **-s** of **tous** is not pronounced when used as an adjective: **Tous mes amis aiment ce musicien.**

Masculine singular	Feminine singular		Masculine plural	Feminine plural
tout	—		tous[4]	toutes

Tout est moche dans cette boutique.
Everything is tacky in this shop.

Toutes s'habillent de la même façon.
All of them (= all the girls / women) dress the same way.

 SELF-CHECK Student Activities Manual, *Exercise VI, J, pages 27–28.*

V. Interrogatives

Grammar Video Tutorials

There are two general kinds of questions, those that ask for an affirmative or negative response (**oui, si**[5]**, non**), and those that ask for specific information.

Ⓐ QUESTIONS THAT REQUIRE A SIMPLE AFFIRMATIVE OR NEGATIVE ANSWER

There are four ways to ask this type of question:

1. *Est-ce que*

   Est-ce que tu aimes cette robe?
   Do you like this dress?

2. **Inversion** (of subject pronoun and verb). This is the most formal way to ask a question.

   Aimes-tu cette robe?
   Do you like this dress?

   a. If the verb is negative, **ne** precedes the verb as usual, and **pas** follows the verb-pronoun group.

   N'aimes-tu **pas** mes tatouages?
   Don't you like my tattoos?

   b. If the verb is in a compound tense, the auxiliary verb and the subject pronoun are inverted.

   As-tu acheté son nouveau CD?
   Did you buy her new CD?

---

[4] The **-s** of **tous** is pronounced when used as a pronoun: **Ils sont tous allés au concert.**
[5] **Si** is used to give an affirmative answer to a negative question: **–Tu n'aimes pas la musique de Diam's? –Si! Je l'aime beaucoup.**

c. If the subject is a noun, the noun remains in its normal place in the sentence, and a corresponding pronoun is inverted with the verb.

Monique aime tes dreads.   →   Monique aime-t-**elle** tes dreads?
Monique likes your dreadlocks.   *Does Monique like your dreadlocks?*

Note that for ease of pronounciation, a **-t-** is inserted between two vowels that come together during inversion.

3. Addition of *n'est-ce pas*

Tu aimes jouer de la guitare, **n'est-ce pas**?
*You like playing the guitar, **don't you**?*

4. Intonation

The use of interrogative tone of voice (rising intonation) is the most informal way to ask a question, and also perhaps the most frequently used in conversation.

Tu aimes faire des courses?
You like going shopping?

B QUESTIONS THAT ASK FOR SPECIFIC INFORMATION

This type of question begins with an interrogative word. This interrogative word can be an adverb, an adjective, or a pronoun.

1. Interrogative adverbs: *combien, comment, où, pourquoi, quand*

Following an interrogative adverb, use either **est-ce que** or inversion to form your question.

Combien *avez-vous payé* ce collier?
OR   } *How much did you pay for this necklace?*
Combien *est-ce que* vous avez payé ce collier?

Quand *vous êtes-vous fait teindre* les cheveux?
OR   } *When did you have your hair dyed?*
Quand *est-ce que* vous vous êtes fait teindre les cheveux?

With any interrogative adverb *except* **pourquoi,** when asking a question made up of only a verb in a simple tense (present, future, conditional, imperfect) and a noun subject, invert the verb and the subject.

Où est mon chapeau?   **Comment** va ta sœur?
Where *is my hat?*   **How** *is your sister (doing)?*

With **pourquoi,** however, the noun subject remains in its normal position, and the verb is inverted with the corresponding subject pronoun.

Pourquoi Sophie veut-elle un piercing au nombril?
Why *does Sophie want a navel ring?*

2. Interrogative adjectives: *quel, quelle, quels, quelles*

The interrogative adjective **quel (quelle, quels, quelles)** is the equivalent of *which* or *what*. It can *only* be followed by a noun or by a conjugated form of the verb **être.**

Quel maillot préfères-tu?
Which *swimsuit do you prefer?*

Quelle est la différence entre un manteau et un blouson?
What is the difference between a coat and a jacket?

3. Interrogative pronouns

There are two types of interrogative pronouns: invariable (no change of form for gender or number) and variable (agrees in gender and number with the noun it modifies or replaces).

a. Invariable interrogative pronouns

Qui is always used to ask a question about a person. To ask a question about a thing, use **qu'est-ce qui** as a subject, **que / qu'est-ce que** as a direct object, and **quoi** as an object of a preposition.

People		
Subject	**qui**	**Qui** aime Diam's? *Who likes Diam's?*
Direct object	**qui** (+ inversion)	**Qui** as-tu vu au concert? *Who (Whom) did you see at the concert?*
Object of preposition	**qui** (+ inversion)	Avec **qui** sors-tu ce soir? *With whom are you going out tonight?*

Things		
Subject	**qu'est-ce qui**	**Qu'est-ce qui** t'intéresse? *What interests you?*
Direct object	**que / qu'** (+ inversion) OR **qu'est-ce que**	**Que** fais-tu? *What are you doing?* **Qu'est-ce que** tu as acheté? *What did you buy?*
Object of preposition	**quoi** (+ inversion) OR **quoi est-ce que**	De **quoi** parles-tu? *What are you talking about?* Avec **quoi est-ce qu**'elle se teint les cheveux? *What is she dying her hair with?*

NOTE: To ask for a definition, use **qu'est-ce que c'est que** or **qu'est-ce que.**

Qu'est-ce que c'est que la Fête de la Musique? (**Qu'est-ce que** la Fête de la Musique?)
What is the Fête de la Musique?

b. Variable interrogative pronouns

The variable interrogative pronoun **lequel (laquelle, lesquels, lesquelles)** is always placed at the beginning of a question, and indicates a choice. This pronoun contracts with the prepositions **à** and **de** in the same way that the definite articles **le** and **les** do.

Lequel de ces jeunes hommes joue de la guitare?
__Which one__ of these young men plays the guitar?

Il y a deux concerts de rock ce soir. **Auquel** veux-tu aller?
There are two rock concerts tonight. __Which one__ do you want to go to?

 SELF-CHECK Student Activities Manual, *Exercises V, L and M, pages 28–29.*

VI. *Il (Elle) est vs. C'est*

Il (Elle) est is generally followed by an *adjective*.

> **Il est** sympathique.
> *__He is__ nice.*

> **Il est** regrettable qu'elle soit toujours au régime.
> *__It is__ too bad that she's always on a diet.*

C'est is generally followed by a *noun*.

> **C'est** le copain de Vincent au téléphone.
> *__It's__ Vincent's friend on the phone.*

C'est is also used to refer to a previously mentioned idea or situation.

> Tu n'as pas aimé le concert? **C'est** vraiment dommage!
> *You didn't like the concert? __That's__ really too bad!*

 SELF-CHECK Student Activities Manual, *Exercises VI, P, page 30.*

Structures

I. Verb Review

A. The verb **accueillir** *(to welcome, to greet)* is conjugated like an **-er** verb in the present tense.

j'accueille	nous accueillons
tu accueilles	vous accueillez
il/elle/on accueille	ils/elles accueillent

Imperfect:	j'accueillais
Past participle:	accueilli
Future:	j'accueillerai

B. **Mort** is the past participle of the verb **mourir** *(to die).*

> Il **est mort** à Marseille.　　　　　　*He **died** in Marseilles.*

It can also be an adjective meaning *dead.* This creates some ambiguity in the following sentence:

> Mes grands-parents **sont morts.**
> *My grandparents **are dead.***　　　OR　　　*My grandparents **have died.***

Only the context will tell you which of these is meant.

 SELF-CHECK Student Activities Manual, *Exercise I, A, page 38.*

II. *Passé Composé*

Grammar Video Tutorials

The **passé composé** is a tense used in French to tell what happened in the past. It is often referred to as the tense for *narration* of past time.

The **passé composé** is made up of two parts:

*the present indicative form of
the auxiliary verb (**avoir** or **être**)* + *the past participle of the main verb*

> J'**ai commencé** à marcher dans la vieille ville.
> Je **suis allée** jusqu'à la maison de M. Herschel.

Ⓐ THE AUXILIARY

There are seventeen verbs that normally use the auxiliary **être** in their **passé composé** formation. These verbs are: **aller, arriver, entrer, descendre*, devenir, monter*, mourir, naître, partir, passer*, rentrer*, rester, retourner*, revenir, sortir*, tomber, venir.** Normally these verbs do not take direct objects.

The six verbs marked with an asterisk (*) can also be conjugated in the **passé composé** using the auxiliary **avoir.** This enables them to take a direct object.

> Je **suis sorti** de la maison.   Il **est descendu** du sixième étage.
> *I **went out** of the house.*   *He **came down** from the sixth floor.*
>
> *(direct object)*   *(direct object)*
>
> J'**ai sorti** mon **stylo** de mon sac.   Il **a descendu** l'**escalier** en courant.
> *I **took** my **pen out** of my bag.*   *He **ran down** the **staircase.***

Reflexive verbs also use the auxiliary verb **être** in the **passé composé.**

> Ma mère a dit oui, et une nuit, elle **s'est échappée** et elle **s'est cachée.**
> *My mother said yes, and one night she **ran away** and she **hid.***

Ⓑ THE PAST PARTICIPLE

Regular verbs follow this pattern in the formation of their past participle.

> par**ler** → par**lé**   fin**ir** → fin**i**   vend**re** → vend**u**

To review the past participle forms of other verbs, see Appendix C.

Past participle agreement is determined by the auxiliary verb. The past participle of a verb conjugated with the auxiliary **être** agrees in gender and number with the *subject* of that verb.

> Une nuit, **ma mère** est **partie** de chez elle.

The past participle of a verb conjugated with the auxiliary **avoir** agrees with the *preceding direct object.* To find the direct object, one uses the question **qui?** or **quoi?** after the main verb. If the direct object follows the verb, the past participle remains invariable (no agreement is made).

> Mon père a quitté **ma mère.**
> Mon père **l'**a **quittée.** (**la** [**l'**] = direct object)

J'ai vu **les Herschel** à Marseille.
Je **les** ai vu**s** à Marseille. (**les** = direct object)

NOTE: For more details about object pronouns, see Chapter 4, **Structures,** pages 176–180. To review past participle agreement in past infinitive constructions, see Chapter 1, **Structures,** pages 149–150.

NEGATION

In a negative sentence, it is the auxiliary verb, not the past participle, that is negated.

> Mon père est allé travailler en France, mais il **n'**est **jamais** revenu.

✔ **SELF-CHECK** Student Activities Manual, *Exercises II, B and C, pages 38–39.*

Grammar Video Tutorials

III. Imperfect *(Imparfait)*

The imperfect tense is used to describe *conditions* that *were taking place* when another action occurred. It is also used to talk about habitual actions or occurrences. It is referred to as the tense for *describing the past.*

Ⓐ FORMATION

The imperfect is formed as follows:

Stem of first person plural ⎞
of the present indicative ⎬ + **-ais   -ions**
(the **nous** stem) ⎠   **-ais   -iez**
           -ait   -aient

Les gens **venaient** me voir. Il y **avait** des gens que je ne **connaissais** pas.

Stem: **-er**	je rest**ais**	nous rest**ions**
nous rest~~ons~~	tu rest**ais**	vous rest**iez**
	il/elle/on rest**ait**	ils/elles rest**aient**
Stem: **-ir**	je finiss**ais**	nous finiss**ions**
nous finiss~~ons~~	tu finiss**ais**	vous finiss**iez**
	il/elle/on finiss**ait**	ils/elles finiss**aient**
Stem: **-re**	j'entend**ais**	nous entend**ions**
nous entend~~ons~~	tu entend**ais**	vous entend**iez**
	il/elle/on entend**ait**	ils/elles entend**aient**

Ⓑ EXCEPTION: *ETRE*

Être is the exception; the stem used is **ét-**.

> Je lui disais qu'elle n'**était** rien du tout, qu'elle n'**était** pas ma mère, que c'**était** Amie qui **était** ma mère.

j'étais	nous étions
tu étais	vous étiez
il/elle/on était	ils/elles étaient

 SELF-CHECK Student Activities Manual, *Exercises III, E and F, pages 40–41.*

IV. *Passe Compose* vs. Imperfect

When you are telling a story in the past, you should have no trouble deciding when to use the **passé composé** and when to use the imperfect if you keep in mind the following three questions:

1. What happened? What happened once? What happened next? Then what happened? (Use the **passé composé.**)
2. What were the conditions at the time? (Use the imperfect.)
3. Was the action expressed by the verb a habitual action? Did it occur repeatedly? (Use the imperfect.)

Study the following passages carefully:

> C'**était** le plein hiver, il **pleuvait,** la nuit **tombait** tôt. Quand je **suis partie,** Amie m'**a embrassée**. Je n'**ai** pas **pris** grand-chose, juste deux ou trois livres que j'**aimais,** ma pendulette *(travel clock),* une brosse à dents, un peu de linge *(underwear).* Je n'**avais** plus de jouets *(toys)* ni de poupées *(dolls).* Ça n'**avait** pas d'importance. Je **partais** pour ne jamais revenir. Ils **sont restés** sur le seuil *(doorstep)* de la maison, pour me regarder partir.

1. What actions happened (once; next)? *(passé composé)*
   a. je suis partie *(I left)*
   b. Amie m'a embrassée *(Amie kissed me)*
   c. Je n'ai pas pris grand-chose *(I didn't take much)*
   d. Ils sont restés sur le seuil *(They stayed on the doorstep)*

2. What were the conditions at the time? *(imperfect)*
   a. C'était le plein hiver *(It was the middle of winter)*
   b. il pleuvait *(it was raining)*
   c. la nuit tombait *(night was falling)*
   d. juste deux ou trois livres que j'aimais *(just two or three books that I liked)*
   e. je n'avais plus de jouets *(I no longer had any toys)*
   f. Ça n'avait pas d'importance *(That didn't matter)*
   g. Je partais pour ne jamais revenir *(I was leaving for good)*

A Nightingale, quand le jour **se levait**, j'**étais** dehors avant tout le monde. Lassie **était** avec moi. Lassie, elle **est arrivée** chez nous un jour, sans qu'on sache d'où *(without anyone knowing from where)*. Au début, elle ne **se laiss**ait pas approcher, et quand on lui **donnait** à manger, elle **attendait** qu'on se soit éloignés *(everyone to move away)* pour venir jusqu'au plat *(dish)*. Elle **mangeait** avec les oreilles rabattues en arrière, sans cesser de nous observer. Et un jour, sans que je comprenne pourquoi, elle **est restée** quand je **me suis approchée** d'elle. Je l'ai **caressée** doucement, sur la tête, le long du nez. Elle s'**est laissé** faire. Je l'**ai embrassée**.

1. What actions were habitual in this story? *(imperfect)*
   a. quand le jour se levait *(when the sun came up [at daybreak])*
   b. j'étais dehors *(I would be outside)*
   c. Lassie était avec moi *(Lassie would be with me)*
   d. elle ne se laissait pas approcher *(she would not let anyone approach her)*
   e. quand on lui donnait à manger *(when someone gave her something to eat)*
   f. elle attendait *(she would wait)*
   g. Elle mangeait *(She would eat)*

2. What actions happened (once; next)? *(passé composé)*
   a. elle est arrivée *(she arrived)*
   b. elle est restée *(she stayed)*
   c. je me suis approchée d'elle *(I approached her)*
   d. Je l'ai caressée *(I patted her)*
   e. Elle s'est laissé faire *(She let herself be touched)*
   f. Je l'ai embrassée *(I kissed her)*

Helpful hints for use of the *passé composé* and imperfect

1. When used in a past context, the verb **venir** + **de** is always in the imperfect.

   Elle **venait de** s'installer chez sa mère quand elle est tombée gravement malade.
   *She **had just** moved in with her mother when she got very sick.*

2. Certain verbs usually appear in the imperfect when used in a past context. They are: **avoir, être, savoir, connaître, pouvoir,** and **vouloir.** These verbs change meaning when they are used in the **passé composé.**

   avoir

   Quand le bateau est arrivé à Marseille, il y **avait** beaucoup de monde sur le quai.
   *When the boat arrived at Marseilles, there **were** a lot of people on the dock.*
      (= conditions upon arrival)

   Quand Saba a vu tous les gens sur le quai, elle **a eu** peur.
   *When Saba saw all the people on the dock, she **became** afraid.*
      (= what happened when she saw the people)

être

La mère de Saba **était** très jeune quand elle a laissé son enfant chez les Herschel.
*Saba's mother **was** very young when she left her child at the Herschels'.*
   (= conditions upon leaving)

Saba **a été** malade quand elle a appris la vérité.
*Saba **got** sick when she learned the truth.*
   (= what happened when she learned the truth)

savoir

La mère ne **savait** pas parler français.
*The mother **did** not **know** how to speak French.*
   (= general condition)

Saba **a su** plus tard que son père était mort en France.
*Saba **discovered** later that her father had died in France.*
   (= what happened)

connaître

Saba ne **connaissait** personne dans sa nouvelle école.
*Saba **did** not **know** anyone (**knew** no one) at her new school.*
   (= general condition)

La mère de Saba **a connu** M. Herschel à Mehdia.
*Saba's mother **met** Mr. Herschel in Mehdia.*
   (= what happened)

pouvoir

Saba ne **pouvait** pas oublier son enfance heureuse à Nightingale.
*Saba **could** not (**was** not **able to**) forget her happy childhood at Nightingale.*
   (= general condition)

Les Herschel n'**ont** pas **pu** garder leur fille adoptive.
*The Herschels **were** not **able to** keep (**did** not **succeed in** keeping) their adopted daughter.*
   (= what happened)

vouloir

Saba ne **voulait** pas partir avec sa mère.
*Saba **did** not **want** to leave with her mother.*
   (= general condition)

Saba **a voulu** échapper à sa nouvelle vie chez sa mère.
*Saba **tried (decided)** to escape from her new life with her mother.*
   (= what happened)

3. Certain words and expressions can help you decide whether to use the **passé composé** or the imperfect.

For the **passé composé** these words pinpoint a definite time of occurrence: **hier, une fois, tout à coup,** etc.

For the imperfect the words suggest repeated occurrences: **souvent, tous les jours, toutes les semaines, chaque année, en général,** etc.

 SELF-CHECK Student Activities Manual, *Exercises IV, I and J, page 42.*

V. Pluperfect *(Plus-que-parfait)*

The pluperfect tense is used in French as the past perfect is used in English. When one action precedes another in the past, the verb describing the first action will be in the pluperfect; the tense of the second verb will be the **passé composé** or the imperfect.

A FORMATION

The pluperfect is made up of two parts: the imperfect of the auxiliary verb (**être** or **avoir**) + the past participle of the main verb.

> Ma mère m'a dit un jour qu'elle **avait reçu** une lettre en français.
> *My mother told me one day that she **had received** a letter in French.*

> Je n'ai plus jamais parlé de Lassie. Elle **était sortie** de ma vie pour toujours.
> *I no longer ever spoke of Lassie. She **had gone out** of my life for good.*

1. The auxiliary

The use of auxiliary verbs follows the same rules in the pluperfect as in the **passé composé:**

- The same seventeen verbs use the auxiliary verb **être** in the formation of the pluperfect (see page 165).
- Reflexive verbs use the auxiliary verb **être** in the pluperfect.
- All other verbs use **avoir** as the auxiliary verb in the pluperfect.
- In a negative sentence, the auxiliary verb, not the past participle, is negated.

2. The past participle

- The past participle of a verb conjugated with the auxiliary **être** agrees in gender and number with the subject of that verb.
- The past participle of a verb conjugated with **avoir** agrees in gender and number with the preceding direct object, if there is one.

B USAGE

Study the following passage carefully:

> Je me rappelle le mariage de Jamila. Ma mère m'**avait préparée**, elle m'**avait habillée** et **coiffée**, pour aller au mariage de sa cousine Jamila... Ma mère m'**avait fait** des tresses, en mêlant de la laine aux cheveux, et elle m'**avait mis** du rouge sur les joues... Ensuite elle m'a **emmenée**, nous **avons marché** sur la route jusqu'à Mehdia, et nous **avons pris** le car pour Kenitra. J'**étais** dans une grande ville que je ne **connaissais** pas, avec des avenues plantées d'arbres, des grands immeubles *(buildings)*, et toutes ces petites maisons blanches et pauvres chacune avec sa cour intérieure. Il y **avait** des chèvres, des poulets. Partout il y **avait** des enfants,...

1. What actions in this story preceded other past actions? *(pluperfect)*
   a. Ma mère m'avait préparée *(My mother had prepared me)*
   b. m'avait habillée et coiffée *(had dressed me and fixed my hair)*
   c. m'avait fait des tresses *(had braided my hair)*
   d. m'avait mis du rouge sur les joues *(had put blush on my cheeks)*

2. What actions happened (once; next)? *(passé composé)*
   a. elle m'a emmenée *(she took me)*
   b. nous avons marché *(we walked)*
   c. nous avons pris *(we took)*

3. What were the conditions surrounding this trip? *(imperfect)*
   a. J'étais dans une grande ville *(I was in a large city)*
   b. que je ne connaissais pas *(that I didn't know [was not familiar with])*
   c. Il y avait des chèvres *(There were goats)*
   d. il y avait des enfants *(there were children)*

 SELF-CHECK Student Activities Manual, *Exercises V, M and N, pages 43–44.*

VI. Past Infinitives

Compare the structures:

avant de + present infinitive	→	**avant de partir**
après + past infinitive	→	**après être parti(e)**
		(**avoir / être** + past participle)

Infinitives are used after prepositions, with the exception of **en** (see *Appendix B,* pages 228–229). Following the preposition **après,** a *past infinitive* must be used, as in the example above. In English, a subject-verb construction or the *-ing* form of a verb (gerund) is the most common equivalent.

> **Après être allés** en France, ses parents ont ouvert un restaurant.
> ***After they went to France***, her parents opened a restaurant.

> **Après avoir retrouvé** Saba, sa mère l'a emmenée en France.
> ***After finding*** Saba **again**, her mother took her to France.

 SELF-CHECK Student Activities Manual, *Exercises VI, O–Q, pages 44–46.*

VII. *Le mot juste*

A MANQUER (À)

Manquer (à) *(to miss)* follows the same pattern in French as in English if you want to say *miss the bus*, for example.

> J'ai manqué le bus.
> *I missed the bus.*

However, if you want to say that you *miss someone or something*, i.e., that you are sad because a person or thing is not with you, the structure of the sentence in French is different from that in English.

> Les Herschel **manquent à Saba.**   Mes parents **me manquent.**
> *Saba misses the Herschels.*   *I miss my parents.*

B RENDRE

To express the idea that *something or someone makes you feel a certain way,* the verb **rendre** is used (not the verb **faire**).

> Cette nouvelle me **rend** triste.   Son retour **a rendu** ses parents heureux.
> *This news **makes** me sad.*   *His return **made** his parents happy.*

C PARTIR, SORTIR, QUITTER

These three verbs have generally the same meaning *(to leave)* but are used differently. Both **sortir** *(to leave, to go out)* and **partir** *(to leave)* are conjugated with **être;** when used with a location, the preposition **de** follows the verb.

> Nous **sommes sortis.**   Elle **est partie.**
> *We **went out.***   *She **left.***
>
> Elle **sort de** sa chambre.   Ils **sont partis du** Maroc.
> *She **leaves (goes out of)** her room.*   *They **left** Morocco.*

Quitter *(to leave)* is conjugated with **avoir.** This verb *must always* be followed by a direct object, i.e., what or whom is being left *must* be stated.

> Elle **a quitté sa famille.**
> *She **left her family.***
>
> Mes ancêtres **ont quitté l'Angleterre** il y a deux cents ans.
> *My ancestors **left England** two hundred years ago.*

NOTE: **Quitter** is a false cognate and does not mean *to quit*. Use the verbs **cesser (de)** or **arrêter (de)** to say that you have stopped or quit doing something.

> J'ai arrêté de fumer.
> *I quit smoking.*

Structures

I. Verb Review

The verbs **conduire** and **mettre** are irregular in the **present indicative** tense.

je conduis	nous conduisons	je mets	nous mettons
tu conduis	vous conduisez	tu mets	vous mettez
il/elle/on conduit	ils/elles conduisent	il/elle/on met	ils/elles mettent
Imperfect stem:	conduis-	mett-	
Future/Conditional stem:	conduir-	mettr-	
Past participle:	conduit	mis	

 SELF-CHECK Student Activities Manual, *Exercise I, A, pages 55–56.*

II. Articles

Grammar Video Tutorials

There are three types of articles in French: definite, indefinite, and partitive. These have the equivalent meaning in English of *the, a / an,* and *some.*

	Singular		Plural
	Masculine	**Feminine**	**Masculine and Feminine**
Definite article	le (l')	la (l')	les
Indefinite article	un	une	des
Partitive article	du (de l')	de la (de l')	

Ⓐ DEFINITE ARTICLE

1. Definite articles precede nouns that are used in a very specific sense. This is similar to English usage.

> **La** voiture qu'elle achète est neuve.
> *The car she is buying is new.*
> (Here a specific car is being talked about.)

2. Definite articles also precede nouns used in a general sense. Often in English the definite article is omitted in this case.

> **L'**essence coûte trop cher en France.
> *Gas costs too much in France.*

Remember that there are four frequently used verbs in French that express this generality: **aimer, adorer, préférer, détester.** These verbs require the use of a definite article when they are followed by a direct object.

> J'aime **le** bus mais je déteste **le** métro.
> *I like **the** bus but I hate **the** subway.*

3. Definite articles are used before abstract nouns.

> **La** patience est très utile pendant **les** heures de pointe.
> *Patience is very useful during rush hour.*

4. Definite articles are used before the names of the seasons.

> **Le** printemps est la meilleure saison pour faire du vélo.
> *Spring is the best season to go biking.*

5. Definite articles are used before the days of the week to indicate habitual action.

> Elle prend le métro **le** mardi matin et **le** jeudi après-midi.
> *She takes the subway Tuesday mornings and Thursday afternoons.*

6. Definite articles are used before names that denote nationality, before the names of countries and geographic regions, and before the names of famous buildings or monuments.

> **Les** Français font rarement du covoiturage.
> *The French rarely carpool.*

> **La** tour Eiffel est le monument le plus visité de Paris.
> *The Eiffel Tower is the most visited monument in Paris.*

7. Definite articles are used before names of disciplines and languages, except when the language follows the verb **parler.**

> Ce chauffeur de taxi étudie **l'**informatique le soir après son travail.
> *This taxi driver studies computer science at night after work.*

> Il parle couramment anglais, et il comprend **le** français.
> *He speaks English fluently, and he understands French.*

B INDEFINITE ARTICLE

1. Indefinite articles are used before the names of indeterminate people and things, much the same way as in English.

> Il y a **un** feu rouge au prochain carrefour.
> *There is **a** red light at the next intersection.*

> Il y a **une** station Vélib' dans la prochaine rue.
> *There is **a** Vélib' station on the next street.*

> Il y a **des** gens qui se garent sur les voies cyclables.
> *There are people who park in bike lanes.*

NOTE: The plural indefinite article in French (**des**) is often not required in English.

2. When the verb is negative, the indefinite article is replaced by **de**.

> Vous avez **une** voiture.   Vous n'avez pas **de** voiture.
> *You have **a** car.*   *You don't have **a** car.*

However, if the negative verb is **être,** the indefinite article does not change to **de**.

> C'<u>est</u> **une** voiture d'occasion.   Ce <u>n'est</u> pas **une** voiture d'occasion.
> *It's **a** used car.*   *It isn't **a** used car.*

3. The plural indefinite article **des** has almost the same meaning as the plural partitive article **des;** they both can be translated as *some*.

> Il y a **des** casques dans le placard.
> *There are **some** helmets in the closet.*

NOTE: Before the adjective **autres,** the plural indefinite (or partitive) article **des** changes to **d'**.

> J'ai **d'autres** voisins qui font toujours du covoiturage.
> *I have **other** neighbors who always carpool.*

C PARTITIVE ARTICLE

1. Partitive articles indicate a part of something, an unspecified amount or quantity. They are usually used with nouns referring to things that cannot be counted.

> Il me faut **de** l'argent pour acheter un VTT.
> *I need **(some)** money to buy a mountain bike.*

> Ne te mets pas au volant si tu bois **du** vin au dîner!
> *Don't get behind the wheel if you drink wine at dinner!*

2. When the verb is negative, the partitive articles **du, de la, de l',** and **des** change to **de**.

> Il y a **de** l'essence dans la voiture.   Il **n'y a pas** d'essence dans la voiture.
> *There is gas in the car.*   *There is no gas in the car.*

> Tu as **des** rollers?   Tu **n'as pas de** rollers?
> *Do you have inline skates?*   *You don't have inline skates?*

3. When a plural adjective precedes the noun, the partitive article **des** changes to **de**.

> Les agents d'entretien du service Vélib' se déplacent dans **de** petits véhicules électriques.
> *The maintenance crews for Vélib' get around in small electric vehicles.*

D ARTICLES WITH EXPRESSIONS OF QUANTITY

1. Following expressions of quantity (**beaucoup, trop, peu, assez, autant, plus, moins, un verre, une bouteille, un litre, un kilo,** etc.), **du, de la, de l',** and **des** change to **de.**

> Il y a beaucoup **de** taxis à l'aéroport.
> *There are **a lot of** taxis at the airport.*

> Elle achète cinq litres **d'**essence.
> *She is buying **five liters of** gas.*

> Il y aura plus **de** bouchons ce soir que demain matin.
> *There will be **more** traffic jams tonight than tomorrow morning.*

> **Trop de** cyclistes ne portent pas de casque.
> ***Too many** cyclists don't wear helmets.*

EXCEPTION: This change does not occur following **la plupart, bien,** and **encore.**

> **La plupart des** automobilistes respectent les droits des cyclistes.
> ***Most** motorists respect the rights of bikers.*

> **Bien des** jeunes conduisent trop vite.
> ***A lot** of young people drive too fast.*

2. When the expression **avoir besoin de** is followed by a noun used in a general sense, the definite articles **le, la, l',** and **les** are not used.

> J'ai besoin **d'**argent pour payer l'essence.
> *I need money to pay for the gas.*

The definite article is added, however, if the noun is specific.

> J'ai besoin **de l'**argent que mon père m'a promis pour acheter de l'essence.
> *I need **the money** my father promised me in order to buy gas.*

✓ SELF-CHECK Student Activities Manual, *Exercises II, B and C pages 56–57.*

III. Object Pronouns, *y* and *en*

Grammar Video Tutorials

A DIRECT AND INDIRECT OBJECT PRONOUNS

A direct object receives the direct action of the verb in a sentence without an intervening preposition.

> Je vois **l'éléphant.**
> *I see **the elephant.***

Direct object nouns can be replaced by direct object pronouns.

> Je **le** vois.
> I see *it/him.*

The direct object pronouns in French are:

	Singular	Plural
1st person	me (m')	nous
2nd person	te (t')	vous
3rd person	le/la (l')	les

The indirect object, which is also acted upon by the verb, is preceded by the preposition **à.**

> Il offre un cognac **à ma sœur.**
> *He offers a cognac **to my sister**.*

When the indirect object is a person, it can be replaced by an indirect object pronoun.

> Il **lui** offre un cognac.
> *He offers **her** a cognac.*

The indirect object pronouns in French are:

	Singular	Plural
1st person	me (m')	nous
2nd person	te (t')	vous
3rd person	lui	leur

There are three main rules that govern the use of the direct and indirect object pronouns in French.

1. The pronoun *precedes the verb* of which it is the object, *unless* the verb is an affirmative imperative.

> Ma sœur suit **les policiers** au poste.
> *My sister follows **the police officers** to the station.*

> Ma sœur **les** suit au poste.
> *My sister follows **them** to the station.*

> Elle explique **aux policiers** ce qui est arrivé.
> *She explains **to the police officers** what happened.*

> Elle **leur** explique ce qui est arrivé.
> *She explains **to them** what happened.*

2. If the verb is an affirmative imperative, the object pronoun follows the verb and is connected to it by a hyphen.

> Suivez **les policiers** au poste!
> *Follow **the police officers** to the station!*

> Suivez-**les** au poste!
> *Follow **them** to the station!*

Demandez **à ma sœur** pourquoi elle conduit mal.
*Ask **my sister** why she drives poorly.*

Demandez-**lui** pourquoi elle conduit mal.
*Ask **her** why she drives poorly.*

NOTE: With an affirmative imperative verb, the pronouns **me** and **te** are replaced by **moi** and **toi.**

Suivez-**moi!**	Calme-**toi!**
*Follow **me**!*	*Calm down!*

3. If the verb is a compound tense (**passé composé,** past conditional, pluperfect, etc.), the pronoun *precedes* the auxiliary verb. The past participle agrees with the *direct object pronoun* in gender and in number.

On a gardé **ma sœur** au poste de police pendant dix heures.
*They kept **my sister** at the police station for ten hours.*

On **l**'a gardé**e** au poste de police pendant dix heures.
*They kept **her** at the police station for ten hours.*

There is *no agreement* with a preceding *indirect object pronoun.*

Un incident bizarre est arrivé **à ma sœur.**
*A strange incident happened **to my sister**.*

Un incident bizarre **lui** est arrivé.
*A strange incident happened **to her**.*

NOTE: Direct object pronouns are used for people and things. The pronoun **le** can also be used to express an idea.

Elle pense **qu'ils ont tort.**	Elle **le** pense.
*She thinks **they are wrong**.*	*She thinks **it**.*

 SELF-CHECK Student Activities Manual, *Exercises III–IV, F–I, pages 58–59.*

 Y

The pronoun **y** can be used to replace the preposition **à** + *a noun* when referring to a thing or an idea, but not when referring to a person.

A-t-elle répondu **à la question des policiers**?
*Did she respond **to the police officers' question**?*

Y a-t-elle répondu?
*Did she respond **to it**?*

The pronoun **y** is also used to replace expressions of location starting with **à** or other prepositions, *except* **de.**

Elle va **au café** avec le directeur du cirque.
*She is going **to the café** with the circus director.*

Elle **y** va avec le directeur du cirque.
*She is going **there** with the circus director.*

On remet l'éléphant **dans le camion.**
*They put the elephant back **in the truck**.*

On **y** remet l'éléphant.
*They put the elephant back **there**.*

As with the object pronouns, the pronoun **y** precedes the verb with which it is associated.

Elle est obligée d'aller **au poste de police.**
*She has to go **to the police station**.*

Elle est obligée d'**y** aller.
*She has to go **there**.*

NOTE: **Y** is not used with the verb **aller** in the future or conditional tenses for reasons of pronunciation.

Elle a dit qu'elle n'irait pas **en prison.**
*She said she wouldn't go **to prison**.*

Elle a dit qu'elle n'irait pas.
She said she wouldn't go.

 SELF-CHECK Student Activities Manual, *Exercise III, J, page 60.*

 EN

The pronoun **en** is used in French to express the idea of *some, any,* or *none*. It can replace:

1. the partitive article + *the noun that follows*;

Elle boit **du** cognac.
*She drinks **some** cognac.*

Elle **en** boit.
*She drinks **some**.*

Ils ont pris **du sang** à ma sœur.
*They took **some blood** from my sister.*

Ils **en** ont pris à ma sœur.
*They took **some** from my sister.*

2. a noun preceded by a number or an expression of quantity, but the *number* or the *expression of quantity* must be repeated;

Elle voit **un éléphant** devant sa voiture.
*She sees **an elephant** in front of her car.*

Elle **en** voit **un** devant sa voiture.
*She sees **one** in front of her car.*

Elle voit **deux policiers** derrière sa voiture.
*She sees **two police officers** behind her car.*

Elle **en** voit **deux** derrière sa voiture.
*She sees **two (of them)** behind her car.*

3. the preposition **de** in expressions with **avoir** + *the verb or noun clause that follows* (as in **avoir besoin de, avoir envie de, avoir peur de,** etc.) ;

> Elle avait peur **de l'éléphant.**
> *She was afraid **of the elephant**.*

> Elle **en** avait peur.
> *She was afraid **of it**.*

> Elle avait envie **de rentrer chez elle.**
> *She wanted **to go home**.*

> Elle **en** avait envie.
> *She wanted **to**.*

4. the preposition **de** + a *place*;

> Les motards arrivent **du village.**
> *The motorcycle police arrive **from the village**.*

> Les motards **en** arrivent.
> *The motorcycle police arrive **(from there)**.*

> Elle sort **de sa voiture.**
> *She gets out **of her car**.*

> Elle **en** sort.
> *She gets out **(of it)**.*

5. the preposition **de** + a *clause.*

> Elle est contente **de ne plus avoir de voiture rouge.**
> *She is happy **to no longer have a red car**.*

> Elle **en** est contente.
> *She is happy **(about it)**.*

NOTE: **En** cannot be used to replace the preposition **de** + *a person*. In this case, use a disjunctive pronoun (see **Part V, Structures,** pages 182–183). However, **en** can be used to replace the preposition **de** + *groups of people.*

> Combien de policiers avez-vous vus? J'**en** ai vu cinq.
> *How many **police officers** did you see? I saw five **(of them)**.*

 **SELF-CHECK** Student Activities Manual, *Exercise III, K, page 60.*

IV. Order of Pronouns

 Grammar Video Tutorials

A REGULAR PATTERN

The following chart shows the word order used for multiple pronouns that appear with regular affirmative and negative verb constructions and with negative imperative constructions.

	me (m')									
	te (t')		le							
(ne +)	se (s')	+	la	+	lui	+	y	+	en	+ verb (+ pas)
	nous		les		leur					
	vous									
	se (s')									

Ils emmènent **ma sœur au poste de police.**
*They are taking **my sister to the police station.***

Ils **l'y** emmènent.
*They are taking **her there.***

Elle n'a pas très bien expliqué **l'incident aux policiers**.
*She didn't explain **the incident** very well **to the police officers.***

Elle ne **le leur** a pas très bien expliqué.
*She didn't explain **it** very well **to them.***

Ne demande pas **d'explication à ma sœur!**
*Don't ask **my sister for an explanation!***

Ne **lui en** demande pas (une)!
*Don't ask **her for one!***

B AFFIRMATIVE IMPERATIVE CONSTRUCTION

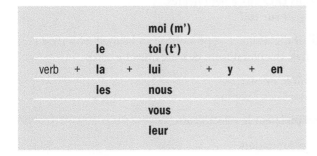

				moi (m')				
		le		toi (t')				
verb	+	la	+	lui	+	y	+	en
		les		nous				
				vous				
				leur				

Explique **cet incident aux policiers!**   Explique-**le-leur!**
*Explain **this incident to the police!***   *Explain **it to them!***

NOTE: Double object pronouns are used less frequently in spoken than in written French.

 SELF-CHECK Student Activities Manual, *Exercise IV, L, pages 60–61.*

V. Disjunctive Pronouns

Disjunctive pronouns (**pronoms accentués**) are another type of personal pronoun used in French. Unlike subject and object pronouns, the disjunctive pronouns can function independently from a verb.

The disjunctive pronoun forms are the following:

Singular	Plural
moi	nous
toi	vous
lui/elle/soi	eux/elles

NOTE: The disjunctive pronoun **soi** is used with the indefinite pronoun **on** or with impersonal expressions such as **chacun, tout le monde,** etc.

Disjunctive pronouns are used:

1. to emphasize the subject(s) or object(s) in a sentence. Their position is variable.

   Moi, j'adore conduire.   J'adore conduire, **moi.**
   Toi, on t'écoute.   On t'écoute, **toi.**

2. as the object of the preposition **à,** for certain verbs and verbal phrases, when referring to a person or persons. Some of the more common of these verbs and verbal phrases are: **être (à), faire attention (à), penser (à).**

Remember that with other verbs the indirect object pronouns are used.

   C'est la voiture de ton père?
   Oui, elle **est à lui.**

   A qui penses-tu?
   A mon ami Paul. Je **pense à lui** depuis ce matin.

   BUT: Qu'est-ce que tu **dis à Paul**? Je **lui dis** de revenir bientôt.

3. as the object of all prepositions other than **à,** when referring to a person or persons.

   Nous sommes revenus **chez eux** à neuf heures.
   Toi, tu n'as pas d'argent **sur toi**?

4. after **c'est/ce sont.** All of the disjunctive pronouns can be used with **c'est** except **eux/elles.** With **eux/elles,** the plural form **ce sont** must be used.

   C'est elle qui conduit le mieux.
   C'est nous qui vendons cette voiture.

   BUT: **Ce sont eux** qui préfèrent le vélo à l'auto.

5. as a one-word answer to a question.

   Qui a les clés de la voiture?   **Moi.**
   Who has the car keys?   *I do.*

6. in comparative constructions.

> J'ai eu **moins d'**accidents **que toi.**
> *I have had **fewer** accidents **than you.***

7. after **ne… que.**

> L'agent de police **ne** mentionne **que lui** dans son rapport.
> *The police officer **only** mentions **him** in his report.*

8. as part of a compound subject.

> **Lui et moi,** nous avons des idées différentes au sujet de cet accident.
> ***He and I** have different ideas about this accident.*

9. combined with -**même.**

> Tu dois payer la contravention **toi-même.**
> *You must pay the fine **yourself**.*

 SELF-CHECK Student Activities Manual, *Exercise V, M, pages 61–62.*

VI. Le mot juste: *se moquer de*

This reflexive construction is the equivalent of the English expression *to make fun of.*
The person or thing being made fun of is the object of the preposition **de.** When the
noun refers to a person, the disjunctive pronoun is used. When it refers to a thing or
an idea, the pronoun **en** replaces the noun.

> Personne ne **se moque de** moi.
> *No one **makes fun of** me.*

> Mes amis **se moquent de** ma vieille voiture. Ils s'**en** moquent.
> *My friends **make fun of** my old car. They make fun of **it**.*

Structures

I. Verb Review

A. Verbs that end in **-ger** (**voyager, nager, plonger, manger,** etc.) undergo a spelling change to keep the pronunciation of a soft **g** in all forms. An **e** is placed after the **g** as needed for pronunciation regularity.

Compare: je m'amuse   nous nous amus**ons**
je voyag**e**   nous voyag**eons** (The **e** is needed to keep the pronunciation of the **g** the same in both forms.)

This spelling change occurs in the **nous** form of the present tense and in all forms of the imperfect except that of **nous** and **vous** in verbs whose infinitive ends in **-ger.**

Je nag**eais** mais vous ne nag**iez** pas.
Il plong**eait** mais nous ne plong**ions** pas.

B. The verb **prendre** and verbs built on this same stem (**apprendre, comprendre, surprendre**) are irregular in the present tense.

je prends	nous prenons
tu prends	vous prenez
il/elle/on prend	ils/elles prennent

Past participles: **pris, appris, compris, surpris**

C. The verb **découvrir** and verbs like it (**couvrir, offrir, ouvrir, souffrir**) are conjugated like **-er** verbs in the present.

> Je **découvre** Paris.
> Nous **découvrons** le plaisir de voyager.

Past participles: **découvert, couvert, offert, ouvert, souffert**

 SELF-CHECK Student Activities Manual, *Exercise I, A, pages 69–70.*

II. Prepositions with Geographical Names

A. For cities, islands, or groups of islands that are not countries or provinces:

- use the preposition **à** to express *to* or *in*.
  J'habite **à** Dakar. *(city)*
  Ils iront **à** Tahiti l'été prochain. *(island)*

- use the preposition **de** or **d'** (in front of a vowel sound) to express *from*.
  Elle part **de** Guadeloupe. *(island)*
  Nous sommes **de** Montpellier. *(city)*
  Ils viennent **d'**Antibes. *(city)*

NOTE: Cities that have definite articles as part of their name (for example, **La Nouvelle-Orléans, Le Caire, Le Havre**), always keep the article.

> Vous allez **à La** Nouvelle-Orléans.
> Mon père rentre **du** Caire.

B. For singular feminine names of countries and French and Canadian provinces (names ending in **-e**) as well as for the names of all continents (names ending in **-e**), feminine names of states (la Carolin**e** du Nord, la Virgini**e**) and masculine singular names of states and countries beginning with a vowel sound:

- use the preposition **en** to express *to* or *in*.
  Ma famille voyage **en** Afrique. *(continent)*
  Le professeur passe ses vacances **en** Louisiane. *(feminine state)*
  Ma sœur fait du vélo **en** Bretagne. *(feminine French province)*
  Les enfants ont passé une semaine **en** Colombie-Britannique. *(feminine Canadian province)*
  Nous irons **en** Israël l'année prochaine *(masculine country beginning with a vowel)*

- use the preposition **de** or **d'** to express *from*.
  Nous sommes partis **d'**Israël. *(masculine country beginning with a vowel)*
  Jeanne est originaire **de** Normandie. *(feminine name of a French province)*
  Mes voisins viennent **de** Bosnie. *(feminine country)*

C. For singular masculine names of countries, provinces, and states, (NOTE: four countries whose names end in -e are masculine and therefore exceptions to B, above. These countries are **le Mexique, le Zimbabwe, le Mozambique,** and **le Cambodge**) use the preposition **à** + *definite article* (**au**) to express *to* or *in*.

> Ils vivront **au** Sénégal l'année prochaine. *(masculine singular country)*

Nous passerons nos vacances **au** Cambodge en juin.
*We will spend our vacation **in** Cambodia in June.*

- use the preposition **de** + *definite article* (**du**) to express *from*.

  Mes ancêtres viennent **du** Danemark. *(masculine singular country)*

D. For all plural names of geographical areas:

- use the preposition **à** + definite article (**aux**) to express *to* or *in*.

  Tu verras des tulipes **aux** Pays-Bas. *(masculine plural country)*
  Elle part **aux** Philippines. *(feminine plural country)*

- use the preposition **de** + definite article (**des**) to express *from*.

  Elles reviendront **des** Etats-Unis au printemps. *(masculine plural country)*
  Nous sommes originaires **des** Antilles. *(plural island group)*

E. When talking about states you can also use the following constructions:

- to express *to* or *in*, use **dans l'Etat de/d'** for feminine states and masculine states beginning with a vowel sound, and **dans l'Etat du** for other masculine states.

  Nous ferons du cheval **dans l'Etat de** Californie. *(feminine state)*
  J'habite **dans l'Etat du** Texas. *(masculine state)*

- to express *from*, use **de l'Etat de/d'** for feminine states and masculine states beginning with a vowel sound, and **de l'Etat du** for other masculine states.

  John est **de l'Etat de** Virginie. *(feminine state)*
  Je suis rentré **de l'Etat d'**Utah hier. *(masculine state beginning with a vowel sound)*

	in/to	from
Cities	**à**	**de/d'**
Continents/fem. countries and provinces/fem. states/masc. states and countries beginning with a vowel sound	**en**	**de/d'**
Masc. countries, states, and provinces	**au**	**du**
Plural names of geographical areas	**aux**	**des**

 SELF-CHECK Student Activities Manual, *Exercise II, B, page 70.*

III. Future Tense and Conditional Forms

Grammar Video Tutorials

The use of the future and the conditional in French is very similar to English. The future tense allows you to talk about what *will happen* at some future time. Note that unlike English, this verb tense has only one word, not two.

Ma famille **partira** en Argentine demain.
*My family **will leave** for Argentina tomorrow.*

Les vacances **finiront** dimanche.
*Vacation **will be** over on Sunday.*

The conditional expresses what *could, might,* or *would happen* if a certain condition existed. This tense also has only one word in French, whereas in English it has two.

> Si je gagnais assez d'argent, j'**achèterais** un chalet à Chamonix.
> *If I earned enough money, I **would buy** a chalet in Chamonix.*

Ⓐ FORMATION OF THE SIMPLE FUTURE (*FUTUR SIMPLE*) AND PRESENT CONDITIONAL (*CONDITIONNEL PRESENT*)

The simple future and the present conditional are formed by adding the following endings to the stem of the verb. This stem is the *infinitive* or a *modified form of the infinitive.*

Future				Conditional			
je	-ai	nous	-ons	je	-ais	nous	-ions
tu	-as	vous	-ez	tu	-ais	vous	-iez
il/elle/on	-a	ils/elles	-ont	il/elle/on	-ait	ils/elles	-aient

Notice that the endings for the future and the conditional are different. The stem remains the same for both.

F. Verbs whose infinitive ends in **-er:** the infinitive is used in most cases.

> Nous **nous amuserons** sur la Côte d'Azur. *(future)*
> *We **will have** a good time on the Riviera.*

> Nous **voyagerions** à pied si nous n'avions pas de vélo. *(conditional)*
> *We **would travel** on foot if we did not have a bike.*

EXCEPTIONS:

aller: stem **ir-**

> Tu **iras** au Maroc avec moi. *(future)*   J'**irais** en Tunisie. *(conditional)*
> *You **will go** to Morocco with me.*   *I **would go** to Tunisia.*

envoyer: stem **enverr-**

> Nous t'**enverrons** des cartes postales. *(future)*
> *We **will send** you postcards.*

> Ses parents l'**enverraient** en colonie. *(conditional)*
> *His parents **would send** him to camp.*

NOTE: **acheter** in the future and conditional has the **accent grave** found in the present. For other stem-change verbs, see Structures, Chapter 1, page 146.

G. Verbs whose infinitive ends in **-ir:** the infinitive is used in most cases.

> Elles **partiront** ce soir. *(future)*   Tu te **divertirais** en Suisse. *(conditional)*
> *They **will leave** tonight.*   *You **would have fun** in Switzerland.*

EXCEPTIONS:

devenir / tenir / venir: stems **deviendr- / tiendr- / viendr-**

Vous **viendrez** avec nous au Chili? *(future)*
Will you come *with us to Chile?*

Il **deviendrait** moniteur de ski s'il avait le temps. *(conditional)*
*He **would become** a ski instructor if he had the time.*

courir / mourir: stem **courr- / mourr-**

Nous **courrons** le long de la plage. *(future)*
*We **will run** along the beach.*

Vous **mourriez** de peur si vous faisiez du parapente. *(conditional)*
*You **would die** of fear if you went hang-gliding.*

H. Verbs whose infinitive ends in **-re:** the future and conditional stems are formed by dropping the **e** from the infinitive.

Je **prendrai** le train pour Lyon. *(future)*
*I **will take** the train for Lyon.*

Ils **se détendraient** à la montagne s'ils y avaient un chalet. *(conditional)*
*They **would relax** in the mountains if they had a chalet there.*

EXCEPTIONS:

être: stem **ser-**

Nous **serons** à Paris le 15. *(future)*
*We **will be** in Paris on the 15th.*

Vous **seriez** champion de ski nautique si vous vous entraîniez. *(conditional)*
*You **would be** a champion water-skier if you trained.*

faire: stem **fer-**

Tu **feras** du stop cet été. *(future)*
*You **will hitch-hike** this summer.*

Il **ferait** de la randonnée en Espagne. *(conditional)*
*He **would go hiking** in Spain.*

I. Verbs whose infinitives end in **-oir** change in a variety of ways. Some of the most common of these verbs and their stems are:

avoir: **aur-**	devoir: **devr-**	falloir: **faudr-**	pouvoir: **pourr-**
savoir: **saur-**	valoir: **vaudr-**	voir: **verr-**	vouloir: **voudr-**

J'**aurai** assez de temps pour lire en vacances. *(future)*
Tu **pourrais** visiter le Québec. *(conditional)*
Il **devra** prendre le train. *(future)*
Il **faudrait** acheter des souvenirs. *(conditional)*
Nous **saurons** faire du surf après ce stage. *(future)*
Vous **voudriez** bronzer. *(conditional)*
Ils **verront** leurs grands-parents. *(future)*
Il **vaudrait** mieux arriver un peu en avance. *(conditional)*

 SELF-CHECK Student Activities Manual, *Exercises III, D, E, H, and I,* *pages 71–73.*

B USAGE OF THE FUTURE AND CONDITIONAL

a. Simple future

- The future tense is used to speak about events that are *expected to happen* in the future, in the same way that the future tense is used in English.

  Quand **serons**-nous de retour?
  *When **will** we **be** back?*

  L'avion **atterrira** à 17 heures.
  *The plane **will land** at 5 p.m.*

  Je **coucherai** à la belle étoile ce soir.
  *I **will sleep** out in the open tonight.*

- Unlike English (where the present tense is used), French requires the future tense after certain conjunctions when you are talking about the future. These conjunctions are:

quand, lorsque	*when*
dès que, aussitôt que	*as soon as*
tant que	*as long as*

  Quand nous **irons** à Bruxelles, nous **ferons** un tour en ballon montgolfière.
  *When we **go** to Brussels, we **will go** for a hot-air balloon ride.*

  Tant que tu **feras du stop,** ta mère **s'inquiètera.**
  *As long as you **hitch-hike**, your mother **will worry.***

  Dès qu'il y **aura** une monnaie unique, on n'aura plus besoin de changer d'argent.
  *As soon as there **is** a common currency, one **will** no longer **need to** change money.*

- In French, as in English, the verb **aller** + *infinitive* means *what is going to happen* (see **Structures,** Chapter 1, page 145). In spoken French, this construction is used much more frequently than the simple future.

  Vous **allez voir** le monde entier.
  *You **are going to see** the whole world.*

Using **aller** + *infinitive* suggests that the future event is more likely to happen or will happen sooner. The simple future suggests a more distant time in the future and somewhat more uncertainty about the events.

  Un jour, des touristes **visiteront** la lune.
  *Some day, tourists **will visit** the moon.*

b. Present conditional

- The conditional can be used to express *politeness* by softening or attenuating a request, a command, or a suggestion. The verbs **vouloir, pouvoir, savoir,** and **devoir** are often used in the conditional in this context.

  Je **voudrais** connaître vos projets.
  *I **would like** to know your plans.*

  Pourrais-tu m'aider à porter ma valise?
  ***Could** you help me carry my suitcase?*

- The conditional is also used in a conjecture or a hypothesis in the future or present, to express a possibility, something that *might* or *could* happen. Often it is accompanied by a subordinate clause (either before or after) in which a condition is stated.

> A ta place, je **prendrais** mon sac de couchage.
> *If I were you, I **would take** my sleeping bag.*

> Nous **ferions la grasse matinée** si nous ne devions pas travailler.
> *We **would sleep late** if we didn't have to work.*

> S'il faisait plus chaud, ils se **baigneraient.**
> *If it were warmer, they **would go swimming.***

When you are reporting what someone else has said (indirect speech) about a future event, and the statement was made in the past, the conditional replaces the future in the part you are indirectly quoting.

DIRECT SPEECH:

> Philippe a dit: « Nous **verrons** le Tour de France cet été ».
> *Philippe said, "We **will see** the Tour de France this summer."*

INDIRECT SPEECH:

> Philippe a dit que nous **verrions** le Tour de France cet été.
> *Philippe said that we **would see** the Tour de France this summer.*

DIRECT SPEECH:

> Le guide a annoncé: « Le car **partira** dans 30 minutes ».
> *The guide announced, "The bus **will leave** in 30 minutes."*

INDIRECT SPEECH:

> Le guide a annoncé que le car **partirait** dans 30 minutes.
> *The guide announced that the bus **would leave** in thirty minutes.*

NOTE: You may need to change the subject in the quoted sentence when you use indirect speech.

> **Il** a dit: « **Je** ne ferai pas de snowboard ».
> ***He** said, "**I** will not go snowboarding."*

> **Il** a dit qu'**il** ne ferait pas de snowboard.
> ***He** said **he** would not go snowboarding.*

 **SELF-CHECK** Student Activities Manual, *Exercise III, J, page 73.*

IV. Future Perfect and Past Conditional

Grammar Video Tutorials

A FORMATION

1. Future perfect *(Futur antérieur)*

The future perfect *(will have + past participle)* is composed of the future tense of the auxiliary (**avoir** or **être**) and the past participle.

> C'est moi qui **aurai fait** le tour du monde.
> *I am the one who **will have travelled** around the world.*

> Quand nous **serons arrivés** à Québec, tu verras le Château Frontenac.
> *When we **arrive** in Quebec City, you will see the Château Frontenac.*

(NOTE: In English we use the present: *When we arrive;* in French you must say the equivalent of: *When we will have arrived . . . .* or *When we have arrived . . .)*

> Dès que je **serai rentré** en Belgique, j'inviterai Eva.
> *As soon as I **get home** to Belgium, I will invite Eva.*

For more examples of usage, see page 192.

 SELF-CHECK Student Activities Manual, *Exercise V, M, page 75.*

2. Past conditional *(Conditionnel passé)*

The past conditional *(would have + past participle)* is composed of the present conditional tense of the auxiliary (**avoir** or **être**) and the past participle.

> Nous **serions allés** en Tunisie si tu nous avais invités.
> *We **would have gone** to Tunisia if you had invited us.*

> Il **aurait** toujours **regretté** de ne pas avoir continué son voyage.
> *He **would have** always **regretted** not continuing his trip.*

> Tu **aurais pu** nous accompagner.
> *You **could have** (**would have been able to**) come with us.*

 SELF-CHECK Student Activities Manual, *Exercise V, O, page 76.*

B USAGE

1. Future perfect

The future perfect is used to talk about events in the future that will have happened *prior to* or *before* another event in the future. It often occurs together with conjunctions that refer to certain points in time. In English, we do not have to use the future or the future perfect with these conjunctions; normally we use the present tense. These conjunctions are:

aussitôt que/dès que   **après que**   **quand/lorsque**   **tant que**

Quand nous **serons arrivés** à Montpellier, nous te téléphonerons.
*When we **arrive** in Montpellier, we will call you. (literally: When **we will have arrived**)* [Our arrival will happen before we call.]

Dès que tu **auras appris** à faire du ski, tu pourras passer tes vacances en Suisse avec nous.
*As soon as **you have learned** to ski, you will be able to spend your vacation with us in Switzerland. (literally: As soon as you **will have learned**)* [Learning to ski will happen before you go to Switzerland.]

2. Past conditional

The past conditional is used largely in *connection with if-clause constructions.* See the following section.

V. If-clauses *(le **si** de condition)*

Grammar Video Tutorials

When you want to express what *will* or *would* happen *if* something else occurs or occurred, your sentence will have two parts:

a. The *condition,* expressed by **si** plus a verb in the present, imperfect, or pluperfect (*never* the conditional).
b. The result will be stated in the present, future, present conditional, or past conditional.

The sequence of the two clauses is not important. You can begin your sentence with **si** to state the condition first, or start with the main clause to state the result first. Within this pattern, the time frame and the meaning determine the choice of tenses. The usage in French is the same as that in carefully-spoken, grammatically precise English.

- (a) **si** + *present* + (b) *present* or *future*

When the condition expressed in the *if-clause* (a) is considered as really existing or likely to be true, the present tense is used and the *result* (b) is expressed in the present or future.

(a) Si tu **refuses** de voyager, (b) tu ne **connaîtras** jamais le monde.
*If you **refuse** to travel, you will never **get to know** the world.*

(b) Il nous **prêtera** sa motoneige (a) si nous **rentrons** avant la nuit.
*He **will lend** us his snowmobile if we **are back** before nightfall.*

(a) Si j'**ai** du courage, (b) je **ferai** du parapente.
   *If I **am** brave enough, I **will go** hang-gliding.*

(b) Nous **faisons** du ski de fond le week-end (a) s'il y **a** de la neige.
   *We **go** cross-country skiing on the weekends if there **is** snow.*

- (a) **si** + *imperfect* + (b) *present conditional*
  (a) **si** + *pluperfect* + (b) *past conditional*

When the condition expressed in the *if-clause* is considered unlikely to become true, or is hypothetical or contrary to fact, the pattern is also similar to English.

1. **si** + *imperfect* + (b) *present conditional*—The result is still possible.

   (a) Si tu **étais** président de la République (b) tu **n'aurais** pas tant de vacances.
     *If you **were** president of the French Republic, you **would** not **have** so much vacation.*

2. Vous ne **feriez** pas de bateau (a) si vous **aviez** le mal de mer.
   *You **would** not **go** boating if you **suffered** from seasickness.*

   (a) **si** + *pluperfect* + (b) *past conditional* —The time frame is the past; the result cannot be changed.

     (a) S'il n'**avait** pas **fait** si mauvais, (b) Didier n'**aurait** pas **fait la connaissance** d'Eva.
       *If the weather **had** not **been** so bad, Didier **would** not **have gotten to know** Eva.*

     (b) Nous **n'aurions** pas eu d'amende (a) si nous **avions eu** le bon permis.
       *We **would** not **have gotten** a fine if we **had had** the right license.*

It is also possible to use the *pluperfect* followed or preceded by the *present conditional* if you want to say (a) *if this had happened* (i.e., in the past) (b) *something would happen . . .* (i.e., in the present).

   (a) Si j'**avais appris** le chinois, (b) j'**irais** souvent en Chine.
     *If I **had learned** Chinese, I **would travel** to China often.*

   (b) Nous **serions** plus satisfaits (a) si nous **avions logé** dans des hôtels de luxe.
     *We **would be** happier if we **had stayed** in luxury hotels.*

   (a) Si tu **avais fait** de la planche à voile, (b) tu **serais** fatigué comme nous.
     *If you **had gone** windsurfing, you **would be** tired like we are.*

Summary

If-clause (a)	Result clause (b)
A. *Present*	**+ *Present or Future***
Si nous **faisons de la randonnée**, *If we **go hiking**,*	nous ne **dépensons** pas trop d'argent. *we **do** not **spend** too much money.*
Si tu **prends** le train, *If you **take** the train,*	tu **arriveras** à l'heure. *you **will arrive** on time.*
B. *Imperfect*	**+ *Present conditional***
S'il **allait** à la pêche, *If he **went** fishing,*	nous **mangerions** du poisson. *we **would eat** fish.*

If-clause (a)	Result clause (b)
C. *Pluperfect*	+ *Present conditional*
Si vous **aviez voyagé** en avion, *If you **had traveled** by plane,*	vous **seriez** moins fatigué. *you **would be** less tired.*
D. *Pluperfect*	+ *Past conditional*
Si elle **avait passé** moins de temps à la plage, *If she **had spent** less time at the beach,*	elle n'**aurait** pas **pris** de coup de soleil. *she **would** not **have gotten** a sunburn.*

 SELF-CHECK Student Activities Manual, *Exercises VII, Q and R, pages 77–78.*

VI. *Passé simple*

A USAGE

The **passé simple** is a past tense used only in writing, usually in literary texts, fairy tales and, less frequently today, in journalism. It indicates that an action has been completed in the past and has no relation to the present.

> Je **fus** un instant sans répondre.
 *For a moment, I **did** not answer.*

> Mon père le **vit** et me **parla** gentiment.
 *My father **noticed** it and **spoke** to me kindly.*

This tense can be considered the literary equivalent of the **passé composé,** although this latter tense suggests more of a connection to the present than the **passé simple.** For stylistic effects, an author may use both the **passé simple** and the **passé composé** in the same passage. The imperfect is used in both written and spoken French to indicate a state of being, a condition, or how things were in the past, and is found in both literary and nonliterary styles.

B FORMATION

For reading, it is helpful to *recognize* the forms of the **passé simple.**

Regular verbs whose infinitive ends in **-er** drop the **-er** and add the endings: **-ai, -as, -a, -âmes, -âtes, -èrent.**

je regard**ai**	nous regard**âmes**
tu regard**as**	vous regard**âtes**
il/elle/on regard**a**	ils/elles regard**èrent**

Regular verbs whose infinitives end in **-ir** or **-re,** drop the **-ir** or **-re** and add the endings:
-is, -is, -it, -îmes, -îtes, -irent.

je répond**is**	nous répond**îmes**
tu répond**is**	vous répond**îtes**
il/elle/on répond**it**	ils/elles répond**irent**

The **passé simple** forms of some frequently used irregular verbs are:

avoir		**être**		**faire**	
j'eus	nous eûmes	je fus	nous fûmes	je fis	nous fîmes
tu eus	vous eûtes	tu fus	vous fûtes	tu fis	vous fîtes
il/elle/on eut	ils/elles eurent	il/elle/on fut	ils/elles furent	il/elle/on fit	ils/elles firent

The **passé simple** of many irregular verbs is built on their past participle. Those with a past participle ending in **-is** (mettre / **mis;** prendre / **pris**) have an **i** in their **passé simple** stem: je m**i**s, nous m**î**mes, tu pr**i**s, vous pr**î**tes. Those whose past participle ends in **-u** (croire / **cru;** savoir / **su**) have a **u** in their **passé simple** stem: tu cr**u**s, vous cr**û**tes, il s**u**t, ils s**u**rent.

Infinitive	*Past participle*	**Passé simple**
apercevoir	aperçu	nous aperçûmes
paraître	paru	elles parurent
remettre	remis	il remit

NOTE: The **passé simple** is a tense you should recognize in order to understand the meaning of what you are reading, but you will not need to produce it.

 SELF-CHECK Student Activities Manual, *Exercises VIII, U and V, pages 79–80.*

Structures

I. Verb Review

A. The verb **préférer** is an **-er** verb that has a stem spelling change in some forms. As you learned in Chapter 1 (p. 146), **préférer** and verbs like it (**accélérer, sécher,** etc.) change the **é** to **è** in the stem for all but the **nous** and **vous** forms in the conjugation of the present indicative. In the imperfect, future, and conditional, these verbs retain the **é** in all forms:

Present		Future (Conditional)	
je préf**è**re	nous préf**é**rons	je préf**é**rerai (-ais)	nous préf**é**rerons (-ions)
tu préf**è**res	vous préf**é**rez	tu préf**é**reras (-ais)	vous préf**é**rerez (-iez)
il/elle/on préf**è**re	ils/elles préf**è**rent	il/elle/on préf**é**rera(-ait)	ils/elles préf**é**reront(-aient)

Imperfect		Past participle	
je préf**é**rais	nous préf**é**rions	préf**é**ré	
tu préf**é**rais	vous préf**é**riez		
il/elle/on préf**é**rait	ils/elles préf**é**raient		

B. The verb **projeter** is another stem-change regular **-er** verb. In the present indicative, the future, and the conditional, **projeter** and verbs like it (**appeler, jeter,** etc.) double the consonant (**l, t**) in all but the **nous** and **vous** forms. The forms of the imperfect do not have a double consonant.

Present		Future (Conditional)	
je projette	nous projetons	je projetterai (-ais)	nous projetterons (-ions)
tu projettes	vous projetez	tu projetteras (-ais)	vous projetterez (-iez)
il/elle/on projette	ils/elles/ projettent	il/elle/on projettera(-ait)	ils/elles projetteront (-aient)

Imperfect		Past participle	
je projetais	nous projetions	projeté	
tu projetais	vous projetiez		
il/elle/on projetait	ils/elles projetaient		

 SELF-CHECK Student Activities Manual, *Exercise I, A, p. 85.*

II. Negative Expressions

A NE... PAS

To make a simple negative statement, question, or command in French, **ne... pas** is placed around the verb.

> J'aime beaucoup ce film français.
> Je **n'**aime **pas** beaucoup ce film français.

REMEMBER:

- In simple tenses, **ne** precedes the verb and **pas** follows it.

  Je **n'**aime **pas** ce film.

- In compound tenses, **ne** precedes the auxiliary verb and **pas** follows it.

  Elle **n'**a **pas** vu le film.

- When using inversion, **ne** precedes the inverted subject-verb construction and **pas** follows it.

  Ne vas-tu **pas** au cinéma?
  N'es-tu **pas** allé au cinéma?

- In a command (imperative form), **ne** precedes the verb and **pas** follows it.

  N'allez **pas** au cinéma!

- With a negative infinitive, **ne pas** is placed between the main verb and the infinitive.

  Il préfère **ne pas** aller au cinéma.

- A negative statement, question, etc. can be reinforced, or made stronger, by adding **du tout** to the **ne... pas** expression.

  Je **n'**ai **pas du tout** envie de regarder ce jeu télévisé.
  *I have **no** desire **whatsoever** to watch this game show.*

Pas du tout can also be used alone as a negative answer to a question.

> Aimez-vous les films doublés?   **—Pas du tout!**
> *Do you like dubbed movies?*   **—Not at all!**

- A negative statement, question, etc. can be qualified or made more precise, by adding **encore** to **ne... pas.**

> Je **n'**ai **pas** vu ce film.
> *I have **not** seen this film.*

> Je **n'**ai **pas encore** vu ce film.
> *I have **not yet** seen this film.*

NOTE: Indefinite articles (**un/une/des**) that follow negative expressions are replaced by **de**. For an explanation of this construction, see **Structures,** Chapter 4, p. 175.

> Ma famille **a** une télévision.
> Ma famille **n'a pas de** télévision.

> Il y **a des** cinémas dans ce petit village.
> Il **n'y a pas de** cinémas dans ce petit village.

B OTHER NEGATIVE EXPRESSIONS

ne... jamais	*never*
ne... plus	*no longer, not . . . anymore*
ne... personne	*no one*
ne... rien	*nothing*
ne... ni... ni	*neither . . . nor*
ne... aucun(e)	*not any*

NOTE: The expression **ne... que,** which means *only*, is often included with negative expressions, although technically it only limits the verb, rather than negates it. The second part of this expression (**que**) always directly precedes the word it modifies.

> Dans ma famille, il **n'**y a **que** ma sœur qui aime regarder les feuilletons.
> *In my family, **only** my sister likes to watch the soaps.*

> Il **n'**a vu **que** deux films français dans sa vie.
> *He has seen **only** two French films in his life.*

1. Ne... jamais

Ne... jamais negates the adverbs **souvent** *(often)*, **quelquefois** *(sometimes)*, **parfois** *(occasionally)*, **toujours** *(always)*, and **de temps en temps** *(from time to time)*. It functions the same way as **ne... pas.**

> Elle **ne** regarde **jamais** les informations.

Jamais can be used alone to answer a question.

> Regardez-vous parfois des films de science-fiction?   **—Jamais!**
> *Do you occasionally watch science fiction movies?*   **—Never!**

Jamais can also be used alone in a positive context to mean *ever*.

> Avez-vous **jamais** rencontré une vedette de cinéma?
> *Have you **ever** met a movie star?*

2. Ne... plus

Ne... plus is used to indicate a negative change in a situation, and it is sometimes used to negate the adverbs **encore** and **toujours** when they mean *still*.

>Je **ne** regarde **plus** la télé.
>*I **no longer** watch television.*

>—Aimes-tu **toujours** ce feuilleton? —Non, je **ne** l'aime **plus.**
>—*Do you **still** like this soap?* —*No, I **no longer** like it.*

3. Ne... personne / ne... rien

Ne... personne and **ne... rien** function in similar ways as negative constructions.

- When used as a subject, both parts of the negative expression precede the verb, and the verb is always in the singular.

>**Personne n**'aime la télé-réalité.
>***No one** likes reality television.*

>**Rien n**'est crédible dans ce film.
>***Nothing** is believable in this movie.*

- When used as a direct object, **ne** precedes the verb and **personne / rien** follows it.

>Je **ne** connais **personne** qui aime ce film.
>*I know **no one** who likes this movie.*

>Il **n'**y a **rien** à la télé ce soir.
>*There is **nothing** on TV tonight.*

If the verb is in a compound tense *(auxiliary + past participle of main verb)*, the placement of **personne** and **rien** used as direct objects is not the same. **Rien** precedes the past participle, whereas **personne** follows it.

>Elle **n'**a **rien vu.** Elle **n'**a vu **personne.**
>*She saw **nothing.*** *She saw **no one.***

- When used as the object of a preposition, both **personne** and **rien** follow the preposition.

>Elle **n'**est allée au cinéma avec **personne.**
>*She **didn't** go to the movies with **anyone**. (She went to the movies with **no one**.)*

>Cet acteur **ne** parle de **rien** d'intéressant dans son interview.
>*This actor **doesn't** talk about **anything** interesting in his interview.*

NOTE: As in the above example, if **personne** or **rien** is modified by an adjective, the adjective is always masculine and must be preceded by **de (d').**

- Both **personne** and **rien** can be used alone as negative answers.

>Qui avez-vous vu? —**Personne.**
>*Who (whom) did you see?* —***No one.***

>Qu'est-ce qu'il y a à la télé? —**Rien.**
>*What is on TV?* —***Nothing.***

4. Ne... ni... ni

Ne... ni... ni is used to oppose two people, things, or ideas. **Ne** precedes the verb, as usual, but **ni... ni** directly precede the words they modify. Partitive and indefinite articles are dropped in this construction, but definite articles remain.

> Elle **n'**aime regarder **ni** la télé **ni** les films.
> *She **doesn't** like to watch TV **or** movies. (She likes to watch **neither** TV **nor** movies.)*

> Nous **n'**avons **ni** télévision **ni** lecteur DVD à la maison.
> *We have **neither** a TV **nor** a DVD player at home.*

NOTE: When **ne... ni... ni** is negating the subject rather than the object in a sentence, the verb is generally plural.

> **Ni** ma mère **ni** mon père **n'aiment** les films d'horreur.
> ***Neither** my mother **nor** my father like horror movies.*

5. Ne... aucun(e)

This negative expression can function in various ways in a sentence.

- As a subject pronoun, **aucun** takes the gender of the noun it replaces and is followed by a singular verb.

  > **Aucune** de ces trois séries **n'**est bonne.
  > ***None** of these three television series is good.*

- As an adjective, **aucun** agrees in gender with the noun it modifies. The adjective and noun are always singular.

  > Cet acteur **n'**a **aucun** talent.
  > *This actor **doesn't** have **any** talent. (This actor has **no** talent.)*

 SI

The affirmative response to a negative question or statement is **si,** not **oui.**

> N'avez-vous pas aimé ce film?   —**Si!**
> *Did you not like this film?*   —***Yes (I did)!***

> Avez-vous aimé ce film?   —**Oui.**
> *Did you like this film?*   —***Yes.***

 SELF-CHECK Student Activities Manual, *Exercises II, B–D, pp. 86–87.*

III. Relative Pronouns

Grammar Video Tutorials

Learning to use relative pronouns in French will allow you to speak and write in a more sophisticated manner. Instead of using simple sentences and repetition, you will be able to qualify or expand on your main clause by attaching to it a second (relative, or subordinate) clause.

Simple sentence and repetition:

> J'aime ce film. Ce film vient de sortir.
> *I like this movie. This movie just came out.*

Main clause + relative clause:

> J'aime ce film **qui** vient de sortir.
> *I like this movie **that** just came out.*

NOTE: In the example above, **qui** is the relative pronoun that links the main clause to the relative clause. It functions as the *subject* of the verb in the relative clause (**vient**), and its antecedent (the word in the main clause that it represents) is **film.** There are several relative pronouns to choose from in French, depending on how the pronoun functions in the relative clause.

A. Qui and **que** are the most commonly used relative pronouns in French.

- **Qui** functions as a subject. Its antecedent can be either a person or a thing. The verb in the relative clause agrees in number (singular/plural) with that of the antecedent.

    L'actrice **qui** joue le rôle principal du film n'est pas très bonne.
    [The antecedent **actrice** and verb **joue** are 3rd person singular.]
    *The actress **who** plays the leading role in the film isn't very good.*

    On critique les pubs **qui** montrent trop de nudité.
    [The antecedent **pubs** and verb **montrent** are 3rd person plural.]
    *People are critical of ads **that** show too much nudity.*

    When **qui** is followed by a vowel, there is no elision (combining the **i** of **qui** with the vowel that follows).

    Quel est le nom de l'acteur **qui** a joué le rôle principal dans le film *Titanic*?

- **Que** functions as a direct object. Its antecedent can be either a person or a thing.

    Que takes the gender (masculine/feminine) and number (singular/plural) of its antecedent, so a past participle in the relative clause must agree with the gender and number of the antecedent.

    Le film **que** nous avons vu est très bon.
    (*antecedent* = **film** → *past participle* **vu**)

    L'actrice **que** nous avons vue est très connue.
    (*antecedent* = **actrice** → *past participle* **vue**)

    When the relative pronoun **que** is followed by a vowel, the **e** of **que** is elided with that vowel.

    L'actrice française **qu'**elle aime s'appelle Marion Cotillard.

NOTE: The relative pronoun **que** cannot be omitted in French, as it can in English.

    Quel est le nom du film **que** tu as vu?
    *What is the name of the movie **(that)** you saw?*

B. Ce qui or **ce que** is used instead of **qui** or **que** when the antecedent is not clearly stated. Both of these pronouns are translated as *what*.

Je ne comprends pas **ce qui** se passe dans ce film.
(**ce qui** = *subject of relative clause*)
*I don't understand **what** is happening in this movie.*

Dites-moi **ce que** vous voulez regarder à la télé.
(**ce que** = *direct object of relative clause*)
*Tell me **what** you want to watch on TV.*

C. Dont is the relative pronoun used to replace **de** + its object in a relative clause. The object of the preposition can be either a person or a thing.

- **Dont** is the relative pronoun to use with the following common expressions:

avoir besoin de	être satisfait(e) de	se moquer de
avoir envie de	être fier(-ère) de	parler de
avoir peur de	se souvenir de	
être content(e) de	se servir de	

Le grand classique **dont** il se souvient le mieux est *Casablanca.*
The classic film he remembers best is Casablanca.

La vedette française **dont** nous parlons est Daniel Auteuil.
The star we are talking about is Daniel Auteuil.

NOTE: In the examples above, the relative pronoun cannot be omitted in French, as it can in English.

- **Dont** is the relative pronoun that sometimes translates into English as *whose.*

  Dans le film *Titanic,* le héros tombe amoureux d'une jeune femme **dont** le fiancé est très riche.
  *In the movie **Titanic,** the hero falls in love with a young woman **whose** fiancé is very rich.*

- **Ce dont** is used instead of **dont** when the antecedent is not clearly stated.

  Je ne comprends pas **ce dont** vous avez peur dans ce film d'horreur.
  *I don't understand **what** you are afraid of in this horror film.*

D. If the relative clause has a preposition other than **de,** use the pronoun **qui** when referring to people, and a form of **lequel (laquelle, lesquels, lesquelles)** when referring to things.

Je ne sais plus **à qui** j'ai prêté le DVD.
*I no longer know **to whom** I lent the DVD.*
(In colloquial English: *I don't know anymore **who** I lent the DVD **to.**)*

Explique-moi les raisons **pour lesquelles** tu préfères cette chaîne.
*Explain to me (the reasons) **why** you prefer this channel.*

E. Où is the relative pronoun to use to express time or place.

Jacques n'a jamais oublié le jour **où** sa grand-mère a quitté le cinéma avant la fin du film.
*Jacques never forgot the day **(when)** his grandmother left the cinema before the end of the movie.*

Quel est le nom du restaurant **où** tu as vu Brad Pitt?
*What is the name of the restaurant **where** you saw Brad Pitt?*

 **SELF-CHECK** Student Activities Manual, *Exercises III, G–I, pp. 88–90.*

IV. *Le mot juste: il s'agit de*

The expression **il s'agit de** can be very useful when talking *about* the content of a work (a book, a play, a movie, etc.) or when talking *about* an event.

NOTE: The subject of this expression is *always* the impersonal **il.**

Dans ce film, **il s'agit d'**un homme qui veut être président des Etats-Unis.
*This movie **is about** a man who wants to be president of the United States.*

De quoi **s'agit-il** dans cette nouvelle émission?
What is** this new TV program **about?

Structures

I. Verb Review

The verb **croire** is irregular in the present tense.

je crois	nous croyons
tu crois	vous croyez
il/elle/on croit	ils/elles croient
Future/Conditional stem: croir-	
Past participle: cru	

Ⓐ USAGE

croire + direct object = *to believe someone or something*

> Je **crois** mon père.
> I **believe** my father.

croire à = *to believe something is possible, probable, real; to believe in the value of something*

> Il **croit aux** fantômes. Je ne **crois** pas **à** la magie noire.
> He **believes in** ghosts. I don't **believe in** black magic.

croire en = *to believe in, to have confidence in*

> Ses parents **croient en** lui.
> His parents **believe in (have confidence in)** him.

> **Croyez**-vous **en** Dieu?
> Do you **believe in** God?

 SELF-CHECK Student Activities Manual, *Exercise I, A, page 99.*

II. What is the Subjunctive?

The *subjunctive* suggests a way of looking at things rather than talking about a moment in time. The *indicative* (present, imperfect, future, **passé composé,** etc.) refers to actions or events in the realm of certainty in varying time frames. But in the example below, the emphasis is not on a real event in time:

> Ses parents veulent qu'elle **soit** heureuse.
> *Her parents want her **to be** happy.*

Being happy is not a fact in this sentence but a subjective condition that may or may not happen. The parents wish it, but this does not make it reality.

> Il est possible que les trois chevaliers **puissent** sauver la vie de la demoiselle.
> *It is possible that the three knights **can (could)** save the life of the damsel.*

This sentence stresses the uncertainty of the result. We do not know if they will succeed.

The subjunctive is rare in English and you will see in the translations of the two examples above that it can be translated in different ways. Something close to the subjunctive is expressed in a sentence like:

> *I wish she **were** a princess.*

Unlike English, the subjunctive occurs fairly frequently in French. When a main verb expresses a feeling or an emotion (happiness, fear, surprise, etc.) or a desire (I want, I demand, etc.) and the verb that follows it has a different subject, this second verb is in the subjunctive mood.

> Ils veulent qu'elle **choisisse** un mari.
> *They want her **to choose** a husband.*

In this example, she has not chosen a husband, nor do we know whether she will do so, or is doing so; what we know is that they *want* her to do it.

> Je suis étonné qu'une grenouille **veuille** être aussi grosse qu'un bœuf.
> *I am surprised that a frog **wants** to be as large as an ox.*

We do not know if this frog can or cannot be as large as an ox; we know that the speaker is surprised that it wants to be.

> Je regrette que la licorne **disparaisse.**
> *I am sorry that the unicorn **may disappear**.*

Since the main verbal expression **(regrette)** states regret, the dependent or subordinate verb **(disparaisse),** which has a different subject, is in the subjunctive.

III. Formation of the Subjunctive

Two tenses of the subjunctive are commonly used in modern French: the present (to express present *or* future) and the past. The imperfect and the pluperfect subjunctive are usually found only in literary texts.

Ⓐ PRESENT SUBJUNCTIVE

The present tense of the subjunctive for most verbs is formed by taking the third person plural form of the present indicative **(ils/elles choisissent)**, dropping the **-ent,** and adding the following endings:

-e	-ions
-es	-iez
-e	-ent

Il est important qu'elle **choisisse** le meilleur cadeau.
*It is important that she **choose** the best gift.*

1. Regular verbs

Regular **-er** verbs

raconter (ils racont*ent*)	
que je racont**e**	que nous racont**ions**
que tu racont**es**	que vous racont**iez**
qu'il/elle/on racont**e**	qu'ils/elles racont**ent**

Regular **-ir** verbs

choisir (ils choisiss*ent*)	
que je chois**isse**	que nous chois**issions**
que tu chois**isses**	que vous chois**issiez**
qu'il/elle/on chois**isse**	qu'ils/elles chois**issent**

Regular **-re** verbs

attendre (ils attend*ent*)	
que j'attend**e**	que nous attend**ions**
que tu attend**es**	que vous attend**iez**
qu'il/elle/on attend**e**	qu'ils/elles attend**ent**

NOTE: The subjunctive is often shown in verb charts preceded by the conjunction **que** to emphasize that these verb forms are used only in *dependent clauses,* i.e., they always follow another conjugated verb. However, just because there is a "**que**" the verb will not necessarily be in the subjunctive. You will often see a dependent clause that begins with a "**que**" where a subjunctive is not needed. See the explanation in section IV below.

2. Verbs with double stems

There are many verbs that have double stems in the subjunctive; one stem is based on the third person plural (ils **vienn**ent: **vienn-**) and is used for **je, tu, il/elle/on, ils/elles;** the other is based on the first person plural (nous **ven**ons: **ven-**) and is used for **nous** and **vous.**

venir	
que je **vienn**e	que nous **ven**ions
que tu **vienn**es	que vous **ven**iez
qu'il/elle/on **vienn**e	qu'ils/elles **vienn**ent

Some of the most common verbs that follow this pattern are: **boire, croire, devoir, mourir, prendre, recevoir,** and **voir.** If you check the conjugation of these verbs in the present indicative, you will see that they follow a similar pattern there since they also have two stems.

> Il faut que la sorcière **prenne** le poison.
> *The witch must **take** the poison.*

> Le magicien veut que nous **prenions** la potion magique.
> *The magician wants us **to take** the magic potion.*

> Il est important que la princesse **reçoive** la fleur.
> *It is important that the princess **get** the flower.*

> Je doute que vous **receviez** ce miroir.
> *I doubt that you **will receive** this mirror.*

Some other frequently used verbs have two stems in the subjunctive that are not based on the present indicative, but they follow this same pattern (one stem for **je, tu, il/elle/ on, ils/elles;** another stem for **nous, vous**).

aller: **aill- / all-**

> Il faut que j'**aille** chez ma fiancée.
> *I have **to go** to my fiancée's house.*

> Il est important que nous y **allions** ensemble.
> *It is important for us **to go** there together.*

vouloir: **veuill- / voul-**

> Bien qu'elle **veuille** se marier, elle renvoie les trois jeunes hommes.
> *Although she **wants** to marry, she sends the three young men away.*

> Elle est étonnée que nous **voulions** tous faire ce qu'elle demande.
> *She is surprised that we all **want** to do what she asks.*

3. Irregular verbs

These commonly used irregular verbs have only one stem in the subjunctive:

savoir: **sach-**   pouvoir: **puiss-**   faire: **fass-**

The present subjunctive forms of **avoir** and **être** are irregular.

avoir		être	
que j'**aie**	que nous **ayons**	que je **sois**	que nous **soyons**
que tu **aies**	que vous **ayez**	que tu **sois**	que vous **soyez**
qu'il/elle/on **ait**	qu'ils/elles **aient**	qu'il/elle/on **soit**	qu'ils/elles **soient**

B PAST SUBJUNCTIVE

The *past tense of the subjunctive* is a compound past tense (like the **passé composé**) and is composed of the present subjunctive of **avoir** or **être** and the past participle of the verb.

> Elle est contente qu'ils **soient arrivés** avant son enterrement.
> *She is happy that they **arrived** before her burial.*

> Ses parents sont étonnés que le jeune homme **ait acheté** une fleur.
> *Her parents are surprised that the young man **bought** a flower.*

The *past subjunctive* is used when the action or condition in the subjunctive clause has taken place before the action or state of the main (indicative) clause. For example, in the second sentence, the parents *are* surprised *now*, in the present, because at some time in the past, the young man *bought* a flower.

> Je suis désolé que vous n'**ayez** pas **trouvé** le sorcier.
> *I am sorry that you **did** not **find** the sorcerer.*

The speaker is sorry *now* that you did not find the magician *in the past*.

 SELF-CHECK Student Activities Manual, *Exercises II/III, B, C, and D, pages 99–100.*

IV. Usage of the Subjunctive

In modern French, the subjunctive is almost always used in a *dependent* or *subordinate clause* introduced by the conjunction **que**.

NOTE: Not all clauses following **que** will require the subjunctive. In the following sentence, for example, **que** is a *relative pronoun* that refers back to the noun, **garçon**.

> Le garçon **que** la jeune fille aime lui a apporté une fleur.
> *The boy **whom** the girl loves brought her a flower.*

A THE SUBJUNCTIVE IS USED...

- following expressions of *volition* (will, intent, desire, wish) or *sentiment* (emotion, judgment, appreciation).

> Il **faut qu**'elle nous **dise** qui elle aime.
> *She **must tell** us whom she loves.*

> Ils **ont peur qu**'elle **soit** morte.
> *They **are afraid** she **may be** dead.*

> Ton père **préfère que** tu ne **lises** pas d'histoires de vampires.
> *Your father **prefers that** you not **read** vampire stories.*

Some verbs in this category are: **admirer, aimer mieux, défendre, demander, désirer, insister, ordonner, permettre, préférer, regretter, vouloir.**

> Les enfants **regrettent que** la grenouille **crève.**
> *The children **are sorry that** the frog **bursts.***

> Le bœuf **aimerait mieux que** la grenouille **soit** contente de sa taille.
> *The ox **would prefer that** the frog **be** happy with its size.*

NOTE: The subjunctive is *not* used after the verb **espérer,** which is often followed by the future.

> Il **espère qu'**elle le **prendra** pour mari.
> *He **hopes** she **will take** him as her husband.*

Some expressions of volition and emotion that are followed by the subjunctive are: **avoir peur que, être heureux (-euse) que** (also: **être triste / content(e) / désolé(e) / étonné(e) / surpris(e) que,** etc.), **il est bon que** (also: **il est utile / important / nécessaire / dommage / temps que,** etc.), **il vaut mieux que, il faut que.**

> Je **suis étonné que** tu **croies** à l'existence des loups-garous.
> *I **am surprised that** you **believe** in werewolves.*

> Il **vaut mieux que** le bœuf **ait** pitié de la grenouille.
> *It **is better** that the ox **feels sorry** for the frog.*

- following verbs and expressions that indicate *doubt* or *possibility* (**il est possible que, il est impossible que, il se peut que, il est peu probable que**).

> Il **se peut que** nous **trouvions** une fleur magique.
> *It **is possible that** we **may find** a magic flower.*

> Je **doute que** le géant **veuille** épouser une naine.
> *I **doubt that** the giant **wants** to marry a dwarf.*

> Il **est peu probable que** la grenouille **se fasse** aussi grosse que le bœuf.
> *It **is unlikely that** the frog **will make** itself as large as the ox.*

EXCEPTION: The expression **il est probable que** suggests greater certainty and is therefore not followed by the subjunctive.

> Il **est probable que** le bœuf **se moque de** la grenouille.
> *It **is likely that** the ox **makes fun of** the frog.*

> Il **est probable que** la grenouille **mourra.**
> *It **is likely that** the frog **will die.***

- with certain conjunctions. Some of the most common are:

à condition que *provided that*		**jusqu'à ce que** *until*	
à moins que *unless*		**pour que, afin que** *in order to*	
avant que *before*		**pourvu que** *provided that, so long as*	
bien que, quoique *although*		**sans que** *without*	

> **Bien qu'**il en **ait** peur, il s'intéresse aux fantômes.
> ***Although** he **is** afraid of them, he is interested in ghosts.*

> La grenouille s'enfle **jusqu'à ce qu'**elle **crève.**
> *The frog inflates itself **until** it **bursts.***

> Le chevalier part **sans que** la princesse le **voie.**
> *The knight leaves **without** the princess **seeing** him.*

> **Avant que** nous **arrivions,** le loup aura dévoré le Petit Chaperon rouge.
> ***Before** we **arrive,** the wolf will have eaten Little Red Riding Hood.*

NOTE: Traditional grammar books state that the conjunction **après que** is not followed by a verb or a verbal expression in the subjunctive. However, many native speakers of French now use the subjunctive after **après que.**

Some of these conjunctions have equivalent prepositions (with the same meaning) that are used when the subjects of both parts of the sentence are the same. These prepositions are then followed by an infinitive.

Conjunctions (+ Subjunctive)	*Prepositions (+ Infinitive)*
à condition que	**à condition de**
à moins que	**à moins de**
afin que	**afin de**
avant que	**avant de**
pour que	**pour**
sans que	**sans**

Avant de partir, ils embrassent leur fiancée.
Before leaving, they kiss their fiancée.

Afin d'arriver vite, ils montent tous sur le même cheval.
In order to arrive quickly, they all get on the same horse.

Sans attendre, il entre dans sa chambre.
Without waiting, he goes into her bedroom.

Il pourra se marier avec la belle demoiselle **à condition de trouver** le plus beau cadeau.
*He will be able to marry the lovely damsel **on the condition that** he **find** the most beautiful gift.*

NOTE: The preposition **jusqu'à** is followed by a noun.

Jusqu'à leur retour, on la croyait morte.
Until their return, they thought she was dead.

Bien que, pourvu que, and **quoique** have no preposition equivalents, which means that they are always followed by the subjunctive even when the subjects of both main and dependent clauses are the same.

Bien qu'elle **aime** le garçon à la fleur, elle ne l'épousera pas.
Although she loves the boy with the flower, she will not marry him.

Quoique la reine **soit** très riche, elle habite un modeste château.
Although the queen is very rich, she lives in a modest castle.

Pourvu que tu **suives** la fée, tu trouveras le trésor.
As long as you follow the fairy, you will find the treasure.

- with superlative statements, since these are judgments and not facts. The opinion could easily change.

C'est **le plus beau prince** qu'elle **connaisse.**
*He is the **handsomest prince** she **knows.***

Use of the subjunctive is not mandatory in this case.

B THE SUBJUNCTIVE IS NOT USED...

- with expressions that indicate certainty (**il est clair que, il est évident que, il est vrai que, il est sûr que,** etc.).

Il est vrai que la grenouille **est** plus petite que le bœuf.
It is true that the frog is smaller than the ox.

NOTE: If expressions of this type are used in the negative, they no longer indicate certainty and therefore require the subjunctive.

Il n'est pas sûr que les histoires de fantômes **fassent** peur à tous les enfants.
*It is not certain that ghost stories **frighten** all children.*

- with the verbs **croire** and **penser** when they are *affirmative*.

Je **crois** que la grenouille ne **devrait** pas envier le bœuf.
*I **believe** that the frog **should** not be envious of the ox.*

Nous **pensons que** le prince **peut** trouver une belle princesse.
*We **think that** the prince **can** find a beautiful princess.*

NOTE: Either indicative or subjunctive can be used to express doubt when **croire** and **penser** are used in negative or interrogative constructions. Use the subjunctive to place emphasis on doubt or uncertainty.

Il **ne croit pas qu'**elle **aille** au bal avec lui.
*He **does not believe that** she **will go** to the ball with him.*

C INFINITIVE VS. SUBJUNCTIVE

If the subject of the main clause and the subordinate clause is the same, the infinitive should be used instead of the subjunctive.

The following sentences marked (a) all have one subject for several actions:

> subject + conjugated verb + infinitive

The following sentences marked (b) all have two subjects:

> subject + conjugated verb + **que** + different subject + conjugated verb (indicative or subjunctive, depending on the meaning of the first verb)

(1 subject: **il**)
a. **Il** veut **acheter** un beau cadeau pour sa fiancée.
*He wants **to buy** a beautiful gift for his fiancée.*
*(He wants and **he** is buying.)*

vs.

(2 subjects: **elle/il**)
b. **Elle** veut qu'**il** lui **achète** un beau cadeau.
*She wants **him to buy** her a beautiful gift.*
*(She wants and **he** is buying.)*

(1 subject: **je**)
a. **Je** préfère **lire** des romans historiques.
*I prefer **to read** historical novels.*
(I prefer and I read.)

vs.

(2 subjects: **je/tu**)
b. **Je** préfère que **tu lises** des contes de fées.
*I prefer that **you read** fairy tales.*
*(I prefer and **you** read.)*

(1 subject: **elle**)
a. **Elle** est contente de **revoir** sa famille.
*She is happy **to see** her family again.*
*(She is happy and **she** sees.)*

vs.

(2 subjects: **ils/elle**)
b. **Les parents** sont contents que **leur fille soit** de nouveau en vie.
*The parents are happy that **their daughter is** alive again.*
*(The parents are happy, **the daughter is** alive.)*

NOTE: With expressions such as **être** + *adjective* (Elle **est contente / triste…,** etc.), the preposition **de** must be used in front of the infinitive.

Il est **important de** raconter des contes de fées à vos enfants.
*It is **important** to tell fairy tales to your children.*

Nous sommes **tristes de** devoir partir.
*We are **sad** to have to leave.*

However, with many other verbs commonly used with infinitives to replace the subjunctive, there is no preposition needed.

Il **faut** trouver un cadeau.
Je **préfère** être plus intelligent que la grenouille.
Nous **voulons** raconter une histoire.

 SELF-CHECK Student Activities Manual, *Exercises IV, G, H, and I, pages 101–103.*

Summary: subjunctive vs. indicative or infinitive

- If a sentence has two different subjects: one in the main clause, another in the dependent clause…

1. use the indicative in the dependent clause when the main verb expresses:

	Example:
certainty	**Il est certain que…**
declaring	**Je dis que…**
hoping	**J'espère que…**
probability	**Il est probable que…**
thinking	**Je crois que…**

2. use the subjunctive in the dependent clause when the main verb expresses:

command	**Elle exige que…**
doubt	**Je doute que…**
emotion	**Je regrette que…**
fear	**Elle craint que…**
possibility	**Il est possible que…**
will	**Je veux que…**

- If a sentence has one subject for two verbs, use an *infinitive* after the main verb:

Il **veut se marier.**
*He **wants to get married.***

La grenouille **espère atteindre** la taille du bœuf.
*The frog **hopes to reach** the size of the ox.*

Il **est** important de ne pas **faire peur** aux enfants.
*It **is** important not **to frighten** children.*

Structures

I. Verb Review

A. The verb **vivre** is irregular in the present tense. It has one stem in the singular: **vi-** and another in the plural: **viv-.**

je vis	nous vivons
tu vis	vous vivez
il/elle/on vit	ils/elles vivent
Past participle: vécu	

B. The verb **venir** and verbs built on the same root (**devenir, obtenir, revenir, soutenir [de], tenir**) are irregular in the present tense. All these verbs have one stem for **je, tu, il/elle, ils/elles,** and another for **nous** and **vous.**

je v**ien**s	nous v**en**ons
tu v**ien**s	vous v**en**ez
il/elle/on v**ien**t	ils/elles v**ien**nent
Past participles: venu (devenu, obtenu, revenu, soutenu, souvenu, tenu)	

NOTE: Verbs built on **venir (devenir, revenir, se souvenir)** are conjugated with **être** in the **passé composé** (Elle **est venue** chez nous pour le mariage.) and those built on **tenir (obtenir, soutenir)** are conjugated with **avoir** (Mes parents m'**ont** toujours **soutenu[e].**).

 SELF-CHECK Student Activities Manual, *Exercise I, A, page 111.*

II. Adverbs

An adverb is an invariable word that modifies an adjective, a verb, or another adverb.

A ADVERB TYPE

There are several categories of adverbs:

Manner:	**bien, mal, poliment...**
Quantity:	**beaucoup, énormément, peu, très, trop...**
Time:	**aujourd'hui, demain, hier, souvent, tôt...**
Place:	**ici, là-bas, partout...**

Some adverbs do not fit into a particular category. **Aussi, non, oui,** and **peut-être** are examples of adverbs of this type.

B ADVERB FORMATION

Many (but not all) adjectives can be transformed into adverbs by adding certain endings, as described below.

- Most adjectives ending in a *vowel* form their adverb by adding **-ment** to their *masculine* form.

  poli + **ment** = **poliment**
  vrai + **ment** = **vraiment**

- Many adjectives ending in a *consonant* form their adverb by adding **-ment** to their *feminine* form:

  heureux   **heureuse + ment = heureusement**
  sûr   **sûre + ment = sûrement**

  Some exceptions:

  bref   **briève + ment = brièvement**
  dur   **dur** *(no change)*[1]
  gentil   **genti + ment = gentiment**

- Other adjectives ending in a consonant change the **e** of the feminine form into an **é** before adding **-ment**.

  confuse = **confusément**
  précise = **précisément**
  profonde = **profondément**

- Adjectives ending in **-ent** change **-ent** to **-emment**.

  recent   **réc + emment = récemment**
  impatient   **impati + emment = impatiemment**

  An exception:

  lent   **lente + ment = lentement**

---

[1] L'adverbe « **dur** » veut dire « *énergiquement, intensément* », comme dans la phrase: « Il travaille **dur** ». Il y a aussi un adverbe « **durement** » qui veut dire « d'une manière dure »: « Il me répond **durement** ». (*He answers me **harshly***).

- Adjectives ending in **-ant** change **-ant** to **-amment.**

  constant   **const** + **amment** = **constamment**
  méchant   **méch** + **amment** = **méchamment**

Some combinations of words (nouns, adjectives, prepositions, adverbs, etc.) can be used as adverbial expressions:

  avec joie
  sans doute
  petit à petit

NOTE: The adjective **possible** cannot be transformed into an adverb. To say *possibly*, use **probablement** or **peut-être.**

ⓒ ADVERB POSITION

When an adverb modifies a verb, its position in the sentence is somewhat variable for stylistic effect, for instance to emphasize something. The following rules present the most common placement.

- Usually an adverb immediately follows the verb it modifies in simple verb tenses (present, imperfect, future, conditional).

  Nous restons **confortablement** chez nos parents.
  Je supporte **mal** les opinions de mon père.
  Les jeunes d'aujourd'hui ne veulent pas **toujours** quitter leur famille.

- With compound tenses (**passé composé,** pluperfect, future past, past conditional), shorter adverbs generally are placed between the auxiliary and the past participle.

  Nous avons **bien** expliqué pourquoi nous voulions déménager.
  Tu t'es **vite** habitué à vivre seul.

- Longer adverbs of *manner* (how something is done) often ending in **-ment** can be placed after the past participle.

  Elle a protesté **énergiquement** quand sa mère lui a dit d'acheter l'autre missel.

- Adverbs of *time* and *place* are usually put at the beginning or at the end of a sentence, but can also be placed after the past participle, depending on what is emphasized.

  Aujourd'hui je m'entends bien avec ma sœur.
  Cela m'arrange bien **parfois.**
  Elle s'est habituée **tôt** à ses nouvelles responsabilités.

NOTE: In French, unlike English, an adverb is NEVER placed between a subject and a verb. Compare:

  I *always* obey my mother.
  J'obéis **toujours** à ma mère.

Adverb Placement		
Simple verb tenses:	subject + verb + **adverb**	Je chante **souvent.**
		Je ne chante pas **souvent.**
Compound verb tenses:	subject + auxiliary + **short adverb** + past participle	J'ai **souvent** chanté.
		Je n'ai pas **souvent** chanté.
	subject + auxiliary + past participle + **long adverb**	J'ai chanté **bruyamment.**
		Je n'ai pas chanté **bruyamment.**

 SELF-CHECK Student Activities Manual, *Exercises II, B, C, and D, pages 111–112.*

III. Comparison of Adverbs

- To compare how something is done, use the same construction you use to compare adjectives (see **Structures,** Chapter 2, pages 158–159).

equality	superiority	inferiority
aussi + adverb + **que**	**plus** + adverb + **que**	**moins** + adverb + **que**

Cette situation touche **aussi bien** les filles **que** les garçons.
Elle s'est mariée **plus** tôt **que** moi.
Mes grands-parents me grondent **moins** souvent **que** mes parents.

NOTE: The adverb **bien** becomes **mieux** in comparisons of superiority.

Elle s'entend **mieux** avec ses parents **que** son frère.
*She gets along **better** with her parents **than** her brother (does).*

- To state that something is done in the best, the worst, the fastest way, the most often, etc., in other words, to state a superlative, use:

le plus + adverb + **(de)**		**le moins** + adverb + **(de)**

C'est l'oncle Albert qui conduit **le moins prudemment de** tous mes oncles.
*It is Uncle Albert who drives **the least carefully of** all my uncles.*

De nous tous, c'est mon petit frère qui crie **le plus fort** quand il se fâche.
*My little brother yells **the loudest of** us all when he gets mad.*

Dans ma famille, c'est ma tante qui me comprend **le mieux.**
*In my family, my aunt understands me **the best.***

 SELF-CHECK Student Activities Manual, *Exercises III, G and H, pages 113–114.*

IV. Comparison of Nouns

- To compare nouns, use:

equality	superiority	inferiority
autant de + noun + **que**	**plus de** + noun + **que**	**moins de** + noun + **que**

Il a **autant de** cousins **que** moi.
*He has **as many** cousins **as** I (do).*

Dans une famille recomposée, il y a souvent **plus d'**enfants **que** dans une famille monoparentale.
*In a blended family, there are often **more** children **than** in a single-parent family.*

Chez mes parents, j'ai **moins de** contraintes **que** dans mon propre appartement.
*At my parents' I have **fewer** restrictions **than** in my own apartment.*

- To talk about something or someone that has the most or the least (superlative), use:

superiority	inferiority
le plus de + noun + **(de)**	**le moins de** + noun + **(de)**

De tous les membres de ma famille, c'est ma belle-mère qui a **le plus d'**énergie.
*My step-mother has **the most** energy **in** the family.*

Mon beau-père a **le moins de** temps.
*My father-in-law has **the least** (amount of) time.*

Cette mère célibataire a **le moins d'**argent.
*This single mother has **the least** (amount of) money.*

 SELF-CHECK Student Activities Manual, *Exercises IV, K and L, page 115.*

Grammar Video Tutorials

V. Demonstrative Pronouns

 **FORMS**

By this point in your study of French, you are adept at using demonstrative adjectives (**ce, cet, cette, ces**) to modify nouns.

Cet enfant est plus sympathique que sa sœur.
Cette famille nombreuse se débrouille bien.
J'admire **ces** femmes au foyer.

In order to avoid unnecessary repetition, these adjectives and the nouns they modify can be replaced by demonstrative pronouns. The demonstrative pronouns in French are:

	Masculine	Feminine
Singular	**celui**	**celle**
Plural	**ceux**	**celles**

B USAGE

Demonstrative pronouns can be used in three ways:

- followed by **-ci** or **-là** to make a distinction between two people or things, or two groups:

  > Regardez ces deux enfants. **Celui-ci** est plus sage que **celui-là.**
  > *Look at these two children. **This one** is better behaved than **that one.***

  > Je connais ses sœurs et je trouve **celle-ci** plus sympa que **celle-là.**
  > *I know her sisters and find **this one** nicer than **that one.***

- followed by **de:**

  > Les jeunes d'aujourd'hui quittent la maison plus tard que **ceux d'**il y a trente ans.
  > *Young people today leave home later than **those of** thirty years ago.*

  > La copine de ton frère cadet est plus amusante que **celle de** ton frère aîné.
  > *Your younger brother's girlfriend is more fun than your older brother's.*

- followed by a *relative pronoun* (**qui, que, dont:** see **Structures,** Chapter 6, pages 200–202):

  > Mon nouveau colocataire paie le loyer plus régulièrement que **celui qui** a déménagé.
  > *My new housemate pays the rent more regularly than **the one who** moved.*

  > Mes cousins de Montpellier sont **ceux que** j'ai vus à Noël.
  > *My cousins from Montpellier are **the ones (that)** I saw at Christmas.*

  > Un père autoritaire typique est **celui auquel** les enfants obéissent.
  > *A typical authoritarian father is **the one whom** the children obey.*

 SELF-CHECK Student Activities Manual, *Exercises V, N and O, page 116.*

VI. *Le mot juste: plaire à*

In English, we say that something or someone *pleases us*; the French say that something or someone is *pleasing to them*. Therefore the verb *to please* (**plaire**) requires the use of the preposition **à**, or an indirect object pronoun, to say who is pleased.

> Est-ce que leur nouvel appart' **leur plaît**?
> *Does their new apartment **please them**?*

> Mes copains ne **plaisent** pas toujours à **mes parents.**
> *My friends do not always **please my parents**.*

NOTE: The verb **plaire** is usually used to mean *to be happy with*. The above examples could be translated as:

> *Are they **happy with** / **Do** they **like** their new apartment?*
> *My parents **are** not always **happy with** / do not always **like** my friends.*

The usage of this verb is like that of **manquer à** (**Structures,** Chapter 3, page 172): the word that is an indirect object in French is the subject of the equivalent sentence in English.

Structures

I. Verb Review

In the context of talking and writing about issues that go beyond the borders of France, such as the environment or international relations, the verb **atteindre** may frequently be found. There is often mention of trying to reach a goal (*atteindre* **un but**). This verb and others like it (see below) have one stem in the singular (-**n**-) and another in the plural (-**gn**-) but are otherwise conjugated like regular -**re** verbs.

Present tense:	j'att**ein**s	nous att**eign**ons
	tu att**ein**s	vous att**eign**ez
	il/elle/on att**ein**t	ils/elles att**eign**ent
Past participle:	att**ein**t	

The other indicative tenses, as well as the subjunctive, are regular in their formation.

imperfect:	ils **atteignaient**
future:	ils **atteindront**
subjunctive:	que j'**atteigne**

The verbs **craindre (craint), joindre (joint), rejoindre (rejoint), peindre (peint), teindre (teint),** etc. follow the same pattern but the first vowel will vary according to their infinitive: je **crain**s, nous **joign**ons, il **tein**t, etc.

 **SELF-CHECK** Student Activities Manual, *Exercise I, A, p. 123.*

II. What is a Function?

This final chapter of *Sur le vif* is designed to help you review many of the structures of earlier chapters. Instead of presenting additional forms, this **Structures** section is organized around the concept of functions or communicative acts, to encourage you to reflect on the "why" (the function of the forms you have been studying) more than on the "what" (tenses, adjectives, adverbs, pronouns, etc.) or the "how" (conjugations, agreements, formation, etc.).

For example:

Structures	Functions
Adjectives, adverbs, relative clauses	describing something or someone, actions
Subjunctive	expressing opinions, reacting to a statement or event
Conditional	hypothesizing, saying how things could be or could have been
Imperative	telling someone to do something
Negative forms	disagreeing, contradicting

Instead of studying language in terms of its structures or grammatical forms, it is important to consider how or for what purpose language is used. When we speak we always do so for a reason (a purpose or a goal). These purposes are called *functions*.

In order to achieve our goals in speaking, we must use correct grammar; otherwise our message might be lost or misunderstood. You have now studied most of the important grammar structures in French. We will look at them once more with their functions in mind.

Functions are broad categories, and many different forms can be used to carry them out. Just because the subjunctive is listed with one function (*persuading*, for instance), does not mean it cannot be used for another (*expressing emotion*, or *giving commands*). As you read through these pages, refer back, as needed, to the chapters in which the structures mentioned are reviewed. The cross-references are there to help you. You are the best judge of which of these forms you need to study more. The Student Activities Manual provides an opportunity to check your mastery of the grammar structures and their uses, just as it did in the earlier chapters.

III. Requesting Information

Grammar Video Tutorials

We often need to ask for information: directions to a place, how to do things, details about a present, past or future event, clarification of something we have not understood, etc. Interrogative forms allow us to carry out this very frequent communicative act.

To get confirmation or contradiction, *yes* or *no* questions are all you need:

Est-ce que vous pensez que le réchauffement climatique est un vrai problème?
A-t-on encore besoin de combustibles fossiles?

To get an answer that provides more information, an *interrogative adverb* (**comment, où, pourquoi, quand,** etc.), an *interrogative pronoun* (**qui, que, lequel,** etc.), or an *interrogative adjective* (**quel,** etc.) can be used.

> **Quand** va-t-on se mettre d'accord sur une définition du commerce équitable?
> **Pourquoi** ne veux-tu pas prendre ton vélo au lieu de ta voiture?
> **Combien de** pays sont maintenant membres de l'UE?
> **Qui** s'installera sur une ferme?
> **Que** veut dire ONG?
> **Quelle** est la date de ton départ?

(For a complete presentation of interrogative forms, see **Structures,** Chapter 2, pages 160–163.)

 SELF-CHECK Student Activities Manual, *Exercise III, B, pages 123–124.*

IV. Hypothesizing

When we think how things might be, or how they might have been, how we would do something, how something should be, we make *hypotheses* or suppositions. We may be asked, "If you had this problem, what would you do?" or, "If you had to do this over, what would you do differently?" To suggest *how things could be* if certain conditions were fulfilled, the *conditional* mood is used. This is helpful when you *speculate* about the future rather than when you present a more certain view of how things will be (for that, you need the future tense).

> Si la France n'avait pas tant de centrales nucléaires, elle **produirait** plus de CO_2.
> *If France did not have as many nuclear power plants, it **would produce** more carbon dioxide.*

> Si on n'avait plus de frontières, on n'**aurait** pas besoin de passeports.
> *If there were no longer any borders, one **would** not need passports.*

> Les pays du tiers-monde **pourraient** nourrir leurs populations s'ils n'achetaient plus d'armes.
> *Third World countries **could** feed their populations if they no longer bought weapons.*

To suggest how things *would have been* in the past, had the situation been different, use the *past conditional.*

> Si les Français et les Allemands n'avaient pas voulu empêcher d'autres guerres, ils ne se **seraient** pas **mis** d'accord pour créer ce qui est devenu l'Union européenne.
> *If the French and the Germans had not wanted to prevent other wars, they **would** not **have** agreed to create what has become the European Union.*

> Elle n'**aurait** pas **loué** une ferme si elle n'avait pas été fille d'agriculteur.
> *She **would** not **have leased** a farm if she had not been the daughter of a farmer.*

(For a complete presentation of the conditional, see **Structures,** Chapter 5, pages 186–194.)

 SELF-CHECK Student Activities Manual, *Exercise IV, D, pages 124–125.*

V. Describing

When we want to describe places, people, and events, we can use many different grammar structures to make our speech more precise and to add details that could interest our listeners.

- *Adjectives* typically modify nouns, that is, people or things. In French, adjectives must agree in gender (masculine or feminine) and number (singular or plural) with the nouns they modify.

    L'Europe est une **grande** puissance économique.
    *Europe is a **major** economic power.*

    Les affaires **étrangères** ne m'intéressent pas.
    ***Foreign** affairs don't interest me.*

    Avec le wwoofing, il apprend de **nouvelles** pratiques agricoles.
    *Through volunteering on an organic farm (le wwoofing) he learns **new** agricultural techniques.*

(For a more complete presentation of adjectives, see **Structures,** Chapter 2, pages 158–159.)

- Another structure that allows you to add details or precision to a description is the relative clause.

    Les gens **qui bousillent la terre** me mettent en colère.
    *The people **who are wrecking the earth** make me angry.*

    L'effet de serre fait fondre les calottes polaires **où vivent les ours polaires.**
    *The greenhouse effect melts the polar ice cap **where the polar bears live.***

    Il y a des centrales nucléaires en France **dont les pays voisins ont peur.**
    *There are nuclear power plants in France **of which neighboring countries are afraid.***

    Ils vendent au marché le fromage et le miel **qu'ils produisent**,
    *They sell the cheese and honey **(which) they produce** in the market.*

(For a more complete presentation of relative clauses, see **Structures,** Chapter 6, pages 200–202.)

- A third way to produce a more detailed description is to use an adverb. *Adverbs* tell *how* something is done or give more information about an action.

    Jean-François a **beaucoup** voyagé et il est **déjà** parti en Iran.
    *Jean-François has traveled **a lot** and he has **already** left for Iran.*

    Les citoyens européens se connaissent **mieux** aujourd'hui.
    *The citizens of Europe know each other **better** today.*

    L'euro s'utilise **seulement** dans certains pays membres de l'UE.
    *The euro is used **only** in some of the EU member states.*

    Certains pays sont **cruellement** déchirés par la guerre.
    *Certain countries are **cruelly** torn apart by war.*

(For a more complete presentation of adverbs, see **Structures,** Chapter 8, pages 213–215.)

- When you compare two or more things, people, or actions, you are also describing.

> L'Europe est **aussi grande que** l'Inde mais **plus riche.**
> *Europe is **as large as** India but **richer.***

> Son père avait **autant de** chèvres **que** lui.
> *His father had **as many goats as** he does.*

(For a more complete presentation of comparisons, see **Structures,** Chapter 2, pages 158–159 and **Structures,** Chapter 8, pages 215–216.)

DESCRIPTIONS AND TENSES

- Descriptions are not limited to the present tense. When you describe something that happened in the past, you use a past tense, usually the *imperfect.*

> Nous **voulions** devenir propriétaires.
> *We **wanted** to become owners.*

> Ils ne **coupaient** pas les haies.
> *They **did** not **cut** the hedges.*

(For a more complete presentation of the imperfect tense, see **Structures,** Chapter 3, pages 166–169.)

- Of course you can also describe in the future, using the *future* tense.

> La guerre **paraîtra** absurde et **sera** impossible.
> *War **will seem** absurd and **will be** impossible.*

> Un jour, il y **aura** des fermes voltaïques dans toutes les régions de France.
> *One day there **will be** solar energy farms in every region of France.*

(For a more complete presentation of the future, see **Structures,** Chapter 5, pages 186–191.)

 **SELF-CHECK** Student Activities Manual, *Exercises V, F–I, pages 125–127.*

VI. Expressing Opinions or Reactions

When we want to say how an action or a statement makes us feel or give our point of view about something we have seen or heard, we often use the *subjunctive.*

> Nous **sommes heureux** que tant de jeunes **veuillent** manger bio.
> *We **are happy** that so many young people **want** to eat organic food.*

> Il **est important** que nos villes **soient** propres.
> *It is **important** that our cities **be** clean.*

> Je **crains** que nos efforts pour recycler ne **soient** pas suffisants.
> *I **am afraid** that our efforts to recycle **are** not enough.*

However, it is important to remember that an *infinitive* is used after these expressions instead of a conjugated verb in the subjunctive if the subject of the main verb and the second verb is the same.

Il **faut préserver** la biodiversité.
*It **is necessary to protect** biodiversity.*

Elle **regrette** de ne pas **avoir étudié** la médecine.
*She **regrets** not **having studied** medicine.*

(For a more complete presentation of the subjunctive, see **Structures,** Chapter 7, pages 204–211.)

 SELF-CHECK Student Activities Manual, *Exercise VI, M, page 128.*

VII. Negating

A *negative construction* can be used to disagree, contradict or state the opposite of something else.

Nous **ne** jetterons **plus rien.**
*We will **no longer** throw **anything** away.*

Moi, je pense qu'on signera bientôt un traité entre Israël et la Palestine. Et vous?
Nous pensons que la paix **ne** s'établira **jamais** tout à fait au Moyen-Orient.

I think a treaty will soon be signed between Israel and Palestine. What do you think?
*We think that peace will **never** completely come to the Middle East.*

Ni l'énergie solaire **ni** l'énergie éolienne **ne** remplaceront les centrales nucléaires en France.
***Neither** solar power **nor** wind energy will replace nuclear power plants in France.*

(For a more complete presentation of the negative, see **Structures,** Chapter 6, pages 197–200.)

VIII. Narrating

We spend a great deal of time telling others about something that will happen or is happening in our lives, or recounting an episode from our past. This narration is done in a variety of tenses, depending on the time frame of the events.

Present tense narration is what we do when we tell someone about what is going on right now.

Ils **trient** leurs déchets.
*They **sort** their trash.*

Un des diplomates **pose** une question.
*One of the diplomats **is asking** a question.*

Ils s'**engagent** à pratiquer l'agriculture biologique.
*They **commit** themselves to practicing organic agriculture.*

(For a more complete presentation of the present tense, see **Structures,** Chapter 1, pages 145–148.)

Past tense narration uses a variety of tenses (imperfect, **passé composé,** pluperfect, and **passé simple**) to locate events in the past and relate them to each other.

> Nous nous **sommes** moins **endettés.**
> *We **took out** fewer loans.*

> Des volontaires **racontaient** leur travail sur le terrain.
> *The volunteers **were talking about** their work in the field.*

> L'association **a** déjà **soutenu** plus d'une quarantaine d'exploitations.
> *The association **has** already **supported** more than forty farms.*

(For a more complete presentation of the imperfect, **passé composé,** and pluperfect, see **Structures,** Chapter 3, pages 165–171.)

The **passé simple** is often found in historic, literary, and expository narrative texts when the author uses a more careful, formal style.

> L'énergie solaire photovoltaïque **fut découverte** en 1839 par Antoine César
>   Becquerel, physicien français, né à Châtillon-Coligny (Loiret) le 7 mars 1788
>   et mort à Paris le 18 janvier 1878.
> *Solar energy **was discovered** in 1839 by Antoine César Becquerel, French physicist,*
>   *born in Châtillon-Coligny (Loire) on March 7, 1788 and died in Paris on*
>   *January 18, 1878.*

> C'est seulement au dix-neuvième siècle que l'utilisation des énergies fossiles
>   **se développa,** d'abord avec le charbon, puis avec le pétrole au début
>   du vingtième siècle et enfin le gaz et le nucléaire dans la seconde moitié
>   du vingtième siècle.
> *It was only in the 19th century that the usage of fossil sources of energy **developed,** first*
>   *with coal, then with oil at the beginning of the 20th century, and finally with gas and*
>   *nuclear in the second half of the 20th century.*

(For a more complete presentation of the **passé simple,** see **Structures,** Chapter 5, pages 194–195.)

Future tense narration uses either the simple future (more frequent in written narration), the future perfect, the **futur proche** (**aller** + *infinitive*), or a verb that suggests future time.

> Nous **verrons** les résultats dans cinq ans.
> *We **will see** the results in five years.*

> Je **vais passer** un an avec Greenpeace.
> *I **am going to spend** a year with Greenpeace.*

> Vous **projetez** de travailler en Afrique.
> *You **are planning** to work in Africa.*

(For a more complete presentation of the future, see **Structures,** Chapter 5, pages 186–192.)

 SELF-CHECK Student Activities Manual, *Exercises VIII, O–P, pages 129–131.*

CONCLUSION

By now you are aware that language does not come in discrete "chunks." It is hard to isolate one grammar point from all the others since several are often needed together to express your meaning. To communicate, you call upon the various forms you have learned. As you continue your study of French, you will find that using increasingly complex language both orally and in writing will become more and more natural.

Bonne route!

Appendix A

Prepositions

VERBS THAT TAKE PREPOSITIONS IN *ONE* LANGUAGE ONLY

A. In English, there are many verbs that are followed by a preposition, whereas in French the preposition is included in the meaning of the verb itself.

Here are the most common examples:

attendre	to wait **for**
chercher	to look **for**
demander	to ask **for**
descendre	to go **down**
écouter	to listen **to**
monter	to go **up**
payer	to pay **for**
regarder	to look **at**; to watch

B. Many French verbs require prepositions before their objects, when the English equivalent does not.

Here are some examples of these verbs:

assister **à**	to attend
changer **de**	to change (+ object)
commencer **à** (+ *infinitive*)	to start
entrer **dans**	to enter
finir **par** (+ *infinitive*)	to end up
jouer **à**	to play (a sport)
jouer **de**	to play (a musical instrument)
obéir **à**	to obey
rendre service **à**	to help
rendre visite **à**	to visit (someone)
répondre **à**	to answer
téléphoner **à**	to call someone (on the phone)

⓫ VERBS REQUIRING PREPOSITION + *INFINITIVE*

Many verbs in French require a preposition between the verb and a following infinitive. No general rule exists to determine which preposition goes with which verb, so it is a good idea to learn the ones you use most frequently and to check a dictionary in case of doubt.

A. Some verbs require the preposition **à** if they are followed by an infinitive.

aider qqn à	s'habituer à
s'amuser à	hésiter à
apprendre à	s'intéresser à
arriver à	inviter à
s'attendre à	se mettre à
encourager à	réussir à
enseigner à	tenir à

Je n'**arrive** pas **à comprendre** les mathématiques.

B. Other verbs require the preposition **de** if they are followed by an infinitive.

accepter de	essayer de
s'arrêter de	finir de
cesser de	oublier de
craindre de	regretter de
se dépêcher de	rêver de
empêcher qqn de	venir de

J'ai **essayé d'aller** à Paris.

C. A few verbs allow a choice of **à** or **de** if followed by an infinitive.

continuer à/de
se décider à / décider de

D. Some verbs require two prepositions, one in front of the *following noun* and the other in front of the *following infinitive*. This forms a double construction:

verb + **à** + *noun (usually a person)* + **de** + *infinitive*

conseiller à... de...	ordonner à... de...
défendre à... de...	permettre à... de...
demander à... de...	promettre à... de...
dire à... de...	refuser à... de...
écrire à... de...	reprocher à... de...
interdire à... de...	suggérer à... de...

La mère défend **à** ses enfants **de** manger du chocolat.
Les profs ne permettent pas **à** leurs élèves **d'**utiliser leur portable pendant un contrôle.

Appendix B

Present Participles

I WHAT IS A PRESENT PARTICIPLE?

The *present participle* is a verbal form (also called a *gerund*), similar to the *-ing* form in English with no stated subject.

> Je mange toujours **en regardant** la télé.
> *I always eat **while watching** TV.*

> **En répondant** immédiatement, j'ai évité une amende.
> ***By answering** immediately, I avoided a fine.*

NOTE: This is *not* the same as the present or the imperfect verb tenses, which can also be translated with an *-ing* verb form:

> Elle **chante** toujours.
> *She is always **singing**.*

> Il m'a téléphoné pendant que je **prenais** une douche.
> *He called me while I **was taking** a shower.*

II HOW IS A PRESENT PARTICIPLE FORMED?

The present participle form is based on the **nous** form of the present tense. The **-ons** ending is dropped, and **-ant** is added.

> Il a gagné une médaille **en courant** plus vite que les autres.
> *He won a medal by running faster than the others.*

nous *form*	*present participle*
nous parl~~ons~~ ⟶	parl**ant**
nous finiss~~ons~~ ⟶	finiss**ant**
nous entend~~ons~~ ⟶	entend**ant**

There are three irregular present participles:

être:	**étant**
avoir:	**ayant**
savoir:	**sachant**

ⓘ HOW IS A PRESENT PARTICIPLE USED?

In French, the present participle is not used as often as in English. Two of the most common uses are:

A. as an adjective, which means it agrees with the noun it modifies.

> Ces enfants sont **agaçants.**
> C'est une personne **charmante.**

B. as a gerund (like the English present participle), usually preceded by the preposition **en.** In this case, the present participle is invariable. Note the English translations.

> Je prends toujours mon dîner **en écoutant** de la musique.
> *I always have dinner **while listening** to music.*

> **En travaillant** tout l'été, j'ai gagné assez d'argent pour payer mon voyage.
> ***By working** all summer, I earned enough money to pay for my trip.*

> L'appétit vient **en mangeant.** *(French proverb)*
> ***Eating** stimulates the appetite.*

Appendix C

Verb Conjugations

Note that regular **-er, -re** and **-ir** verbs are the most frequent conjugations. Verbs marked with an asterisk (*) are conjugated with **être** in compound past tenses; all others are conjugated with **avoir.** If the verb you are looking for is not listed below, look for one with a similar ending.

---

accueillir *to welcome, to greet*
past participle: **accueilli** / present participle: **accueillant**

Like **accueillir** is **cueillir** *(to pick, to gather)*

Present indicative
j'accueille
tu accueilles
il/elle/on accueille
nous accueillons
vous accueillez
ils/elles accueillent

Imperfect
j'accueillais
tu accueillais
il/elle/on accueillait
nous accueillions
vous accueilliez
ils/elles accueillaient

Passé composé
j'ai accueilli
tu as accueilli
il/elle/on a accueilli
nous avons accueilli
vous avez accueilli
ils/elles ont accueilli

Passé simple
j'accueillis
tu accueillis
il/elle/on accueillit
nous accueillîmes
vous accueillîtes
ils/elles accueillirent

Future
j'accueillerai
tu accueilleras
il/elle/on accueillera
nous accueillerons
vous accueillerez
ils/elles accueilleront

Conditional
j'accueillerais
tu accueillerais
il/elle/on accueillerait
nous accueillerions
vous accueilleriez
ils/elles accueilleraient

Present subjunctive
que j'accueille
que tu accueilles
qu'il/elle/on accueille
que nous accueillions
que vous accueilliez
qu'ils/elles accueillent

Imperative
accueille
accueillons
accueillez

acheter *to buy*
past participle: **acheté** / present participle: **achetant**

Like **acheter** is **racheter** (*to buy back, make up for*)

Present indicative
j'achète
tu achètes
il/elle/on achète
nous achetons
vous achetez
ils/elles achètent

Imperfect
j'achetais
tu achetais
il/elle/on achetait
nous achetions
vous achetiez
ils/elles achetaient

Passé composé
j'ai acheté
tu as acheté
il/elle/on a acheté
nous avons acheté
vous avez acheté
ils/elles ont acheté

Passé simple
j'achetai
tu achetas
il/elle/on acheta
nous achetâmes
vous achetâtes
ils/elles achetèrent

Future
j'achèterai
tu achèteras
il/elle/on achètera
nous achèterons
vous achèterez
ils/elles achèteront

Conditional
j'achèterais
tu achèterais
il/elle/on achèterait
nous achèterions
vous achèteriez
ils/elles achètraient

Present subjunctive
que j'achète
que tu achètes
qu'il/elle/on achète
que nous achetions
que vous achetiez
qu'ils/elles achètent

Imperative
achète
achetons
achetez

agir *to act*
past participle: **agi** / present participle: **agissant**

Like **agir** are **finir** *(to finish)* and about 300 other verbs

Present indicative

j'agis
tu agis
il/elle/on agit
nous agissons
vous agissez
ils/elles agissent

Future

j'agirai
tu agiras
il/elle/on agira
nous agirons
vous agirez
ils/elles agiront

Imperfect

j'agissais
tu agissais
il/elle/on agissait
nous agissions
vous agissiez
ils/elles agissaient

Conditional

j'agirais
tu agirais
il/elle/on agirait
nous agirions
vous agiriez
ils/elles agiraient

Passé composé

j'ai agi
tu as agi
il/elle/on a agi
nous avons agi
vous avez agi
ils/elles ont agi

Present subjunctive

que j'agisse
que tu agisses
qu'il/elle/on agisse
que nous agissions
que vous agissiez
qu'ils/elles agissent

Passé simple

j'agis
tu agis
il/elle/on agit
nous agîmes
vous agîtes
ils/elles agirent

Imperative

agis
agissons
agissez

aller* *to go*
past participle: **allé(e)(s)** / present participle: **allant**

Like **aller** is **s'en aller*** *(to go away)*

Present indicative
je vais
tu vas
il/elle/on va
nous allons
vous allez
ils/elles vont

Imperfect
j'allais
tu allais
il/elle/on allait
nous allions
vous alliez
ils/elles allaient

Passé composé
je suis allé(e)
tu es allé(e)
il/elle/on est allé(e)
nous sommes allé(e)s
vous êtes allé(e)(s)
ils/elles sont allé(e)s

Passé simple
j'allai
tu allas
il/elle/on alla
nous allâmes
vous allâtes
ils/elles allèrent

Future
j'irai
tu iras
il/elle/on ira
nous irons
vous irez
ils/elles iront

Conditional
j'irais
tu irais
il/elle/on irait
nous irions
vous iriez
ils/elles iraient

Present subjunctive
que j'aille
que tu ailles
qu'il/elle/on aille
que nous allions
que vous alliez
qu'ils/elles aillent

Imperative
va
allons
allez

s'appeler* _to be called, named_
past participle: **appelé** / present participle: **appelant**

Like **s'appeler** are **appeler** _(to call)_, **se rappeler*** _(to recall, to remember)_

Present indicative
je m'appelle
tu t'appelles
il/elle/on s'appelle
nous nous appelons
vous vous appelez
ils/elles s'appellent

Future
je m'appellerai
tu t'appelleras
il/elle/on s'appellera
nous nous appellerons
vous vous appellerez
ils/elles s'appelleront

Imperfect
je m'appelais
tu t'appelais
il/elle/on s'appelait
nous nous appelions
vous vous appeliez
ils/elles s'appelaient

Conditional
je m'appellerais
tu t'appellerais
il/elle/on s'appellerait
nous nous appellerions
vous vous appelleriez
ils/elles s'appelleraient

Passé composé
je me suis appelé(e)
tu t'es appelé(e)
il/elle/on s'est appelé(e)
nous nous sommes appelé(e)s
vous vous êtes appelé(e)(s)
ils/elles se sont appelé(e)s

Present subjunctive
que je m'appelle
que tu t'appelles
qu'il/elle/on s'appelle
que nous nous appelions
que vous vous appeliez
qu'ils/elles s'appellent

Passé simple
je m'appelai
tu t'appelas
il/elle/on s'appela
nous nous appelâmes
vous vous appelâtes
ils/elles s'appelèrent

Imperative
appelle-toi
appelons-nous
appelez-vous

apprendre (see **prendre**)

s'asseoir* *to sit down*

past participle: **assis** / present participle: **asseyant**

Present indicative
je m'assieds
tu t'assieds
il/elle/on s'assied
nous nous asseyons
vous vous asseyez
ils/elles s'asseyent

Future
je m'assiérai
tu t'assiéras
il/elle/on s'assiéra
nous nous assiérons
vous vous assiérez
ils/elles s'assiéront

Imperfect
je m'asseyais
tu t'asseyais
il/elle/on s'asseyait
nous nous asseyions
vous vous asseyiez
ils/elles s'asseyaient

Conditional
je m'assiérais
tu t'assiérais
il/elle/on s'assiérait
nous nous assiérions
vous vous assiériez
ils/elles s'assiéraient

Passé composé
je me suis assis(e)
tu t'es assis(e)
il/elle/on s'est assis(e)
nous nous sommes assis(e)s
vous vous êtes assis(e)(s)
ils/elles se sont assis(e)s

Present subjunctive
que je m'asseye
que tu t'asseyes
qu'il/elle/on s'asseye
que nous nous asseyions
que vous vous asseyiez
qu'ils/elles s'asseyent

Passé simple
je m'assis
tu t'assis
il/elle/on s'assit
nous nous assîmes
vous vous assîtes
ils/elles s'assirent

Imperative
assieds-toi
asseyons-nous
asseyez-vous

avoir *to have*

past participle: **eu** / present participle: **ayant**

Present indicative
j'ai
tu as
il/elle/on a
nous avons
vous avez
ils/elles ont

Future
j'aurai
tu auras
il/elle/on aura
nous aurons
vous aurez
ils/elles auront

Imperfect
j'avais
tu avais
il/elle/on avait
nous avions
vous aviez
ils/elles avaient

Conditional
j'aurais
tu aurais
il/elle/on aurait
nous aurions
vous auriez
ils/elles auraient

Passé composé
j'ai eu
tu as eu
il/elle/on a eu
nous avons eu
vous avez eu
ils/elles ont eu

Present subjunctive
que j'aie
que tu aies
qu'il/elle/on ait
que nous ayons
que vous ayez
qu'ils/elles aient

Passé simple
j'eus
tu eus
il/elle/on eut
nous eûmes
vous eûtes
ils/elles eurent

Imperative
aie
ayons
ayez

commencer *to begin*
past participle: **commencé** / present participle: **commençant**

Like **commencer** is **recommencer** *(to begin again, to start over)*

Present indicative
je commence
tu commences
il/elle/on commence
nous commençons
vous commencez
ils/elles commencent

Future
je commencerai
tu commenceras
il/elle/on commencera
nous commencerons
vous commencerez
ils/elles commenceront

Imperfect
je commençais
tu commençais
il/elle/on commençait
nous commencions
vous commenciez
ils/elles commençaient

Conditional
je commencerais
tu commencerais
il/elle/on commencerait
nous commencerions
vous commenceriez
ils/elles commenceraient

Passé composé
j'ai commencé
tu as commencé
il/elle/on a commencé
nous avons commencé
vous avez commencé
ils/elles ont commencé

Present subjunctive
que je commence
que tu commences
qu'il/elle/on commence
que nous commencions
que vous commenciez
qu'ils/elles commencent

Passé simple
je commençai
tu commenças
il/elle/on commença
nous commençâmes
vous commençâtes
ils/elles commencèrent

Imperative
commence
commençons
commencez

comprendre (see **prendre**)

conduire *to drive*

past participle: **conduit** / present participle: **conduisant**

Like **conduire** are **construire** *(to build, to construct)*, **cuire** *(to cook)*, **réduire** *(to reduce)*, **séduire** *(to seduce)*

Present indicative
je conduis
tu conduis
il/elle/on conduit
nous conduisons
vous conduisez
ils/elles conduisent

Future
je conduirai
tu conduiras
il/elle/on conduira
nous conduirons
vous conduirez
ils/elles conduiront

Imperfect
je conduisais
tu conduisais
il/elle/on conduisait
nous conduisions
vous conduisiez
ils/elles conduisaient

Conditional
je conduirais
tu conduirais
il/elle/on conduirait
nous conduirions
vous conduiriez
ils/elles conduiraient

Passé composé
j'ai conduit
tu as conduit
il/elle/on a conduit
nous avons conduit
vous avez conduit
ils/elles ont conduit

Present subjunctive
que je conduise
que tu conduises
qu'il/elle/on conduise
que nous conduisions
que vous conduisiez
qu'ils/elles conduisent

Passé simple
je conduisis
tu conduisis
il/elle/on conduisit
nous conduisîmes
vous conduisîtes
ils/elles conduisirent

Imperative
conduis
conduisons
conduisez

connaître *to know*
past participle: **connu** / present participle: **connaissant**

Like **connaître** are **apparaître** *(to appear)*, **disparaître** *(to disappear)*, **paraître** *(to seem)*, **reconnaître** *(to recognize)*

Present indicative
je connais
tu connais
il/elle/on connaît
nous connaissons
vous connaissez
ils/elles connaissent

Future
je connaîtrai
tu connaîtras
il/elle/on connaîtra
nous connaîtrons
vous connaîtrez
ils/elles connaîtront

Imperfect
je connaissais
tu connaissais
il/elle/on connaissait
nous connaissions
vous connaissiez
ils/elles connaissaient

Conditional
je connaîtrais
tu connaîtrais
il/elle/on connaîtrait
nous connaîtrions
vous connaîtriez
ils/elles connaîtraient

Passé composé
j'ai connu
tu as connu
il/elle/on a connu
nous avons connu
vous avez connu
ils/elles ont connu

Present subjunctive
que je connaisse
que tu connaisses
qu'il/elle/on connaisse
que nous connaissions
que vous connaissiez
qu'ils/elles connaissent

Passé simple
je connus
tu connus
il/elle/on connut
nous connûmes
vous connûtes
ils/elles connurent

Imperative
connais
connaissons
connaissez

convaincre *to convince*
past participle: **convaincu** / present participle: **convainquant**

Like **convaincre** is **vaincre** *(to defeat, to conquer)*

Present indicative
je convaincs
tu convaincs
il/elle/on convainc
nous convainquons
vous convainquez
ils/elles convainquent

Future
je convaincrai
tu convaincras
il/elle/on convaincra
nous convaincrons
vous convaincrez
ils/elles convaincront

Imperfect
je convainquais
tu convainquais
il/elle/on convainquait
nous convainquions
vous convainquiez
ils/elles convainquaient

Conditional
je convaincrais
tu convaincrais
il/elle/on convaincrait
nous convaincrions
vous convaincriez
ils/elles convaincraient

Passé composé
j'ai convaincu
tu as convaincu
il/elle/on a convaincu
nous avons convaincu
vous avez convaincu
ils/elles ont convaincu

Present subjunctive
que je convainque
que tu convainques
qu'il/elle/on convainque
que nous convainquions
que vous convainquiez
qu'ils/elles convainquent

Passé simple
je convainquis
tu convainquis
il/elle/on convainquit
nous convainquîmes
vous convainquîtes
ils/elles convainquirent

Imperative
convaincs
convainquons
convainquez

courir *to run*
past participle: **couru** / present participle: **courant**

Like **courir** is **parcourir** *(to skim, go over)*

Present indicative
je cours
tu cours
il/elle/on court
nous courons
vous courez
ils/elles courent

Future
je courrai
tu courras
il/elle/on courra
nous courrons
vous courrez
ils/elles courront

Imperfect
je courais
tu courais
il/elle/on courait
nous courions
vous couriez
ils/elles couraient

Conditional
je courrais
tu courrais
il/elle/on courrait
nous courrions
vous courriez
ils/elles courraient

Passé composé
j'ai couru
tu as couru
il/elle/on a couru
nous avons couru
vous avez couru
ils/elles ont couru

Present subjunctive
que je coure
que tu coures
qu'il/elle/on coure
que nous courions
que vous couriez
qu'ils/elles courent

Passé simple
je courus
tu courus
il/elle/on courut
nous courûmes
vous courûtes
ils/elles coururent

Imperative
cours
courons
courez

craindre (see **teindre**)

croire *to believe*

past participle: **cru** / present participle: **croyant**

Present indicative
je crois
tu crois
il/elle/on croit
nous croyons
vous croyez
ils/elles croient

Future
je croirai
tu croiras
il/elle/on croira
nous croirons
vous croirez
ils/elles croiront

Imperfect
je croyais
tu croyais
il/elle/on croyait
nous croyions
vous croyiez
ils/elles croyaient

Conditional
je croirais
tu croirais
il/elle/on croirait
nous croirions
vous croiriez
ils/elles croiraient

Passé composé
j'ai cru
tu as cru
il/elle/on a cru
nous avons cru
vous avez cru
ils/elles ont cru

Present subjective
que je croie
que tu croies
qu'il/elle/on croie
que nous croyions
que vous croyiez
qu'ils/elles croient

Passé simple
je crus
tu crus
il/elle/on crut
nous crûmes
vous crûtes
ils/elles crurent

Imperative
crois
croyons
croyez

découvrir (see **ouvrir**)

décrire *to describe*

past participle: **décrit** / present participle: **décrivant**

Like **décrire** are **écrire** *(to write)* and **s'inscrire*** *(to register, enroll)*

Present indicative
je décris
tu décris
il/elle/on décrit
nous décrivons
vous décrivez
ils/elles décrivent

Future
je décrirai
tu décriras
il/elle/on décrira
nous décrirons
vous décrirez
ils/elles décriront

Imperfect
je décrivais
tu décrivais
il/elle/on décrivait
nous décrivions
vous décriviez
ils/elles décrivaient

Conditional
je décrirais
tu décrirais
il/elle/on décrirait
nous décririons
vous décririez
ils/elles décriraient

Passé composé
j'ai décrit
tu as décrit
il/elle/on a décrit
nous avons décrit
vous avez décrit
ils/elles ont décrit

Present subjunctive
que je décrive
que tu décrives
qu'il/elle/on décrive
que nous décrivions
que vous décriviez
qu'ils/elles décrivent

Passé simple
je décrivis
tu décrivis
il/elle/on décrivit
nous décrivîmes
vous décrivîtes
ils/elles décrivirent

Imperative
décris
décrivons
décrivez

descendre* (see **rendre**)

devoir *to owe; to have to*

past participle: **dû** / present participle: **devant**

Present indicative
je dois
tu dois
il/elle/on doit
nous devons
vous devez
ils/elles doivent

Future
je devrai
tu devras
il/elle/on devra
nous devrons
vous devrez
ils/elles devront

Imperfect
je devais
tu devais
il/elle/on devait
nous devions
vous deviez
ils/elles devaient

Conditional
je devrais
tu devrais
il/elle/on devrait
nous devrions
vous devriez
ils/elles devraient

Passé composé
j'ai dû
tu as dû
il/elle/on a dû
nous avons dû
vous avez dû
ils/elles ont dû

Present subjunctive
que je doive
que tu doives
qu'il/elle/on doive
que nous devions
que vous deviez
qu'ils/elles doivent

Passé simple
je dus
tu dus
il/elle/on dut
nous dûmes
vous dûtes
ils/elles durent

Imperative
dois
devons
devez

dire *to say*
past participle: **dit** / present participle: **disant**

Like **dire,** except in the *vous* form of the present, are **contredire** (contredisez) *(to contradict),*
maudire (maudissez) *(to curse),* and **prédire** (prédisez) *(to predict)*

Present indicative
je dis
tu dis
il/elle/on dit
nous disons
vous dites
ils/elles disent

Imperfect
je disais
tu disais
il/elle/on disait
nous disions
vous disiez
ils/elles disaient

Passé composé
j'ai dit
tu as dit
il/elle/on a dit
nous avons dit
vous avez dit
ils/elles ont dit

Passé simple
je dis
tu dis
il/elle/on dit
nous dîmes
vous dîtes
ils/elles dirent

Future
je dirai
tu diras
il/elle/on dira
nous dirons
vous direz
ils/elles diront

Conditional
je dirais
tu dirais
il/elle/on dirait
nous dirions
vous diriez
ils/elles diraient

Present subjunctive
que je dise
que tu dises
qu'il/elle/on dise
que nous disions
que vous disiez
qu'ils/elles disent

Imperative
dis
disons
dites

dormir *to sleep*
past participle: **dormi** / present participle: **dormant**

Like **dormir** are **s'endormir*** *(to fall asleep)* and **se rendormir*** *(to fall asleep again)*

Present indicative
je dors
tu dors
il/elle/on dort
nous dormons
vous dormez
ils/elles dorment

Future
je dormirai
tu dormiras
il/elle/on dormira
nous dormirons
vous dormirez
ils/elles dormiront

Imperfect
je dormais
tu dormais
il/elle/on dormait
nous dormions
vous dormiez
ils/elles dormaient

Conditional
je dormirais
tu dormirais
il/elle/on dormirait
nous dormirions
vous dormiriez
ils/elles dormiraient

Passé composé
j'ai dormi
tu as dormi
il/elle/on a dormi
nous avons dormi
vous avez dormi
ils/elles ont dormi

Present subjunctive
que je dorme
que tu dormes
qu'il/elle/on dorme
que nous dormions
que vous dormiez
qu'ils/elles dorment

Passé simple
je dormis
tu dormis
il/elle/on dormit
nous dormîmes
vous dormîtes
ils/elles dormirent

Imperative
dors
dormons
dormez

écrire (see décrire)

s'ennuyer* *to be bored*
past participle: **ennuyé** / present participle: **ennuyant**

Like **s'ennuyer** is **ennuyer** *(to annoy, bother)*

Present indicative
je m'ennuie
tu t'ennuies
il/elle/on s'ennuie
nous nous ennuyons
vous vous ennuyez
ils/elles s'ennuient

Imperfect
je m'ennuyais
tu t'ennuyais
il/elle/on s'ennuyait
nous nous ennuyions
vous vous ennuyiez
ils/elles s'ennuyaient

Passé composé
je me suis ennuyé(e)
tu t'es ennuyé(e)
il/elle/on s'est ennuyé(e)
nous nous sommes ennuyé(e)s
vous vous êtes ennuyé(e)(s)
ils/elles se sont ennuyé(e)s

Passé simple
je m'ennuyai
tu t'ennuyas
il/elle/on s'ennuya
nous nous ennuyâmes
vous vous ennuyâtes
ils/elles s'ennuyèrent

Future
je m'ennuierai
tu t'ennuieras
il/elle/on s'ennuiera
nous nous ennuierons
vous vous ennuierez
ils/elles s'ennuieront

Conditional
je m'ennuierais
tu t'ennuierais
il/elle/on s'ennuierait
nous nous ennuierions
vous vous ennuieriez
ils/elles s'ennuieraient

Present subjunctive
que je m'ennuie
que tu t'ennuies
qu'il/elle/on s'ennuie
que nous nous ennuyions
que vous vous ennuyiez
qu'ils/elles s'ennuient

Imperative
ennuie-toi
ennuyons-nous
ennuyez-vous

envoyer *to send*
past participle: **envoyé** / present participle: **envoyant**

Like **envoyer** is **renvoyer** *(to send away, dismiss)*

Present indicative
j'envoie
tu envoies
il/elle/on envoie
nous envoyons
vous envoyez
ils/elles envoient

Future
j'enverrai
tu enverras
il/elle/on enverra
nous enverrons
vous enverrez
ils/elles enverront

Imperfect
j'envoyais
tu envoyais
il/elle/on envoyait
nous envoyions
vous envoyiez
ils/elles envoyaient

Conditional
j'enverrais
tu enverrais
il/elle/on enverrait
nous enverrions
vous enverriez
ils/elles enverraient

Passé composé
j'ai envoyé
tu as envoyé
il/elle/on a envoyé
nous avons envoyé
vous avez envoyé
ils/elles ont envoyé

Present subjunctive
que j'envoie
que tu envoies
qu'il/elle/on envoie
que nous envoyions
que vous envoyiez
qu'ils/elles envoient

Passé simple
j'envoyai
tu envoyas
il/elle/on envoya
nous envoyâmes
vous envoyâtes
ils/elles envoyèrent

Imperative
envoie
envoyons
envoyez

essayer *to try*

past participle: essayé / present participle: **essayant**

Like **essayer** is **payer** *(to pay)*

Present indicative
j'essaie
tu essaies
il/elle/on essaie
nous essayons
vous essayez
ils/elles essaient

Future
j'essaierai
tu essaieras
il/elle/on essaiera
nous essaierons
vous essaierez
ils/elles essaieront

Imperfect
j'essayais
tu essayais
il/elle/on essayait
nous essayions
vous essayiez
ils/elles essayaient

Conditional
j'essierais
tu essaierais
il/elle/on essaierait
nous essaierions
vous essaieriez
ils/elles essaieraient

Passé composé
j'ai essayé
tu as essayé
il/elle/on a essayé
nous avons essayé
vous avez essayé
ils/elles ont essayé

Present subjunctive
que j'essaie
que tu essaies
qu'il/elle/on essaie
que nous essayions
que vous essayiez
qu'ils/elles essaient

Passé simple
j'essayai
tu essayas
il/elle/on essaya
nous essayâmes
vous essayâtes
ils/elles essayèrent

Imperative
essaie
essayons
essayez

être *to be*

past participle: **été** / present participle: **étant**

Present indicative
je suis
tu es
il/elle/on est
nous sommes
vous êtes
ils/elles sont

Future
je serai
tu seras
il/elle/on sera
nous serons
vous serez
ils/elles seront

Imperfect
j'étais
tu étais
il/elle/on était
nous étions
vous étiez
ils/elles étaient

Conditional
je serais
tu serais
il/elle/on serait
nous serions
vous seriez
ils/elles seraient

Passé composé
j'ai été
tu as été
il/elle/on a été
nous avons été
vous avez été
ils/elles ont été

Present subjunctive
que je sois
que tu sois
qu'il/elle/on soit
que nous soyons
que vous soyez
qu'ils/elles soient

Passé simple
je fus
tu fus
il/elle/on fut
nous fûmes
vous fûtes
ils/elles furent

Imperative
sois
soyons
soyez

faire *to make, to do*

past participle: **fait** / present participle: **faisant**

Present indicative
je fais
tu fais
il/elle/on fait
nous faisons
vous faites
ils/elles font

Future
je ferai
tu feras
il/elle/on fera
nous ferons
vous ferez
ils/elles feront

Imperfect
je faisais
tu faisais
il/elle/on faisait
nous faisions
vous faisiez
ils/elles faisaient

Conditional
je ferais
tu ferais
il/elle/on ferait
nous ferions
vous feriez
ils/elles feraient

Passé composé
j'ai fait
tu as fait
il/elle/on a fait
nous avons fait
vous avez fait
ils/elles ont fait

Present subjunctive
que je fasse
que tu fasses
qu'il/elle/on fasse
que nous fassions
que vous fassiez
qu'ils/elles fassent

Passé simple
je fis
tu fis
il/elle/on fit
nous fîmes
vous fîtes
ils/elles firent

Imperative
fais
faisons
faites

falloir *must, have to, should*

past participle: **fallu**

Present indicative
il faut

Future
il faudra

Imperfect
il fallait

Conditional
il faudrait

Passé composé
il a fallu

Present subjunctive
qu'il faille

Passé simple
il fallut

s'inscrire* (see décrire)

jeter *to throw, to throw away, throw out*
past participle: **jeté** / present participle: **jetant**

Like **jeter** is **projeter** *(to plan)*

Present indicative
je jette
tu jettes
il/elle/on jette
nous jetons
vous jetez
ils/elles jettent

Future
je jetterai
tu jetteras
il/elle/on jettera
nous jetterons
vous jetterez
ils/elles jetteront

Imperfect
je jetais
tu jetais
il/elle/on jetait
nous jetions
vous jetiez
ils/elles jetaient

Conditional
je jetterais
tu jetterais
il/elle/on jetterait
nous jetterions
vous jetteriez
ils/ells jetteraient

Passé composé
j'ai jeté
tu as jeté
il/elle/on a jeté
nous avons jeté
vous avez jeté
ils/elles ont jeté

Present subjunctive
que je jette
que tu jettes
qu'il/elle/on jette
que nous jetions
que vous jetiez
qu'ils/elles jettent

Passé simple
je jetai
tu jetas
il/elle/on jeta
nous jetâmes
vous jetâtes
ils/elles jetèrent

Imperative
jette
jetons
jetez

lire *to read*

past participle: **lu** / present participle: **lisant**

Like **lire** is **relire** *(to re-read)*

Present indicative
je lis
tu lis
il/elle/on lit
nous lisons
vous lisez
ils/elles lisent

Future
je lirai
tu liras
il/elle/on lira
nous lirons
vous lirez
ils/elles liront

Imperfect
je lisais
tu lisais
il/elle/on lisait
nous lisions
vous lisiez
ils/elles lisaient

Conditional
je lirais
tu lirais
il/elle/on lirait
nous lirions
vous liriez
ils/elles liraient

Passé composé
j'ai lu
tu as lu
il/elle/on a lu
nous avons lu
vous avez lu
ils/elles ont lu

Present subjunctive
que je lise
que tu lises
qu'il/elle/on lise
que nous lisions
que vous lisiez
qu'ils/elles lisent

Passé simple
je lus
tu lus
il/elle/on lut
nous lûmes
vous lûtes
ils/elles lurent

Imperative
lis
lisons
lisez

manger *to eat*
past participle: **mangé** / present participle: **mangeant**

Like **manger** are **nager** *(to swim)*, **plonger** *(to dive)*, and **voyager** *(to travel)*

Present indicative
je mange
tu manges
il/elle/on mange
nous mangeons
vous mangez
ils/elles mangent

Imperfect
je mangeais
tu mangeais
il/elle/on mangeait
nous mangions
vous mangiez
ils/elles mangeaient

Passé composé
j'ai mangé
tu as mangé
il/elle/on a mangé
nous avons mangé
vous avez mangé
ils/elles ont mangé

Passé simple
je mangeai
tu mangeas
il/elle/on mangea
nous mangeâmes
vous mangeâtes
ils/elles mangèrent

Future
je mangerai
tu mangeras
il/elle/on mangera
nous mangerons
vous mangerez
ils/elles mangeront

Conditional
je mangerais
tu mangerais
il/elle/on mangerait
nous mangerions
vous mangeriez
ils/elles mangeraient

Present subjunctive
que je mange
que tu manges
qu'il/elle/on mange
que nous mangions
que vous mangiez
qu'ils/elles mangent

Imperative
mange
mangeons
mangez

mettre *to put; to put on*

past participle: **mis** / present participle: **mettant**

Like **mettre** are **admettre** *(to admit)*, **omettre** *(to omit)*, **permettre** *(to allow)*, and **promettre** *(to promise)*

Present indicative
je mets
tu mets
il/elle/on met
nous mettons
vous mettez
ils/elles mettent

Future
je mettrai
tu mettras
il/elle/on mettra
nous mettrons
vous mettrez
ils/elles mettront

Imperfect
je mettais
tu mettais
il/elle/on mettait
nous mettions
vous mettiez
ils/elles mettaient

Conditional
je mettrais
tu mettrais
il/elle/on mettrait
nous mettrions
vous mettriez
ils/elles mettraient

Passé composé
j'ai mis
tu as mis
il/elle/on a mis
nous avons mis
vous avez mis
ils/elles ont mis

Present subjunctive
que je mette
que tu mettes
qu'il/elle/on mette
que nous mettions
que vous mettiez
qu'ils/elles mettent

Passé simple
je mis
tu mis
il/elle/on mit
nous mîmes
vous mîtes
ils/elles mirent

Imperative
mets
mettons
mettez

mourir* _to die_

past participle: **mort** / present participle: **mourant**

Present indicative
je meurs
tu meurs
il/elle/on meurt
nous mourons
vous mourez
ils/elles meurent

Imperfect
je mourais
tu mourais
il/elle/on mourait
nous mourions
vous mouriez
ils/elles mouraient

Passé composé
je suis mort(e)
tu es mort(e)
il/elle/on est mort(e)
nous sommes mort(e)s
vous êtes mort(e)(s)
ils/elles sont mort(e)s

Passé simple
je mourus
tu mourus
il/elle/on mourut
nous mourûmes
vous mourûtes
ils/elles moururent

Future
je mourrai
tu mourras
il/elle/on mourra
nous mourrons
vous mourrez
ils/elles mourront

Conditional
je mourrais
tu mourrais
il/elle/on mourrait
nous mourrions
vous mourriez
ils/elles mourraient

Present subjunctive
que je meure
que tu meures
qu'il/elle/on meure
que nous mourions
que vous mouriez
qu'ils/elles meurent

Imperative
meurs
mourons
mourez

naître* _to be born_
past participle: **né(e)(s)** / present participle: **naissant**

Like **naître** is **renaître*** _(to be born again)_

Present indicative
je nais
tu nais
il/elle/on naît
nous naissons
vous naissez
ils/elles naissent

Future
je naîtrai
tu naîtras
il/elle/on naîtra
nous naîtrons
vous naîtrez
ils/elles naîtront

Imperfect
je naissais
tu naissais
il/elle/on naissait
nous naissions
vous naissiez
ils/elles naissaient

Conditional
je naîtrais
tu naîtrais
il/elle/on naîtrait
nous naîtrions
vous naîtriez
ils/elles naîtraient

Passé composé
je suis né(e)
tu es né(e)
il/elle/on est né(e)
nous sommes né(e)s
vous êtes né(e)(s)
ils/elles sont né(e)s

Present subjunctive
que je naisse
que tu naisses
qu'il/elle/on naisse
que nous naissions
que vous naissiez
qu'ils/elles naissent

Passé simple
je naquis
tu naquis
il/elle/on naquit
nous naquîmes
vous naquîtes
ils/elles naquirent

Imperative
nais
naissons
naissez

ouvrir *to open*
past participle: **ouvert** / present participle: **ouvrant**

Like **ouvrir** are **couvrir** *(to cover)*, **découvrir** *(to discover)*, **offrir** *(to offer, to give)*, **souffrir** *(to suffer, to be ill)*

Present indicative
j'ouvre
tu ouvres
il/elle/on ouvre
nous ouvrons
vous ouvrez
ils/elles ouvrent

Future
j'ouvrirai
tu ouvriras
il/elle/on ouvrira
nous ouvrirons
vous ouvrirez
ils/elles ouvriront

Imperfect
j'ouvrais
tu ouvrais
il/elle/on ouvrait
nous ouvrions
vous ouvriez
ils/elles ouvraient

Conditional
j'ouvrirais
tu ouvrirais
il/elle/on ouvrirait
nous ouvririons
vous ouvririez
ils/elles ouvriraient

Passé composé
j'ai ouvert
tu as ouvert
il/elle/on a ouvert
nous avons ouvert
vous avez ouvert
ils/elles ont ouvert

Present subjunctive
que j'ouvre
que tu ouvres
qu'il/elle/on ouvre
que nous ouvrions
que vous ouvriez
qu'ils/elles ouvrent

Passé simple
j'ouvris
tu ouvris
il/elle/on ouvrit
nous ouvrîmes
vous ouvrîtes
ils/elles ouvrirent

Imperative
ouvre
ouvrons
ouvrez

partir* *to leave*
past participle: **parti(e)(s)** / present participle: **partant**

Like **partir** are **mentir** *(to tell a lie)*, **sentir** *(to feel, to smell)*, **se sentir*** *(to feel)*, **sortir*** *(to go out)*.

Present indicative
je pars
tu pars
il/elle/on part
nous partons
vous partez
ils/elles partent

Future
je partirai
tu partiras
il/elle/on partira
nous partirons
vous partirez
ils/elles partiront

Imperfect
je partais
tu partais
il/elle/on partait
nous partions
vous partiez
ils/elles partaient

Conditional
je partirais
tu partirais
il/elle/on partirait
nous partirions
vous partiriez
ils/elles partiraient

Passé composé
je suis parti(e)
tu es parti(e)
il/elle/on est parti(e)
nous sommes parti(e)s
vous êtes parti(e)(s)
ils/elles sont parti(e)s

Present subjunctive
que je parte
que tu partes
qu'il/elle/on parte
que nous partions
que vous partiez
qu'ils/elles partent

Passé simple
je partis
tu partis
il/elle/on partit
nous partîmes
vous partîtes
ils/elles partirent

Imperative
pars
partons
partez

payer (see **essayer**)
peindre (see **teindre**)

plaire *to please, to be pleasing to*
past participle: **plu** / present participle: **plaisant**

Like **plaire** are **déplaire** (to displease), **se taire*** (to keep silent)

Present indicative
je plais
tu plais
il/elle/on plaît
nous plaisons
vous plaisez
ils/elles plaisent

Future
je plairai
tu plairas
il/elle/on plaira
nous plairons
vous plairez
ils/elles plairont

Imperfect
je plaisais
tu plaisais
il/elle/on plaisait
nous plaisions
vous plaisiez
ils/elles plaisaient

Conditional
je plairais
tu plairais
il/elle/on plairait
nous plairions
vous plairiez
ils/elles plairaient

Passé composé
j'ai plu
tu as plu
il/elle/on a plu
nous avons plu
vous avez plu
ils/elles ont plu

Present subjunctive
que je plaise
que tu plaises
qu'il/elle/on plaise
que nous plaisions
que vous plaisiez
qu'ils/elles plaisent

Passé simple
je plus
tu plus
il/elle/on plut
nous plûmes
vous plûtes
ils/elles plurent

Imperative
plais
plaisons
plaisez

pleuvoir *to rain*

past participle: **plu** / present participle: **pleuvant**

Present indicative
il pleut

Future
il pleuvra

Imperfect
il pleuvait

Conditional
il pleuvrait

Passé composé
il a plu

Present subjunctive
qu'il pleuve

Passé simple
il plut

pouvoir *to be able to*

past participle: **pu** / present participle: **pouvant**

Present indicative
je peux
tu peux
il/elle/on peut
nous pouvons
vous pouvez
ils/elles peuvent

Future
je pourrai
tu pourras
il/elle/on pourra
nous pourrons
vous pourrez
ils/elles pourront

Imperfect
je pouvais
tu pouvais
il/elle/on pouvait
nous pouvions
vous pouviez
ils/elles pouvaient

Conditional
je pourrais
tu pourrais
il/elle/on pourrait
nous pourrions
vous pourriez
ils/elles pourraient

Passé composé
j'ai pu
tu as pu
il/elle/on a pu
nous avons pu
vous avez pu
ils/elles ont pu

Present subjunctive
que je puisse
que tu puisses
qu'il/elle/on puisse
que nous puissions
que vous puissiez
qu'ils/elles puissent

Passé simple
je pus
tu pus
il/elle/on put
nous pûmes
vous pûtes
ils/elles purent

préférer *to prefer*

past participle: **préféré** / present participle: **préférant**

Present indicative
je préfère
tu préfères
il/elle/on préfère
nous préférons
vous préférez
ils/elles préfèrent

Future
je préférerai
tu préféreras
ils/elle/on préférera
nous préférerons
vous préférerez
ils/elles préféreront

Imperfect
je préférais
tu préférais
il/elle/on préférait
nous préférions
vous préfériez
ils/elles préféraient

Conditional
je préférerais
tu préférerais
il/elle/on préférerait
nous préférerions
vous préféreriez
ils/elles préféreraient

Passé composé
j'ai préféré
tu as préféré
il/elle/on a préféré
nous avons préféré
vous avez préféré
ils/elles ont préféré

Present subjunctive
que je préfère
que tu préfères
qu'il/elle/on préfère
que nous préférions
que vous préfériez
qu'ils/elles préfèrent

Passé simple
je préférai
tu préféras
il/elle/on préféra
nous préférâmes
vous préférâtes
ils/elles préférèrent

Imperative
préfère
préférons
préférez

prendre *to take*
past participle: **pris** / present participle: **prenant**

Like **prendre** are **apprendre** *(to learn)*, **comprendre** *(to understand)*, and
surprendre *(to surprise)*

Present indicative
je prends
tu prends
il/elle/on prend
nous prenons
vous prenez
ils/elles prennent

Imperfect
je prenais
tu prenais
il/elle/on prenait
nous prenions
vous preniez
ils/elles prenaient

Passé composé
j'ai pris
tu as pris
il/elle/on a pris
nous avons pris
vous avez pris
ils/elles ont pris

Passé simple
je pris
tu pris
il/elle/on prit
nous prîmes
vous prîtes
ils/elles prirent

Future
je prendrai
tu prendras
il/elle/on prendra
nous prendrons
vous prendrez
ils/elles prendront

Conditional
je prendrais
tu prendrais
il/elle/on prendrait
nous prendrions
vous prendriez
ils/elles prendraient

Present subjunctive
que je prenne
que tu prennes
qu'il/elle/on prenne
que nous prenions
que vous preniez
qu'ils/elles prennent

Imperative
prends
prenons
prenez

rendre *to give back, to make*
past participle: **rendu** / present participle: **rendant**

Like **rendre** are **défendre** *(to forbid)*, **descendre*** *(to go down, to get off)*, **perdre** *(to lose)*, **tondre** *(to mow)*, **vendre** *(to sell)*, and most verbs ending in **-re** except for **prendre** and its compounds.

Present indicative
je rends
tu rends
il/elle/on rend
nous rendons
vous rendez
ils/elles rendent

Future
je rendrai
tu rendras
il/elle/on rendra
nous rendrons
vous rendrez
ils/elles rendront

Imperfect
je rendais
tu rendais
il/elle/on rendait
nous rendions
vous rendiez
ils/elles rendaient

Conditional
je rendrais
tu rendrais
il/elle/on rendrait
nous rendrions
vous rendriez
ils/elles rendraient

Passé composé
j'ai rendu
tu as rendu
il/elle/on a rendu
nous avons rendu
vous avez rendu
ils/elles ont rendu

Present subjunctive
que je rende
que tu rendes
qu'il/elle/on rende
que nous rendions
que vous rendiez
qu'ils/elles rendent

Passé simple
je rendis
tu rendis
il/elle/on rendit
nous rendîmes
vous rendîtes
ils/elles rendirent

Imperative
rends
rendons
rendez

savoir *to know*

past participle: **su** / present participle: **sachant**

Present indicative
je sais
tu sais
il/elle/on sait
nous savons
vous savez
ils/elles savent

Imperfect
je savais
tu savais
il/elle/on savait
nous savions
vous saviez
ils/elles savaient

Passé composé
j'ai su
tu as su
il/elle/on a su
nous avons su
vous avez su
ils/elles ont su

Passé simple
je sus
tu sus
il/elle/on sut
nous sûmes
vous sûtes
ils/elles surent

Future
je saurai
tu sauras
il/elle/on saura
nous saurons
vous saurez
ils/elles sauront

Conditional
je saurais
tu saurais
il/elle/on saurait
nous saurions
vous sauriez
ils/elles sauraient

Present subjunctive
que je sache
que tu saches
qu'il/elle/on sache
que nous sachions
que vous sachiez
qu'ils/elles sachent

Imperative
sache
sachons
sachez

soutenir (see venir)

suivre *to follow; to take (a course)*
past participle: **suivi** / present participle: **suivant**

Like **suivre** is **poursuivre** *(to pursue)*

Present indicative
je suis
tu suis
il/elle/on suit
nous suivons
vous suivez
ils/elles suivent

Future
je suivrai
tu suivras
il/elle/on suivra
nous suivrons
vous suivrez
ils/elles suivront

Imperfect
je suivais
tu suivais
il/elle/on suivait
nous suivions
vous suiviez
ils/elles suivaient

Conditional
je suivrais
tu suivrais
il/elle/on suivrait
nous suivrions
vous suivriez
ils/elles suivraient

Passé composé
j'ai suivi
tu as suivi
il/elle/on a suivi
nous avons suivi
vous avez suivi
ils/elles ont suivi

Present subjunctive
que je suive
que tu suives
qu'il/elle/on suive
que nous suivions
que vous suiviez
qu'ils/elles suivent

Passé simple
je suivis
tu suivis
il/elle/on suivit
nous suivîmes
vous suivîtes
ils/elles suivirent

Imperative
suis
suivons
suivez

teindre *to dye*
past participle: **teint** / present participle: **teignant**

Like **teindre** are **atteindre** *(to reach)*, **craindre** *(to fear)*, **peindre** *(to paint)*,
plaindre *(to feel sorry for)*

Present indicative
je teins
tu teins
il/elle/on teint
nous teignons
vous teignez
ils/elles teignent

Future
je teindrai
tu teindras
il/elle/on teindra
nous teindrons
vous teindrez
ils/elles teindront

Imperfect
je teignais
tu teignais
il/elle/on teignait
nous teignions
vous teigniez
ils/elles teignaient

Conditional
je teindrais
tu teindrais
il/elle/on teindrait
nous teindrions
vous teindriez
ils/elles teindraient

Passé composé
j'ai teint
tu as teint
il/elle/on a teint
nous avons teint
vous avez teint
ils/elles ont teint

Present subjunctive
que je teigne
que tu teignes
qu'il/elle/on teigne
que nous teignions
que vous teigniez
qu'ils/elles teignent

Passé simple
je teignis
tu teignis
il/elle/on teignit
nous teignîmes
vous teignîtes
ils/elles teignirent

Imperative
teins
teignons
teignez

venir* *to come*
past participle: **venu(e)(s)** / present participle: **venant**

Like **venir** are **devenir***(to become)*, **revenir*** *(to come back)*, **se souvenir (de)***
(to remember), **soutenir** *(to support)*, and **tenir** *(to hold)*.

Present indicative
je viens
tu viens
il/elle/on vient
nous venons
vous venez
ils/elles viennent

Future
je viendrai
tu viendras
il/elle/on viendra
nous viendrons
vous viendrez
ils/elles viendront

Imperfect
je venais
tu venais
il/elle/on venait
nous venions
vous veniez
ils/elles venaient

Conditional
je viendrais
tu viendrais
il/elle/on viendrait
nous viendrions
vous viendriez
ils/elles viendraient

Passé composé
je suis venu(e)
tu es venu(e)
il/elle/on est venu(e)
nous sommes venu(e)s
vous êtes venu(e)(s)
ils/elles sont venu(e)s

Present subjunctive
que je vienne
que tu viennes
qu'il/elle/on vienne
que nous venions
que vous veniez
qu'ils/elles viennent

Passé simple
je vins
tu vins
il/elle/on vint
nous vînmes
vous vîntes
ils/elles vinrent

Imperative
viens
venons
venez

vivre *to live*

past participle: **vécu** / present participle: **vivant**

Like **vivre** is **revivre** *(to live again, revive)*

Present indicative
je vis
tu vis
il/elle/on vit
nous vivons
vous vivez
ils/elles vivent

Future
je vivrai
tu vivras
il/elle/on vivra
nous vivrons
vous vivrez
ils/elles vivront

Imperfect
je vivais
tu vivais
il/elle/on vivait
nous vivions
vous viviez
ils/elles vivaient

Conditional
je vivrais
tu vivrais
il/elle/on vivrait
nous vivrions
vous vivriez
ils/elles vivraient

Passé composé
j'ai vécu
tu as vécu
il/elle/on a vécu
nous avons vécu
vous avez vécu
ils/elles ont vécu

Present subjunctive
que je vive
que tu vives
qu'il/elle/on vive
que nous vivions
que vous viviez
qu'ils/elles vivent

Passé simple
je vécus
tu vécus
il/elle/on vécut
nous vécûmes
vous vécûtes
ils/elles vécurent

Imperative
vis
vivons
vivez

voir *to see*

past participle: **vu** / present participle: **voyant**

Like **voir** are **prévoir** *(to foresee)* and **revoir** *(to see again)*

Present indicative
je vois
tu vois
il/elle/on voit
nous voyons
vous voyez
ils/elles voient

Future
je verrai
tu verras
il/elle/on verra
nous verrons
vous verrez
ils/elles verront

Imperfect
je voyais
tu voyais
il/elle/on voyait
nous voyions
vous voyiez
ils/elles voyaient

Conditional
je verrais
tu verrais
il/elle/on verrait
nous verrions
vous verriez
ils/elles verraient

Passé composé
j'ai vu
tu as vu
il/elle/on a vu
nous avons vu
vous avez vu
ils/elles ont vu

Present subjunctive
que je voie
que tu voies
qu'il/elle/on voie
que nous voyions
que vous voyiez
qu'ils/elles voient

Passé simple
je vis
tu vis
il/elle/on vit
nous vîmes
vous vîtes
ils/elles virent

Imperative
vois
voyons
voyez

vouloir *to want, to wish*

past participle: **voulu** / present participle: **voulant**

Present indicative
je veux
tu veux
il/elle/on veut
nous voulons
vous voulez
ils/elles veulent

Imperfect
je voulais
tu voulais
il/elle/on voulait
nous voulions
vous vouliez
ils/elles voulaient

Passé composé
j'ai voulu
tu as voulu
il/elle/on a voulu
nous avons voulu
vous avez voulu
ils/elles ont voulu

Passé simple
je voulus
tu voulus
il/elle/on voulut
nous voulûmes
vous voulûtes
ils/elles voulurent

Future
je voudrai
tu voudras
il/elle/on voudra
nous voudrons
vous voudrez
ils/elles voudront

Conditional
je voudrais
tu voudrais
il/elle/on voudrait
nous voudrions
vous voudriez
ils/elles voudraient

Present subjunctive
que je veuille
que tu veuilles
qu'il/elle veuille
que nous voulions
que vous vouliez
qu'ils/elles veuillent

Imperative
veux (veuille)
voulons
voulez (veuillez)

Lexique français–anglais

This glossary contains French words and expressions, defined as they are used in the context of this book. Easily recognizable words are not included. The number in parentheses indicates the chapter or the part of the program in which the word appears: **pré = prélude; int = interlude; post = postlude; C =** *Cahier.*

The masculine form is given for all adjectives. When a masculine adjective ends in **-e,** the feminine form is the same. To form the feminine of regular adjectives, add an **-e** to the masculine. Irregular feminine endings or forms are given in parentheses.

The gender (*m.* or *f.*) is indicated for most nouns. Nouns that can be either masculine or feminine are indicated with *n.* If the masculine form ends in **-e,** the feminine form is the same. To form the feminine for those ending in a consonant, add an **-e** to the masculine. Other feminine endings or forms are given in parentheses.

The asterisk that precedes some nouns beginning with "h" indicates that articles are not elided with these words (*le héros,* not *l'héros,* for example); when an asterisk precedes an infinitive, there is no elision with the preceding vowel of the subject pronoun (je hante, par exemple).

Abbreviations

adj.	adjective	*fam.*	familiar	*n.*	noun
adv.	adverb	*inv.*	invariable	*prep.*	preposition
conj.	conjunction	*m.*	masculine	*pron.*	pronoun
f.	feminine	*pl.*	plural	*	aspirate h

A

abîmer to damage, spoil (1)
abonné *n.* subscriber (6)**; abonnement** *m.* subscription (2)
abord *m.* approach, access; **au premier abord** initially (2); **d'abord** *adv.* at first (3)
aboutir to end up (at) (in) (1)
abri *m.* shelter (6); **sans-abri** *n.* homeless person
abuser to exploit, take advantage of (6)
accéder (à) to reach (1)
accélérateur *m.* accelerator (4)
accès *m.* access, entry (1)
accessoire *m.* accessory (2)
s'accommoder to accept (**pré**)
accord *m.* agreement (9); **d'accord** okay; **être d'accord** to agree, be in agreement (1)
s'accorder to agree (9)
s'accoutumer to get used to (C8)

s'accrocher (à) to hang (on to); to be very determined (1)
accroissement *m.* increase (6)
accroître to increase (8)
accueil *m.* reception, welcome (3); **accueillant** *adj.* welcoming (3); **accueillir** to welcome, greet (3)
acharnement *m.* determination (1)
achat *m.* purchase (C2); **acheter** to buy
s'achever to finish, accomplish (1)
acquérir to acquire (2)
acteur (-trice) *n.* actor (actress) (5)
actif (-ive) *adj.* active (2); working; *n.* person in the workforce; **activement** *adv.* actively (9)
actualité *f.* current event (2); newsreel (6); **actuel (le)** *adj.* current (3)
acquérir acquire (9)
adhérer (à) to join (C9)
adjoint *n. & adj.* assistant, deputy (3)
admettre to admit, allow

adoptif (-ive) *adj.* adoptive, adopted (8)

s'adresser (à) to address; turn to (C9)

aérobic *m.* aerobics (2)

affaiblir to weaken (C2)

affaires *f. pl.* business (6); things, belongings (C5)

affectif (-ive) *adj.* emotional (8)

affectueux (-euse) *adj.* affectionate, loving (5)

afficher to display, advertise, post (2)

affligeant *adj.* pathetic (1)

affreux (-euse) *adj.* frightful, horrible (C5)

affronter to face, to confront (6)

afin de *prep.* in order to, so as to (1);
    afin que *conj.* in order that, so that (7)

agacer to annoy (C4)

agence *f.* agency (C2); **agence de voyages** travel agency (5)

agent de police *m.* policeman (4)

agir to act, behave (1); **s'agir de** to be about, be a question of (pré)

agneau *m.* lamb (C6)

aguets *m. pl.* **aux aguets** watchful (6)

aïeul *n.* **aïeux** *pl.* ancestor (C3)

aile *f.* wing (2)

ailleurs *adv.* elsewhere (1); **d'ailleurs** besides, moreover

aîné *adj.* older, oldest (C3)

air *m.* tune, air; **avoir l'air (de)** to look (like) (2); **en plein air** outdoors, in the open (5)

aisance *f.* ease (1)

aise *n. f. & adj.* ease, comfort; delighted, pleased (7), **se sentir à l'aise** to feel comfortable, at ease; **se sentir mal à l'aise** to feel uncomfortable

ajouter to add (9)

alcool *m.* alcohol (C2)

alcoolémie *f.* acohol level in the blood (4)

aléatoire *adj.* by chance, random (5)

alentours *m. pl.* the surrounding area (2)

allemand *adj, n..* German, German language (pré); **Allemand** *n.* German person (pré)

allonger to stretch out, lengthen (4)

allumer to turn on (2)

allure *f.* behavior, manner (3); looks, appearance

alors *adv.* then, so (C1)

alphabétisation *f.* literacy (3)

alpinisme *m.* mountaineering; **faire de l'alpinisme** to go mountain climbing (5)

amateur *inv.n. adj.* lover of (6); amateur

ambassade *f.* embassy (2)

âme *f.* soul (8)

améliorer to improve (C2)

aménagement *m.* planning, laying out (9)

amende *f.* ticket, fine; **amende pour excès de vitesse** speeding ticket (4)

s'amenuiser to diminish (9)

amer (amère) *adj.* bitter (9)

amérindien *adj.* native American (3); **Amérindien** *n.* native American person (3)

ami *n.* friend; **petit (e) ami (e)** boyfriend (girlfriend) (8)

amorcer to begin, undertake (9)

amour *m.* love (5)

amphithéâtre *m.* lecture hall (1)

amusant *adj.* funny (2); **s'amuser** to have fun, have a good time (3)

an *m.* year (1)

ancêtre *n.* ancestor (pré)

ancien (ne) *adj.* old, former (2)

âne *m.* donkey (4)

ange *m.* angel (C1)

angoissant *adj.* distressing, alarming (C7); **angoisse** *f.* anxiety, anguish (1); **s'angoisser** to become anxious (int. 1)

animer to liven up, rouse (1)

année *f.* year (pré)

annonce *f.* **publicitaire** advertisement (6)

antenne *f.* antenna (4); **antenne satellite** satellite dish (6)

antiquité *f.* antiquity (7)

antivol *m.* anti-theft device, lock (4)

antonyme *m.* antonym; word with opposite meaning

anxieux (-euse) *adj.* worried, anxious

apaiser to calm (2)

apercevoir to perceive, notice (5)

appartenir (à) to belong (to) (7)

appeler to call; **s'appeler** to be called, named (pré)

s'appliquer to apply oneself (5)

apporter to bring (9)

apprécier to appreciate (3)

apprendre to learn (pré)

apprentissage *m.* learning; **apprentissage précoce** learning in elementary school (pré)

s'apprêter (à) to get ready (to) (1)

approche *f.* approach (1); **approcher** to approach, draw near (3)

s'approprier to take over (C3)

appui *m.* support (1); **appuyer** to press (4); to support (1)

âpre *adj.* harsh (3)

après *prep.* after (1); **d'après** *prep.* according to (2)

arbre *m.* tree (3)

argent *m.* money (pré); silver (6); **argent de poche** pocket money, allowance (1)

argot *m.* slang (2)

armature *f.* framework (4)

arpenter to criss-cross (5)

arrêt *m.* stop (bus, trolley) (2); **s'arrêter (de)** to stop (from)

arrière *adv.* back (4); **à l'arrière** in the back (4)

arriéré *adj.* backwards (2)

arrière-train *m.* hindquarters (4)

arriver to arrive (3); to happen (5)

arrondir to round off, make round (4)

asile *m.* refuge, asylum (9)

aspirateur *m.* vacuum cleaner; **passer l'aspirateur** to vacuum (8)

aspirer to drink, suck up (C7)

s'asseoir to sit (2)

assez *adv.* enough; **en avoir assez de** to be fed up with

assimilé *adj.* assimilated (2)

assister (à) to be present, attend (1)

associer to associate (3)

assorti *adj.* matching (2); **bien (mal) assorti** to go well (badly) with (2)

assourdissant *adj.* deafening (6)

assurance *f.* insurance (4); **assurer** to assure, guarantee (3)

astiquer to polish (**int. 1**)

atelier *m.* textile mill; workshop; artist's studio (3)

atout *m.* advantage, trump card (2)

s'attarder to linger (8)

atteindre to reach, attain (5)

attendre to wait (for); **s'attendre (à)** to expect (7)

attente *f.* wait; expectation (6)

attention *f.* attention; **faire attention (à)** to pay attention (to) (C1)

atterrer to dismay, appall (4)

atterrir to land (airplane, ship) (5)

attester to prove, demonstrate (9)

attirer to attract, draw (1)

attrayant *adj.* attractive, pleasant (6)

attribuer to assign (1)

aube *f.* dawn, daybreak (1)

auberge *f.* inn; **auberge de jeunesse** youth hostel (5)

aucun *adj. & pron.* no one, none (6)

audacieux (-euse) *adj.* bold, daring (3)

augmentation *f.* increase (C9); **augmenter** to increase (C9)

aujourd'hui *adv.* today, nowadays (**pré**)

auparavant *prep.* formerly (C3)

auprès de *prep.* close to, near (C5)

aussi *adv.* also (**pré**); **aussi (bien) que** as (well) as (C1)

aussitôt que *conj.* as soon as (9)

autant *adv.* as much (2); **d'autant que** all the more so since (9)

autocar *m.* bus (3)

automatisme *m.* reflex (9)

autonomie *f.* autonomy, self-sufficiency (2)

autoritaire *adj.* authoritarian (8)

autoroute *f.* interstate (C9)

auto-stop *m.* hitchhiking (5)

autour *adv.* around (8)

autre *adj. & pron.* other (1); **autrement** *adv.* otherwise, differently (5)

autrefois *adv.* in the past, formerly (3)

autruche *f.* ostrich (8)

avaler to swallow (**pré**)

avancement *m.* promotion (C2)

avant (de) *prep.* before (**pré**)

avantageux (-euse) *adj.* advantageous (9)

avec *prep.* with (**pré**)

avenir *m.* future (1)

s'aventurer to venture (C3)

avertissement *m.* warning (6)

aveu *m.* confession (6)

s'avilir to lower oneself, debase oneself (6)

avion *m.* airplane (2)

avis *m.* opinion; **à mon avis** in my opinion (1)

avocat (e) *n.* lawyer (9)

avoir to have; **avoir besoin (de)** to need (3); **avoir mal (à)** to hurt (C1); **avoir peur (de)** to be afraid (of) (7)

avouer to admit

B

bachelier (-ère) *n.* person who has passed the baccalauréat (1)

bachoter *fam.* to cram; **faire du bachotage** *fam.* to cram (1)

bafouiller to stammer, mumble (6)

bagarrer to argue, fight (1)

bagnole *f. fam.* car (4)

baie *f.* bay (5)

baignade *f.* swimming, bathing (5); **se baigner** to swim, bathe (5)

bail *m.* lease (9)

baiser *m.* kiss (C1)

baisse *f.* decrease (C9); **baisser** to decrease, lower (6)

bal *m.* ball, dance (C6)

balade *f.* stroll, short walk (5)

balancer to swing, go back and forth (C2); to send (away) (9)

ballerine *f.* ballet slipper (2)

balnéaire *adj.* seaside (5)

banc *m.* bench (6)

bande *f.* gang (2); tape; **bande annonce** *f.* preview, trailer (6); **bande dessinée** comic strip (1); **bande sonore** sound track (6)

banderole *f.* banner, advertising streamer (1)

banlieue *f.* public housing area (2); suburb (4); **banlieusard** *n.* person who lives in public housing project (2); suburbanite

banque *f.* bank; **banque de données** data bank (2)

barbe *f.* beard (2)

barème *m.* scale (4)

barge *adj. fam.* crazy, wacky (2)

barre de torsion *f.* torsion bar (4)

barrière *f.* fence, barrier (4)

bas *m.* stocking; **bas résille** fishnet stocking (2)

basket *f.* basketball shoe (2)

bataille *f.* battle (5)

bâtard *adj.* weak, adulterated (**pré**)

bateau *m.* boat (3); **faire du bateau** to go boating (5)

bâtir to build (7)

batterie *f.* battery; drums; **batterie à plat** dead battery (4)

(se) battre to fight, beat up (9); **battu** *adj.* beaten, well-used (5)

bavard *adj. & n.* talkative (C2); talkative person (8)

bavure *f.* smudge, smear (1)

beau (bel, beaux, belle, belles) *adj.* handsome, beautiful (2); **beauté** *f.* beauty (2)

beau-père *m.* stepfather; father-in-law (8)

bec *m.* kiss (Québec) (**pré**)

belle-mère *f.* stepmother; mother-in-law (8)

bénévolat *m.* volunteer work (9); **bénévole** *n.* volunteer (3); **bénévolement** *adv.* without being paid (2)

berceau *m.* cradle (8)

berger (-ère) *n.* shepherd (shepherdess) (6); **berger allemand** German shepherd (**pré**)

besoin *m.* need (9); **avoir besoin (de)** to need (3)

bête *adj.* silly, stupid (2)

beur *adj. fam.* born in France of North African parents (2); **Beur** *n. m.*, **Beurette** *n. f.* person born in France of North African parents

biche *f.* doe (3)

bien *adv.* well; **bien sûr** of course (C1); **bien** *m.* good (7); **biens** *pl.* goods, property (2) **bien que** *conj.* although (7)

bien-être *m.* well-being (4)

bienvenue *f.* welcome; **souhaiter la bienvenue** to welcome (C3)

bijou *m.* piece of jewelry; **bijoux de fantaisie** costume jewelry (2)

bilan *m.* balance sheet (4); **bilan carbone** carbon footprint (4)

billet *m.* ticket; paper money (3)

bio *adj.* organic (9); **biocarburant** *m.* biofuel (9)

bise *f. fam.* kiss (**pré**)

blague *f.* joke (4)

blâmer to blame (2)

blanc (blanche) *adj.* white (2); **blanc** *m.* blank (C1); **examen blanc** practice test (1)

blanchir to wash (laundry) (8)

blé *f.* wheat (9)

blême *adj.* pale, sick-looking (2)

blesser to wound (6)

blocage *m.* mental block (1); **faire un blocage** to freeze up (1)

bloqué *adj.* blocked, obstructed (4)

blouson *m.* jacket (2); **blouson en cuir** leather jacket (2)

bobine *f.* reel (of film) (C6)

bœuf *m.* ox (7)

boire to drink (7)

bois *m.* wood (6)

boîte *f.* box (7); **boîte automatique** automatic transmission (4)

bol *m. fam. argot* luck (5)

bombarder to bombard (1)

bon(ne) *adj.* good

bondé *adj.* crowded, crammed (4)

bonheur *m.* happiness (C1)

bonnet *m.* cap, hat (C5)

bordeaux *adj. inv.* wine-colored (2)

border to border, run alongside (1)

borne *f.* terminal, marker; **borne de recharge** electric terminal (for recharging car batteries) (4)

bosser *fam.* to study hard (1); to work (3); **bosseur (-euse)** *n.* hard-working student (1)

botte *f.* boot (2)

bouchon *m.* traffic jam (4)

boucle *f.* ring; **boucle d'oreille** earring (2)

boue *f.* mud (C4)

bouffe *f. fam.* food (2); **bouffer** *fam.* to eat (5)

bouger to move, to be lively (2)

bouleverser to upset, distress (6)

boulot *m. fam.* work, job, task (1)

bouquin *m. fam.* book

bourgeois *n. & adj.* upper middle class; middle class person (C3)

bourlinguer *fam.* to travel around (1)

bourrer to stuff (1); **se bourrer le crâne** *fam.* to stuff your head (1)

bourse *f.* scholarship (1); **boursier (-ière)** *n.* person with a scholarship

bousiller *fam.* to wreck, to ruin (9)

bout *m.* bit, piece; **à tout bout de champ** all the time (**pré**); **au bout de** at the end of (7); **venir à bout de** to overcome (7)

bouteille *f.* bottle (C3)

boutique *f.* shop, boutique (2)

boutonner to button (up) (1)

bracelet *m.* bracelet (2)

branché *adj.* in the know, up-to-date (2);
brancher to plug in, connect (4)

break *m.* station wagon (4)

bref (brève) *adj.* brief, short (2)

breveter to patent (6)

bricolage *m.* do-it-yourself project; **bricoler** to do odd jobs, tinker (5)

bride *f.* bridle (7)

brièvement *adv.* briefly (2)

brigand *m.* robber (C5)

brillant *adj.* brilliant (C2); shiny

broche *f.* brooch (6)

bronzage *m.* tanning (5); **bronzer** to tan (5)

brosse à dents *f.* toothbrush (3)

brouillon *m.* rough draft

broyer to grind, crush (5)

bruit *m.* noise (3); **bruyant** *adj.* noisy (1)

brûler to burn (3); **brûler un feu rouge** to run a red light (4)

brumisateur *m.* spray (5)

brut *adj.* uncut, rough, natural (2)

bûcher *fam.* to study hard (1)

bûcheron *m.* woodcutter (7)

bulletin *m.* report card (1)

bureau *m.* desk (**pré**); office (3)

busqué *adj.* hooked (2)

but *m.* goal, purpose (3)

C

cabane *f.* cabin; **cabane à sucre** maple sugaring cabin (**pré**)

câble *m.* cable; **télévision par câble** cable TV (6)

cabriolet *m.* convertible (4)

(se)cacher to hide (oneself) (3)

cadeau *m.* gift

cadet(te) *adj.* younger, youngest (8)

caisse *f.* chest, box (4); checkout (store) (C7)

caleçon *m.* boxer shorts (8) **calmer** to calm (someone) down; **se calmer** to calm down (8)

calotte polaire *f.* polar ice cap (9)

calvaire *m.* suffering (6)

camarade *n.* friend; **camarade de chambre** roommate (8)

caméra *f.* movie camera (2)

caméscope *m.* video camera (6)

camion *m.* truck (3)

campagne *f.* country(side); open country (5); campaign (C-**int. 2**)

camping *m.* campground; **faire du camping** to go camping (5)

canard *m.* duck (**pré**)

cancre *m.* bad student, dunce (1)

candidature *f.* application; **poser sa candidature** to apply for a position (3)

caniche *m.* poodle (**pré**)

canicule *f.* heatwave, dog days of summer (5)

canne *f.* cane, walking stick (6)

canoë *m.* canoe; **faire du canoë** to go canoeing (5)

canon *m.* model, perfect example (**int. 1**)

canot *m.* dinghy; **canot de sauvetage** lifeboat (6)

canotier *m.* boater (hat) (8)

capot *m.* car hood (4)

capsuler to put a top on (a bottle) (6)

car *m.* bus (3)

car *conj.* because (1); for

caractère *m.* nature, character; **caractère gras** boldface

caravane *f.* travel trailer (5)

caresser to pet, caress (3)

carré *adj.* square (2)

carrefour *m.* intersection (4)

carrière *f.* career, profession

carrosse *m.* coach, carriage (C7)

carton *m.* cardboard (box) (3)

cas *m.* case

casque *m.* helmet (4); **Casques bleus** UN Peacekeeping Troops (C9)

casquette *f.* cap (2)

casser to break (5)

caste *f.* group (2)

cauchemar *m.* nightmare (7)

cavaler to be on the go (**int. 1**)

cavalier (-ière) *n.* horseback rider (4)

céder to give up, give in, give way to (8)

ceinture *f.* belt (3); **ceinture de sécurité** seat belt (4)

célèbre *adj.* famous (2)

célibataire *adj.* unwed (8)

celui (ceux, celle, celles) *pron.* the one(s), this one, that one, these, those (8)

cendre *f.* ash (8); **cendrier** *m.* ashtray (**pré**)

censé *adj.* supposed to (5)

centrale nucléaire *f.* nuclear power plant (9)

cercle *m.* circle; group (8)

cerise *f.* cherry (1); **cerisier** *m.* cherry tree (4)

cesser (de) to stop (5); **sans cesse** continually, constantly, relentlessly (8)

chacun(e) *pron.* each, each one, everyone (9)

chaîne *f.* chain; channel (6)

chair *f.* flesh (7)

chaise *f.* chair (C1)

chalet *m.* small wooden vacation house (mountains) (5)

chaleur *f.* heat (C4); **chaleureux (-euse)** *adj.* cordial, friendly (C2)

chambre *f.* bedroom (C1)

chameau *m.* camel (5)

champ *m.* field (3)

chance *f.* luck, possibility, opportunity (C2)

chanceler to stagger, totter (6)

changement *m.* change (1)

chanson *f.* song (**pré**)

chant *m.* singing (C2); song; **chanter** to sing (2); **chanteur (-euse)** *n.* singer (2)

chantier *m.* construction site (1)

chapeau *m.* hat (2)

chaque *adj.* each, every (**pré**)

charbon *m.* coal (9)

charge *f.* cost (for utilities, etc.) (8); **prendre en charge** to take care of (1)

charger to fill, load (3)

charme *m.* magic spell (7)

charte *f.* charter (4)

chasse *f.* hunting; **aller à la chasse** to go hunting (5); **chasser** to hunt, chase away (**post**)

chauffeur *m.* driver (4)

chaussée *f.* pavement, street (4)

chaussette *f.* sock

chaussure *f.* shoe, footwear (2)

chauve *adj.* bald (2)

chef *m.* leader, head (2); **chef d'Etat** head of state (C3)

chemin *m.* road, path (3); **cheminer** to go one's way (6)

chemise *f.* shirt (2); **chemisier** *m.* blouse (2)

cher (chère) *adj.* expensive, dear (1)

chercher to look for (**pré**)

chétif (-ive) *adj.* puny, scrawny (7)

cheval *m.* horse (4)

chevalerie *f.* knighthood (7); **chevalier** *m.* knight (7)

chevelu *adj.* long-haired, hairy (2)

cheveux *m. pl.* hair (2)

chèvre *f.* goat (3)

chez *prep.* at, to (the house, family, business, etc.) (**pré**)

chiant *adj. fam.* extremely annoying (2)

chic *adj.* stylish (2)

chiffre *m.* number (1)

chinois *adj.* Chinese (C8); **Chinois** *n.* Chinese (C8)

chirurgien(ne) surgeon (C3)

choisir to choose (**pré**); **choix** *m.* choice (1)

chômage *m.* unemployment (2); **taux de chômage** unemployment rate (3); **chômeur (-euse)** *n.* unemployed person (3)

choquant *adj.* shocking, offensive (2)

choucroute *f.* sauerkraut (**pré**)

chute *f.* fall (6); **chuter** to fall down

cibler to target, aim for (**pré**)

ci-dessous *adv.* below (2)

ci-dessus *adv.* above (2)

ciel *m.* sky (6)

cigale *f.* cricket, cicada (7)

cinéma *m.* movies, movie theatre (**pré**)

cinéphile *n.* movie buff (6)

circulation *f.* traffic (4)

cité *f.* dormitory (1); urban neigborhood (2)

citoyen (-nne) *n.* citizen (9)

citrouille *f.* pumpkin (C6)

civil *n. & adj.* civil; civilian (9); **état civil** *m.* marital status (C5)

clair *adj.* light (2); clear, obvious (7)

classe *f.* **d'âge** age group, age cohort (1)

clé, clef *f.* key (2)

clignotant *m.* turn signal, car blinker (4)

cloison *f.* partition (6)

clouer to nail, attach (8)

cochon *m.* pig (**pré**)

cocotier *m.* coconut palm (C5)

code *m.* rule, code; **code de la route** rules of the road (4)

cœur *m.* heart; **par cœur** by heart, memorized (1)

coffre *m.* car trunk (4)

coffret *m.* small chest, box (C5)

coi (coite) adj.: rester coi to remain silent (6)

coiffé *adj.* (hair) styled (2); **(se) coiffer** to style (one's) hair (2); wear on one's head (8)

coin *m.* corner (**pré**)

coincé *adj. fam.* uptight (2); **coincer** to wedge, catch (6)

colère *f.* anger (**pré**)

collège *m.* middle school (1)

coller to stick to, glue (**pré**); **coller au...** *fam.* to shove up your ... (8)

collier *m.* necklace (2)

collision *f.* collision; **entrer en collision avec** to run into, collide (4)

colocataire *n.* person with whom a house or apartment is shared (8)

colonie *f.* colony (6); **colonie de vacances** camp (for children) (5)

combat *m.* fighting, hostilities (C3)

combien (de) *adv.* how many, how much (1)

combustible *m.* fuel (9)

commander to command, give orders (3)

comme *adv.* like, as, how (3)

commencer to start (1)

comment *adv.* how (3)

commerce *m.* trade, business (C9); **commerce equitable** fair trade (9)

commercial *adj.* business (3)

commissariat *m.* **de police** police station (in town) (4)

communauté *f.* community (9)

comparable (à) comparable (to) (C8)

complément *m.* object (grammar) (1)

complet (-ète) *adj.* complete, entire, full (2)

complicité *f.* bond, closeness, emotional tie (8)

comportement *m.* behavior; **comporter** to include (6), **se comporter** to behave

composer to compose, make up; dial (phone); **se composer de** to consist of, be composed of

compréhensif (-ive) *adj.* understanding, kind (4); **comprendre** to understand; to include; **se comprendre** to understand one another (8)

compte *m.* account (8); **prendre en compte** to take into account (2); **compter** to count (1); **compter** + *infinitif* to plan, mean (to do)

con(ne) *n. fam.* stupid person (1) (int. 1); **connerie** *f. fam.* stupidity (int.2)

concevoir to conceive, create (9)

concours *m.* competitive exam (1)

concret (-ète) *adj.* concrete (2)

concubinage *m.* unmarried people living together (8)

concurrence *f.* competition (6); **concurrent** *n.* competitor (9)

se consacrer (à) to devote oneself (to) (2)

à condition de (que) *prep. (conj.)* provided that (7)

condoléances *f. pl.* condolences (3)

conducteur (-rice) *n.* driver (4); **conduire** to drive (4); **se conduire** to behave, to conduct oneself (2); **examen de conduite** *f.* driving test (4)

conférence *f.* lecture (1)

confiance *f.* trust; **faire confiance (à)** to trust in (8); **confier** to confide, trust (C5)

confirmer to confirm (C4)

confondre to confuse (1)

confort *m.* comfort (4); **confortable** *adj.* comfortable (clothing, furniture, house) (2)

confus *adj.* confused, embarrassed, muddled (2); **confusément** *adv.* confusedly (2)

congé *m.* leave, vacation (5)

congénère *n.* peer, someone alike (2)

conjoint *n.* spouse (int. 1); **conjointement** *adv.* jointly (9)

connaître to know; **faire la connaissance (de)** to meet (pré); **connu** *adj.* known (7)

conquête *f.* conquest (5)

consacrer to devote (6)

consanguin *adj.* related by blood (int. 1)

consciencieux (-euse) *adj.* conscientious (C2)

conseil *m.* advice (1); **conseiller (-ère)** *n.* advisor, counselor (9)

consentir to consent (7)

consommer to use, consume (4)

constamment *adv.* constantly (2)

construire to build (C9)

contact *m.* starter (car) (4); **mettre le contact** to switch on the ignition (4)

conte *m.* story, tale; **conte de fées** fairy tale (7)

contemporain *n. & adj.* contemporary (1)

contenir to contain (5)

content *adj.* happy (3); **contenter** to make happy, to satisfy (C7)

contenu *m.* content (C1)

continu *adj.* continuous (4)

contrainte *f.* restriction (8)

contraire *m.* opposite; **au contraire** on the contrary (1)

contrat *m.* contract; **contrat à durée déterminée (CDD)** fixed term employment contract (3); **contrat à durée indéterminée (CDI)** permanent position (3)

contravention *f.* traffic ticket, fine (mostly for parking) (4)

contre *prep.* against (3)

contredire to contradict (C4)

contrevenant *m.* person receiving a traffic ticket (4)

contrôle *m.* test (1); traffic stop by the police (4); **contrôler** to check, inspect (9)

convaincre to convince (4)

convenable *adj.* appropriate (C1); **convenir** to fit, be suitable (C1)

convenu *adj.* conventional, agreed upon (9)

convoi *m.* convoy, procession; **convoi de cirque** circus convoy (4)

copain (copine) *n.* friend; boyfriend (girlfriend) (8)

copie *f.* sheet of paper, exercise (1); copy

coq *m.* rooster (pré); **passer/sauter du coq-à-l'âne** change the subject abruptly (pré)

coquillage *m.* shell (4)

cornac *m.* elephant trainer (4)

corne *f.* horn (animal) (C7)

correspondre to tally, agree, correspond (7)

corrompre to corrupt (9)

corvée *f.* onerous task, burden, chore (8)

costaud *adj.* robust, sturdy (2)

costume *m.* man's suit (2)

côte *f.* coast (1)

côté *m.* side; **à côté de** *prep.* next to (5)

couche *f.* layer; **couche d'ozone** ozone layer (9)

se coucher to go to bed, sleep (C1); **coucher à la belle étoile** sleep out in the open; **coucher sous la tente** to sleep in a tent (5)

coude *m.* elbow (9)

couler to sink (6); to flow (4)

couleur *f.* color (C2)

couloir *m.* hallway (2)

coup *m.* hit, blow; **coup de sifflet** whistle blast (4); **coup de soleil** sunburn (5); **coup de veine** stroke of luck (1); **tout à coup** all of a sudden (3)

couplet *m.* verse

cour *f.* yard, courtyard (3); **faire la cour (à)** to court, woo (7)

couramment *adv.* fluently (C3)

courant *adj.* everyday, standard (2); *m.* electricity (4); **courant** *m.* **d'air** draft (4)

courriel *m.* e-mail (C-int. 2)

courrier *m.* mail (7)

courir to run (3)

cours *m.* course; **au cours de** during (4); **cours magistral** lecture course (1)

course *f.* race; shopping errand; **course aux armements** arms race (9); **faire les courses** to run errands; go shopping (8)

court *adj.* short (2)

couscous *m.* North African dish, made with semolina, vegetables, etc.

coût *m.* cost (4); **coût de la vie** cost of living

couteau *m.* knife (6)

coûter to cost (4); **coûteux (-euse)** *adj.* costly

couvert *m.* place, place setting (8); *adj.* covered

couvrir to cover (1)

covoiturage *m.* carpooling (4); **covoiturer** to carpool (4); **covoitureur (-euse)** *n.* person who carpools

craindre to fear (7); **crainte** *f.* fear

crâne *m.* skull (2); **crâne d'œuf** egghead, brainy (1)

cravate *f.* necktie (2)

crédit *m.* funding (1)

crête *f.* comb (of rooster); crest; spiked hair (2)

crétin *m.* imbecile (int. 1)

crever to burst, die *fam.* (7); **pneu crevé** flat tire (4)

crier to shout, yell (8)

croire to believe (7)

croiser to cruise, cross (5); **croisière** *f.* cruise (5)

croissance *f.* growth (9); **croissant** *adj.* increasing, growing (4)

croyant *n. & adj.* believer in God, person who practices their religion (2)

cruauté *f.* cruelty (6)

crudité *f.* coarseness, crudeness (6)

cueillette *f.* picking (**pré**); **cueillir** to gather, pick (C7)

cuillère *f.* spoon (**post**)

cuir *m.* leather (2)

cuisine *f.* kitchen; cooking; **faire la cuisine** to cook (8)

cul *m. fam.* backside, rear end (**pré**)

culot *m.* daring, nerve (4)

cultiver to cultivate, farm (3); **se cultiver** to improve one's mind (5)

culture *f.* land under cultivation (4); culture

curé *m.* priest, curate (C9)

cursus *m.* curriculum (1)

cycle *m.* cycle, years for a degree (1)

cypriote *adj.* from the island of Cyprus (2)

D

d'abord *adv.* at first (3)

d'accord okay; **être d'accord** to agree, be in agreement (1)

dame *f.* lady (7)

davantage *adv.* more (**pré**)

se débarrasser (de) to get rid of (4)

déborder to overflow (8)

débourser to pay out (8)

debout *adj.* upright, standing (1)

débrancher to unplug, disconnect

débrayer to let out the clutch (4)

débrouillard *adj.* able, resourceful (2); **se débrouiller** to manage, get along (1)

début *m.* beginning; **au début** in the beginning (3); **débutant** *n. adj.* beginner, novice (4)

décalage *m.* gap, interval; **décalage horaire** jet lag (5)

décapotable *f.* convertible (4)

décennie *f.* decade (9)

déchet *m.* trash, refuse (9); **déchetterie déchèterie** *f.* recycling center (9)

(se) déchirer to tear (up) (apart) (3)

décider to decide, determine (3)

décliner to enumerate (9)

déconcertant *adj.* disconcerting (C4)

décontracté *adj.* relaxed, laid-back (2); **décontraction** *f.* laid-back attitude (1)

décor *m.* set (6)

décousu *adj.* disjointed, disconnected (8)

découvrir to discover (4)

décret *m.* decree, ruling (4)

décrire to describe (**pré**); **(se) décrisper** to relax (5); defuse

décrocher to take down (2); to unhook, pick up (telephone) (1); to land, get (job, prize) *fam.*

dedans *adv.* inside (7)

défaite *f.* defeat (9)

défavorisé *adj.* underprivileged (C9)

défendre to forbid, prohibit (7)

défi *m.* challenge (C9)

dégager to bring out, extract (1)

dégoûter to disgust (6)

dégueulasse *adj. fam.* disgusting (2)

déguiser to disguise (6)

dehors *adv.* out, outside (**pré**)

déjà *adv.* already (**pré**)

délavé *adj.* faded (2)

délivrer to set free; to rescue (C7)

délocaliser to outsource (9)

demander to ask; **se demander** to wonder (C2)

démarche *f.* step (9)

démarrer to start off (4)

déménager to move, move out (8)

demi-frère *m.* stepbrother; half-brother (8)

demi-sœur *f.* stepsister; half-sister (8)

démission *f.* resignation (from a job) (1)

démodé *adj.* out-of-style (2)

demoiselle *f.* young lady (7); **demoiselle d'honneur** lady in waiting (7)

dénouement *m.* ending, conclusion (6)

dent *f.* tooth (C4)

dépanner to repair (4); **dépanneuse** *f.* tow truck (4)

départ *m.* departure (3)

dépasser to go past, pass (4)

se dépayser to get a change of scenery (5)

dépeindre to depict (5)

dépendre (de) to depend (on) (9)

dépens *m. pl.* (legal) costs; **aux dépens de** at the expense of (C2)

dépenser to spend

déplacé *n. & adj.* displaced (person) (9); **déplacement** *m.* travel (C5)

déplaire to displease, offend (**pré**)

dépliant *m.* leaflet, brochure (5); **déplier** to unfold (C6)

déposer to put down, place, drop off (3)

dépourvu (de) *adj.* deprived, lacking (7)

déprimant *adj.* depressing (C6)

depuis *prep.* since, for (1)

déraper to skid (4)

dérisoire *adj.* pathetic; laughable; insignificant (3)

dérive *f.* drift (9)

se dérober to run away from (7)

déroulement *m.* development, unfolding; **se dérouler** to unfold, develop (2)

derrière *adv.* behind (3)

dès *prep.* from; **dès lors** from that time onwards (5); **dès que** as soon as (1)

désastre *m.* disaster (9)

descendre to go down, take down (3)

désespérer to despair, lose hope (6); **désespérément** *adv.* hopelessly (6)

(se) déshabiller to undress (oneself) (C1)

désolé *adj.* distressed; sorry; unhappy (3)

désormais *adv.* from now on (2); from then on

dessin *m.* drawing (1)

dessous *adv.* under (2)

dessus *adv.* above (2); *prep.* above, beyond (1); **par-dessus** *adv.* over, in addition (C3)

se détendre to relax, unwind (5); **détente** *f.* relaxation (5)

détenir to hold, have in one's possession (1)

détester to hate, detest (1)

détourner to divert, twist (4)

détrôner to oust, supplant (6)

deux-chevaux (2 CV) *f.* a car that used to be made by Citroën, originally with a two horsepower engine (4)

devant *prep.* before, in front of (3); *m.* front (4)

devanture *f.* display, store window (1)

développement durable *m.* sustainable development (9)

devenir to become (C2)

deviner to guess; **devinette** *f.* riddle

devoir to have to; to owe (C1); *m.* duty; **devoirs** *pl.* homework (1)

diable *m.* devil (7)

dieu *m.* god; **Dieu** God

difficile *adj.* difficult; **difficile à vivre** hard to get along with (8)

diffuser to broadcast (6); **diffusion** *f.* broadcasting (6)

digne *adj.* worthy (1)

dire to say; **c'est-à-dire** in other words, that is to say

direction *f.* steering (4), management

directives *f. pl.* rules of conduct, directives (4)

dirigeant *n.* person in authority (C9)

discernement *m.* judgement (1)

discutailler *fam.* to discuss, to argue in vain (6)

disparaître to disappear (7); **disparu** *adj.* gone; dead (7)

disponible *adj.* available (4)

disposer (de) to have at one's disposal (5)

dispute *f.* quarrel (1); **se disputer** to argue (8)

disque *m.* record (**post**); **disque compact** compact disc (C1)

dissertation *f.* essay, paper (for a course) (1)

distinguer to distinguish (C8); **se distinguer** to stand out, be noticeably different (2)

distraire to entertain; **distrait** *adj.* absent-minded (C1)

divergence *f.* divergence, difference (7)

se divertir to amuse oneself, enjoy oneself (5)

divorcer (de/d'avec) to divorce (someone) (8)

djellaba *f.* traditional Moroccan robe with long sleeves and hood **(int. 1)**

dodo *m. fam.* sleep, nap (5); **fais dodo** *m. (cajun)* party for dancing

domestique *n.* servant, domestic; *adj.* **les travaux domestiques** domestic, household work (3)

dommage *m.* harm; **c'est dommage** what a shame! (2)

donc *conj.* therefore, so (5)

données *f. pl.* data (2)

donner to give (3); **donner sur** to open onto, look onto, face (5)

dont *pron.* whose; of whom/which; from whom/which; about whom/which

dormir to sleep (1)

dossier *m.* file; student record (1)

doter to endow **(post)**

doubler to double (3); to pass, overtake (car) (4); to dub (film) (6)

doucement *adv.* gently, quietly (3); **douceur** *f.* gentleness, softness (4); **doux (douce)** *adj.* sweet, soft, gentle (2)

douer to endow (C7)

douleur *f.* pain, suffering, grief (7)

douter to doubt (7); **douteux (-euse)** *adj.* doubtful, dubious, uncertain (7)

dresser to draw up (4)

droit *m.* right, *as in:* I have the right to …; law (2); **droits d'inscription** tuition, registration fees (1); *adj.* straight (2)

droite *f.* right *direction* (5)

drôle *adj.* funny

dur *adj.* hard (2)

durée *f.* length of time (6); **durer** to last, continue (6)

dynamique *adj.* dynamic (2)

E

eau *f.* water (3)

ébahir to amaze, dazzle (8)

ébats *m. pl.* frolics, movements; **prendre ses ébats** to frolic (4)

éblouir to dazzle (5)

éboueur *m.* trash collector (9)

ébouriffé *adj.* uncombed (2)

s'écarter to go away from, deviate from (4)

échafaudage *m.* scaffolding (3)

échantillon *m.* sample (2)

s'échapper to escape (3)

écharpe *f.* scarf (C2)

échec *m.* failure (2)

échouer (à) to fail (1)

éclair *m.* flash of light (8); **éclairage** *m.* lighting (6); **éclairer** to light up (6)

éclat *m.* burst, excitement (9)

éclatant *adj.* dazzling (6)

éclater to burst out, explode (4); **une famille éclatée** a broken family (8)

école *f.* school **(pré); école maternelle** pre-school; **école primaire** elementary school (1)

écolier (-ère) *n.* elementary school pupil (1)

écoute *f.* listening time, viewing time (6); **écouter** to listen to; **écouteurs** *m. pl.* earphones

écran *m.* screen (6)

écraser to run over, crush (2)

écrevisse *f.* crayfish **(post)**

écrire to write

écureuil *m.* squirrel (7)

effacer to erase **(pré)**

effectivement *adv.* effectively, in actuality (5)

effectuer to carry out (2)

effet *m.* effect; **effets spéciaux** special effects (6); **effet de serre** greenhouse effect (9)

efficacité *f.* efficiency (2)

effort *m.* effort, endeavor (5)

effrayant *adj.* terrifying (C7); **effrayer** to frighten (4)

égal *adj.* equal; **également** *adv.* equally; as well (7)

égard *m.* regard (6)

église *f.* church

élastique *m.* rubber band (3)

élégamment *adv.* elegantly (2)

élève *n.* elementary or secondary school student (1)

s'éloigner to distance, move away (3)

s'embarquer to embark upon; get on board (5)

embauche *f.* hiring (8); **embaucher** to hire (3)

embellir to embellish, make prettier (C2)

embêter to annoy (8)

embouteillage *m.* traffic jam (4)

embrasser to embrace, kiss, hug; **s'embrasser** to embrace (kiss) each other (8)

émettre to send, put out (6); **émission** *f.* television (radio) program (6)

emménager to move in (house, apartment, room) (8)

emmener to take someone, lead (someone) (4)

émouvoir to touch emotionally; affect (3)

empanaché *adj.* plumed (8)

empêcher to prevent

emplacement *m.* site, placement (C2)

emploi *m.* job (3)

empoisonné *adj.* poisoned (C7)

emporter to take, win over, conquer (4)

emprunter to borrow (2)

en *prep.* in; to; of

encastrer to embed, fit flush, recess (6)

enchaînement *m.* series, sequence (C6); **enchaîner** to move on (5)

enchanter to enchant (7)

encore again; still; **pas encore** not yet (**pré**)

encombrant *n. & adj.* unwieldy, bulky (object) (9)

(s')encombrer to burden (oneself) with (**int. 1**)

endormi *adj.* asleep (2); **s'endormir** to fall asleep (1)

endroit *m.* place (3)

énerver to irritate; **s'énerver** to get excited, get worked up (C-**pré**)

enfance *f.* childhood (2); **enfant** *m./f.* child; **enfant adopté** adopted child (8); **enfant unique** only child

enfer *m.* hell (8)

enfin *adv.* finally

s'enfler to swell (7)

engagement *m.* dedication (2); agreement, enlistment, commitment (9); **engager** to hire (3); **s'engager** to commit oneself to; **engagé** *adj.* (politically) committed (2)

engrais *m.* fertilizer (9)

(s') engueuler *fam.* to yell at (each other) (8)

enlaidir to make ugly (8)

enlever to take off (5)

ennemi *n. & adj.* enemy (9)

ennui *m.* boredom; anxiety (2); **ennuyer** to bore, annoy; **s'ennuyer** to be bored (1); **ennuyeux (-euse)** *adj.* boring

énormément *adv.* tremendously (2)

enregistrement *m.* recording (**pré**); **enregistrer** to record (C2)

enseignant *n.* teacher (1); **enseignement** *m.* education (**pré**)

ensemble *adv.* together; **ensemble** *m.* set; development (housing); whole (1)

ensorceler to cast a spell, bewitch (7)

ensuite *adv.* next, then (3)

entamer to start, begin (5)

entendre to hear (1); **entendre par** to mean, intend; **s'entendre (avec)** to get along (with) (8); **entente** *f.* understanding, harmony (8)

enterrer to bury (9)

en-tête *m.* heading (6)

entourer to surround, care for (8)

entraide *f.* mutual help (8)

entrailles *f.* guts (**int. 1**)

entre *prep.* between (1)

entreprendre to undertake (C3); **entreprise** *f.* business, company (**pré**)

entretenir to chat with, converse (C3); to maintain, keep up; **entretien** *m.* interview (3); maintenance, upkeep (4)

envahir to invade (9)

envers *prep.* toward

envie *f.* desire; **avoir envie (de)** to want; **envieux (-euse)** *adj.* envious (7)

environ *adv.* around, about (1)

envisager to envisage, imagine (C3)

envol *m.* flight, take off (8)

envoyer to send (3)

éolien(ne) *adj.* referring to the wind; *n. f.* (electric) windmill (9)

épais(se) *adj.* thick (2)

épave *f.* wreck (ship) (C5)

épine *f.* spine, thorn (C7)

éponger to wipe up, mop up (9)

époque *f.* age, time (3)

épouser to wed, marry (7)

épouvantable *adj.* dreadful, horrible (9); **épouvante** *f.* terror (6); **film d'épouvante** horror movie (6)

épreuve *f.* test, examination (1); challenge (7); **éprouver** to experience (5)

équipe *f.* team; **équiper** to outfit (5)

équitable *adj.* fair (8)

équitation *f.* horseback riding (5)

érable *m.* maple (**pré**)

errer to wander (3)

escalader to climb, scale (5)

escale *f.* stop (for boat) (5)

escalier *m.* staircase, stairs (3)

escargot *m.* snail (**pré**)

esclavage *m.* slavery (3)

escroc *m.* crook, swindler (**int. 1**)

espace *m.* space

espérer to hope (2); **espoir** *m.* hope (5)

espionnage *m.* spying, espionage (6)

esprit *m.* spirit (C2); **état d'esprit** state of mind (6)

esquisser to sketch (2)

essayer to try

essence *f.* gasoline (4)

essuie-glace *m.* windshield wiper (4)

estimer to consider, esteem

s'établir to establish oneself, settle, take hold (9); **établissement** *m.* establishment, institution (1)

état *m.* state (**post**); **état civil** *m.* civil (marital) status (C5)

Etats-Unis *m. pl.* United States

été *m.* summer (**pré**)

éteindre to turn off (TV, lights) (2)

s'étendre to stretch oneself out, expand (7)

ethnie *f.* ethnic group (3)

étoile *f.* star (C3)

étonner to surprise, astonish (3)

étouffer to stifle, suffocate (8)

étranger (-ère) *n. & adj.* foreigner; foreign (3)

étroit *adj.* narrow

étude *f.* study (1); **étudiant (e)** *n.* university student (1)

s'évader to escape (C4)

évaluer to evaluate (1)

éveil *m.* alertness (6); **éveiller** to awaken; **s'éveiller** to wake up (9); **éveillé** *adj.* awake, alert (2)

événement *m.* event (6)

éventuellement *adv.* possibly (1)

évident *adj.* obvious (7)

éviter to avoid (2)

évoluer to evolve, change (2)

examen *m.* exam; **examen blanc** practice test (1)

exécrable *adj.* horrendous (5)

exécuter to carry out (an order) (5)

exercer to exert (5); to pursue, practice (a profession) (6)

exigeant *adj.* demanding (1); **exigence** *f.* demand, requirement (6); **exiger** to demand, require (8)

exotique *adj.* exotic, foreign (2)

expérience *f.* experiment (C6); experience

s'exprimer to express oneself (C2)

s'extasier sur to go into ecstasies (**pré**)

F

fabricant *n.* manufacturer (4)

fabuleux (-euse) *adj.* from a fable, imaginary (C7)

face à *prep.* facing, in light of (5)

fâcher to anger; **se fâcher (avec)** to get angry (at) (1)

facile *adj.* easy; **facile à vivre** easy to get along with (8)

facilité *f.* ease (1); **faciliter** to facilitate (1)

façon *f.* way, manner (1)

facture *f.* bill (C1)

fac(ulté) *f.* faculty, college, school within a university (1); **faculté de droit** law school (1); **faculté de lettres** college, school of humanities (1); **faculté de médecine** medical school (1)

faible *adj.* weak (C2)

faillir + *infinitif* to almost …

faillite *f.* bankruptcy; **faire faillite** to go bankrupt (3)

faim *f.* hunger; **avoir faim** to be hungry (3)

faire to do, make (**pré**); **faire (la) grève** to go on strike; **faire la cour (à)** to court, woo (7); **faire la grasse matinée** to sleep in, sleep late (5); **faire le plein** to fill up the gas tank (4); **faire peur (à)** to frighten (7); **faire semblant (de)** to pretend (7); **faire une demande** to apply (3); **se faire du souci** to worry (about) (8)

fait *m.* fact; **en fait** in fact (1)

falloir to be necessary; **il faut** it is necessary

familial (familiaux, familiale, familiales) *adj.* family (life, ties, etc.) (2)

famille *f.* family; **famille monoparentale** single parent family (8); **famille recomposée** blended family (8)

(se) familiariser (avec) to become familiar (with) (1)

fan(atique) *n.* fan; fanatic (5)

fantastique *adj.* fantastic, uncanny (rare); *n.* fantasy; **film fantastique** science fiction movie (6)

fantôme *m.* ghost (7)

farine *f.* flour; **farines animales** bone meal (9)

fatal *adj.* fatal; fated (2)

fatiguer to tire (8)

se faufiler to dodge in and out of (C4)

faute *f.* mistake, error (**pré**)

fauteuil *m.* armchair (2); **fauteuil roulant** wheelchair (2)

fauve *adj.* fawn-colored; wild (8)

faux (fausse) *adj.* false, wrong (2)

favori (-te) *adj.* favorite, preferred (2)

fécondité *f.* fertility (**int. 1**)

fée *f.* fairy; **bonne fée** fairy godmother (7); **conte de fées** fairy tale (7)

félicitations *f. pl.* congratulations (1)

femme au foyer *f.* housewife (8) ; **femme d'affaires** *f.* businesswoman

fenêtre *f.* window (5)

fermer to close, shut (**pré**)

fête *f.* party, holiday, festival, celebration (5); **fêter** to celebrate (C2)

feu *m.* traffic light (4); fire

feuille *f.* sheet of paper (1); leaf

feuilleton *m.* TV series; soap opera (6)

fève *f.* bean (C7)

fiche *f.* note card, file card; **fiche de lecture** notes on a reading (1)

fidèle *adj.* faithful (C7); **fidélité** *f.* faithfulness (2)

fier (fière) *adj.* proud (5); **fierté** *f.* pride (C2)

figer to set; to stiffen, congeal (6)

figurant *n.* extra, walk-on (**int. 1**)

fil *m.* thread (5); wire (6)

filiation *f.* descent (8)

filière *f.* area of concentration (1)

film *m.* **d'actualité** newsreel (6)

fin *adj.* fine, subtle (2)

fin *f.* end (C1); **mettre fin à** to end (C1)

final *adj.* final (2); **finalement** *adv.* finally (9)

financier (-ère) *adj.* financial (8); **financièrement** *adv.* financially (8)

finir to finish (1)

flacon *m.* bottle (4)

flanc *m.* side (6)

fléchir to weaken, give way (8)

fleur *f.* flower (C5); **fleurir** to bloom (9)

flic *m. fam.* cop (4)

flipper *fam.* to freak out (8)

flux *m.* flood, flow (6)

fois *f.* time, instance; **il était une fois** once upon a time (7); **à la fois** at the same time (8)

follement *adv.* madly, wildly (2)

foncé *adj.* dark (color) (C5)

foncer to go for, charge (1)

foncier *m.* land (9)

fonctionnaire *n.* government employee (C9)

fond *m.* bottom; essence (1); **fonds** *m.* fund (9)

fonder to start, set up (business, family) (C2)

fondouc *m.* warehouse, market; inn (in Arab countries) (3)

fondre to melt (9)

force *f.* strength; **force est de** + *infinitif* to have no choice (4)

forêt *f.* forest (3)

formation *f.* training, education (1)

formulaire *m.* form, application (3)

formule *f.* formula (C8)

fort *adj.* strong (1)

fou (fol, fous, folle, folles) *adj.* crazy, insane (2)

foulard *m.* headscarf (**int. 1**)

foule *f.* crowd (5)

fourneau *m.* stove, oven (8)

fournir to supply, furnish (C9)

fourrière *f.* car pound (4)

fourrure *f.* fur (7)

foyer *m.* hearth; home; residence, hostel (3); household (5)

frais (fraîche) *adj.* cool; fresh (2)

frais *m. pl.* expenses (1)

franc (franche) *adj.* honest, open (2); **franchement** *adv.* openly, honestly (4)

franchir to cross (4)

francophone *n. & adj.* native French, native French speaker (3)

frange *f.* fringe (2)

frapper to knock (8)

fredonner to hum (4)

frein *m.* brake (4); **freiner** to brake (4)

fréquenter to frequent, go around with, spend time with (1)

fret *m.* freight (4)

friperie *f.* second-hand clothing store

frisé *adj.* frizzy, curly (2); **friser** to curl (C2)

froid *m.* cold (3)

fromage *m.* cheese (**pré**)

frontière *f.* border (9)

frotter to rub (7); **frottoir** *m.* washboard (**post**)

fruit *m.* fruit; **fruits de mer** seafood (C5)

fuir to flee, run away from (1)

funèbre *adj.* funeral (6)

funérailles *f. pl.* funeral service (6)

fuser to burst forth (6)

G

gâcher to spoil (6)

gagner to earn; to win (1); **gagner sa vie** to earn a living (3)

gai *adj.* happy (5)

galette *f.* round flat cake (8)

gamin *n.* child (**int. 1**)

gant *m.* glove (C4)

garagiste *m.* garage mechanic (C2)

garantir to guarantee (1)

garder to keep, protect (3); **garder la ligne** to stay thin (5); **en garde à vue** in police custody (4)

gare *f.* train station (5)

(se) garer to park (4)

garniture *f.* fittings, trimmings (C4)

gaspillage *m.* waste (4); **gaspiller** to waste (9); **gaspilleur (-euse)** *adj.* wasteful (4)

gâteau *m.* cake (1)

gauche *f.* left (5)

gazon *m.* lawn; **tondre le gazon** to mow the lawn (8)

géant *n. & adj.* giant (7)

geler to freeze (5)

gencive *f.* gum (mouth) (**pré**)

gendarme *m.* policeman (state patrol) (4); **gendarmerie** *f.* police station, police (in the country) (4)

gêne *f.* discomfort, embarrassment; **gêner** to bother, annoy, embarrass (1)

génial *adj.* great, terrific, awesome (1)

génie *m.* genius

genre *m.* style, manner (5)

gens *m. pl.* people (3)

gentil(le) *adj.* nice (2); **gentiment** *adv.* nicely, kindly (2)

gercer to chap, crack (3)

gestion *f.* management (2); **gestionnaire** *adj.* managing (9)

geste *m.* gesture, motion (6)

gifle *f.* slap (in the face) (4)

gîte *f.* lodging, shelter (9)

gomme *f.* **à la ...** pathetic; worthless *fam.* (**int. 2**)

gorgée *f.* sip, swallow (**pré**)

gosse *n.* kid (2)

goût *m.* taste; **goûter** to taste (1)

grâce à thanks to (1)

grain *m.* seed, grain (7)

grandir to grow up (1); to get bigger/taller

graphique *m.* graph, chart

gras(se) *adj.* fat (2); **faire la grasse matinée** to sleep in, sleep late (5)

gratuitement *adv.* without pay, free of charge (3)

grave *adj.* serious; **gravement** *adv.* seriously (3)

grec (grecque) *adj.* Greek (2); **Grec (Grecque)** *n.* Greek (2)

grenouille *f.* frog (7)

grève *f.* strike (2); **faire (la) grève** to go on strike (3)

griffe *f.* claw (C7)

grincheux (-euse) *adj.* grumpy (2)

gronder to scold (6)

gros(se) *adj.* big, fat (2)

groupe *m.* group; band (musical) (2)

gueuler to yell at, shout (2); **gueule de bois** hangover (**int. 2**)

guère *adv.* not much, a little (7); **ne... guère** scarcely

guérir to heal (7)

guerre *f.* war (9); **guerre civile** civil war; **guerre froide** Cold War (9); **guerrier (-ère)** *n.* soldier, warrior (3)

guichet *m.* ticket window (6)

guignol *m.* puppet show (**int. 1**)

H

habillement *m.* dress, clothing (C2)

habit *m.* outfit, clothes (2)

habitant *n.* resident; local person (5); inhabitant; **habiter** to live (8)

habitude *f.* habit, custom (C9); **s'habituer à** to get used to (1)

*****haie** *f.* hedge (9)

*****haine** *f.* hate, hatred (**int. 1**)

*****hanche** *f.* hip (3)

*****hanter** to haunt (7)

*****hasard** *m.* chance; **par hasard** by chance (C4); *****hasardeux (-euse)** *adj.* risky, dangerous (9)

*****hausse** *f.* increase (C9)

*****haut** *adj.* high, tall (5); *****hauteur** *f.* height (C5)

hebdomadaire *adj.* weekly (6)

*****héros (héroïne)** *n.* hero (heroine) (7)

heure *f.* hour; **heures de permanence** office hours (1); **à l'heure** on time; **heure de pointe** rush hour (4)

heureux (-euse) *adj.* happy (2); **heureusement** *adv.* fortunately (2)

hier *adv.* yesterday (3)

hiver *m.* winter (3)

HLM *m.* (**habitation** *f.* **à loyer modéré**) low income housing (2)

homme *m.* man; **homme d'affaires** businessman; **homme de passage** drifter (3)

*****honte** *f.* shame (4)

horaire *m.* schedule (1)

*****hors** *adv.* except, beyond, outside of; **hors de soi** beside oneself (with anger, emotion, etc.) (6)

hôtesse *f.* hostess (C5)

*****houspiller** to argue, fight (6)

huile *f.* oil (C4)

humeur *f.* temperament; mood; **de bonne (mauvaise) humeur** in a good (bad) mood (8); **donner de l'humeur (à)** put in a bad mood (8)

*****hurler** to scream, shriek (4)

I

ignorer to not know (2)

île *f.* island (5)

illettré *adj./n.* illiterate (person) (1)

illusoire *adj.* illusory (C8)

illustre *adj.* famous, illustrious (C4)

il n'y a pas de quoi you're welcome (C4)

image *f.* image, likeness, picture (3); **imaginer** to imagine; **s'imaginer** to imagine oneself (being, doing) (7)

immeuble *m.* building (3)

immigré *n. & adj.* immigrant (3)

impatient *adj.* impatient; **être impatient de** to be eager to, looking forward to (1)

imperméable *m.* raincoat (2); *adj.* waterproof

imperturbable *adj.* unshakeable, unmoved (6)

impliquer to imply

impoli *adj.* impolite, rude (2)

importer to matter; **n'importe qui** anybody; **n'importe quel(le)** any (C3)

impressionner to impress (C5)

imprévu *adj.* unexpected

inachevé *adj.* incomplete, unfinished (6)

inattendu *adj.* unexpected (7)

inciter to encourage (1)

inconnu *adj.* unknown (1)

inconvénient *m.* disadvantage, drawback (1)

incrédule *adj.* incredulous (1)

incroyable *adj.* unbelievable (4)

indéfectible *adj.* indestructible (5)

indiquer to indicate (1)

individu *m.* individual (person) (8)

inégal *adj.* unequal, unfair (C3)

inexplicable *adj.* unexplainable, inexplicable (C7)

inférieur *adj.* lower; inferior (3)

informations *f. pl.* news (6)

informatique *f.* computer science (4)

ingénieur *m.* engineer (**int. 2**)

inhospitalier (-ère) *adj.* inhospitable (C5)

s'initier to start to learn (5)

inondation *f.* flood (6)

inquiet (-ète) *adj.* worried (2); **s'inquiéter** to worry (1)

s'inscrire to register (1)

insensible *adj.* insensitive (2)

insister to insist (7)

inspirer to inspire; **s'inspirer (de)** to be inspired by (2)

s'installer to move in, set up (9); to settle

instituteur (-trice) *n.* elementary school teacher (1)

instruire to educate (1)

intégration *f.* integration (3); **intégrer** to integrate (3); **s'intégrer** to integrate oneself (C2)

intention *f.* intention; **avoir l'intention de** to intend to (1)

interdiction *f.* ban (what is forbidden) (4); **interdire** to forbid

intéresser to interest; **s'intéresser à** to be interested in (C-**pré**)

intérim *m.* temporary work (3), **faire de l'intérim** to temp (3)

intérieur *m. & adj.* inside (2)

interne *n.* (medical) residency, intern (medical); (C9); **interner** to put in a psychiatric hospital (4)

interro(gation) *f. (fam.)* test, quiz (1); **interroger** to question

interrompre to interrupt (1)

intervenir to participate (in class) (1)

intimité *f.* intimacy, privacy (8)

intrigue *f.* plot (6)

intrus *m.* intruder (2)

inverse *m.* opposite (9); **inversion** *f.* reversal, inversion (2)

investir to invest (C9); **investissement** *m.* investment (C4)

irrespectueux (-euse) *adj.* disrespectful (1)

isolant *adj.* isolating (C5)

issu *adj.* stemming from (7)

J

jais noir *adj.* jet-black (8)

jaloux (-ouse) *adj.* jealous (C7)

jamais *adv.* ever, never; **ne... jamais** never (6)

japonais *adj.* person Japanese (**pré**); **Japonais** *n.* Japanese (**pré**)

jardin *m.* garden (C1)

jaune *adj.* yellow (2); **jauni** *adj.* yellowed (1)

jean *m.* jeans; **jean délavé** faded jeans (2)

jeter to throw (1); to throw out; **jeter un sort (à)** to cast a spell (on) (7)

jeu *m.* set (of keys) (C4); game; **jeu d'acteur** acting (C6); **jeu télévisé** game show (6); **jeu vidéo** computer game, video game (1)

jeune *adj.* young (2); **jeunesse** *f.* youth (3)

je vous en prie you're welcome (C4)

joli *adj.* pretty (2)

joue *f.* cheek (C2)

jouer to play (1); **jouet** *m.* toy (3)

joufflu *adj.* fat-cheeked (2), jowly

jumeau (jumelle) *n.* twin (C1)

journal *m.* newspaper, diary (**pré**); **journal télévisé** news on TV (6)

jupe *f.* skirt (2)

jusqu'à *prep.* up to, until (C1); **jusqu'à ce que** *conj.* until (7)

juste *adv.* only, just (3); fair (8)

K

khâgne *f.* post-high school preparatory course for the **Grandes Écoles**

kif-kif *fam.* makes no difference (1); **kiffer** to love; to enjoy

klaxon *m.* horn (vehicle) (C4); **klaxonner** to honk (4)

L

là-bas over there (2)

laid *adj.* ugly (2)

laine *f.* wool (3)

laisser to leave; to let, allow

lait *m.* milk (**pré**)

lancer to launch, put out (**pré**); to throw

langue *f.* language; **langue maternelle** first language (**pré**)

laqué *adj.* lacquered (8)

large *adj.* wide

larme *f.* tear (3)

se lasser to become tired (3)

lave-linge *m.* washing machine (C8); **lave-vaisselle** *m.* dishwasher

lazzi *m.* jeer, gibe, taunt (6)

lèche-vitrine *m.* window-shopping; **faire du lèche-vitrine** to go window-shopping (2)

lecteur (-trice) *n.* reader; **lecteur DVD** DVD player (6); **lecture** *f.* reading (1)

léger (-ère) *adj.* light (4)

lendemain *m.* next day, following day (9)

lent *adj.* slow (2); **lentement** *adv.* slowly (2)

lessive *f.* laundry (8); **faire la lessive** to do the laundry (8)

lettre *f.* letter (3) **lettre de candidature** application letter; **lettres** *f. pl.* humanities (1)

se lever to get up

levier *m.* **de changement de vitesse** gearshift (4)

lèvre *f.* lip (2)

libre *adj.* free (3); **union libre** cohabitation (8)

licencier to lay off, dismiss (3)

licorne *f.* unicorn (7)

lien *m.* tie, bond (**pré**); **lier** to bind, tie, fasten (3)

lieu *m.* place; **au lieu de** instead of (1)

lieue *f.* (= **4 kilomètres**) league (C6)

limite *f.* edge, limit (1)

linge *m.* underwear (3); linen, washing (8)

lire to read

lisser to smooth (6)

lit *m.* bed (3)

livrer to deliver, send (7)

location *f.* rental (5)

loger to live (in a house, hotel, etc.) (5); put up, house (9)

loi *f.* law (**post**)

loin (de) *prep.* far (from) (C1); **lointain** *adj.* far away (3)

long (longue) *adj.* long (2); **à la longue** in the long run (6); **longueur** *f.* length

longtemps *adv.* a long time (3)

lors de *adv.* at the time of, during (1)

lorsque *conj.* (at the moment) when (5)

lot *m.* prize, lot (2); **gros lot** jackpot (lottery) (5)

louer to rent (8)

loukoum *m.* Turkish delight (candy) (**int. 1**)

loup *m.* wolf (7); **loup-garou** *m.* werewolf (7)

loupe *f.* magnifying glass

lourd *adj.* heavy (1)

loyal *adj.* loyal, faithful (2)

loyer *m.* rent (8); **loyer modéré** low income (rent)

lueur *f.* light (6)

luge *f.* sled, toboggan (5)

lumière *f.* light (3)

lune *f.* moon; **être dans la lune** to daydream (C7); **lune de miel** honeymoon (2); **pleine lune** full moon (C7)

lunettes *f. pl.* glasses, spectacles

lutin *m.* elf (7)

lutte *f.* fight, struggle (C3); **lutter** to fight (4)

lycée *m.* high school (1)

M

machine à écrire *f.* typewriter (C3)

maçon *m.* stone mason (C3)

maghrébin *n. & adj.* North African (3)

magie *f.* magic; **magie noire** black magic (7)

magret *m.* **de canard** fillet of duck (**pré**)

maigre *adj.* skinny (2)

maillot de bain *m.* swimsuit (2)

maintenant *adv.* now

maintenir to maintain, keep (6); **les forces de maintien de la paix** peacekeeping forces (9)

maire *m.* mayor; **mairie** *f.* city hall (9)

mais *conj.* but (**pré**)

maison *f.* house (3); **maison de campagne** country house (5)

maître (maîtresse) *n.* elementary school teacher (1); virtuoso (6); master (7); mistress

maîtrise *f.* mastery; MA degree (1); **maîtrise de soi** self-control

majeur *adj.* of legal age (2)

mal *adv.* badly (3); **mal** *m.* evil (7); **avoir le mal de mer** to be seasick (5); **avoir le mal du pays** to be homesick (3); **avoir mal** to hurt (C1)

malade *adj.* sick, ill; *n.* sick person (3); **maladie** *f.* sickness, illness (3)

maladroit *adj.* clumsy (2)

malédiction *f.* curse (7)

malgré *prep.* in spite of (4)

malheur *m.* misfortune (5); **malheureux (-euse)** *adj.* unhappy; unfortunate (C2)

malicieux (-euse) *adj.* mischievous (2)

malin (maligne) *adj.* smart, shrewd, clever (2)

maltraiter to mistreat (C3)

manche *f.* sleeve; **la Manche** the English Channel (5)

manger to eat (3)

maniable *adj.* easy to handle (4)

manif(estation) *f. (fam.)* demonstration, protest march (**pré**); **manifester** to protest (2); **se manifester** to make oneself noticed (1)

manque *m.* lack, shortage of (4)

manquer to miss (3)

manteau *m.* coat, cloak (2)

maquillage *m.* make-up (2); **se maquiller** to put on make-up (2)

marâtre *f.* wicked stepmother (7)

marchand *n.* storekeeper, merchant (6); **marchandise** *f.* merchandise (4)

marche *f.* walking (4); **marcher** to walk; to function, work (4); **marcheur (-euse)** *n.* person who walks (4)

marché *m.* market (3); **bon marché** inexpensive (1); **marché aux puces** flea market (3)

marge *f.* margin, border (6)

mari *m.* husband (3)

marier to marry; **se marier (avec)** to get married (to) (1)

marquant *adj.* striking, outstanding (6)

marque *f.* brand name (**pré**); **marquer** to record, mark (8)

marre *adv.:* **en avoir marre** to be fed up with (**int. 2**)

marron *m.* chestnut; *adj. inv.* brown (2)

maternel(le) *adj.* maternal; **langue maternelle** first language (**pré**)

mater *fam.* to ogle (**int. 2**)

matière *f.* subject matter (1); (school) course (1); material

maudire to curse (**pré**)

mauvais *adj.* bad, poor

mec *m. fam.* guy (2)

méchanceté *f.* wickedness, hardness (3); **méchant** *adj.* spiteful, wicked

méconnaître to underrate; ignore; not recognize (1)

mécontent *adj.* dissatisfied (C8); **mécontentement** *m.* displeasure (2)

médecin *m.* doctor (5); **médicament** *m.* medication, medicine (C5); **faculté de médecine** medical school (1)

se méfier de to be suspicious, distrust (9)

meilleur *adj.* better (1)

mêler to mix

mélo(drame) *m.* soap opera (6)

même *adj.* same (1); even (2)

ménage *m.* household; **faire le ménage** to do housework (8)

mendier to beg (3)

mener to lead, take (C3)

mensonge *m.* lie, untruth (C6)

mensuel *adj.* monthly

menteur (-euse) *adj.* lying (2); *n.* liar; **mentir** to lie (9)

menu *adj.* small, minor (8)

mépriser to scorn, look down on (C4)

mer *f.* sea, ocean (3)

merguez *f.* a North African lamb sausage (**int. 1**)

méridional *adj.* southern, from the Midi (5)

merveilleux (-euse) *adj.* wonderful; *m.* supernatural (7)

messagerie *f.* voice mail

métier *m.* trade, job (3)

mettre to put (on); **mettre le contact** to switch on the ignition (4); **mettre fin à** to end (C1); **mettre en relief** to call attention to (C8); **se mettre d'accord** to come to an agreement (1)

meuble *m.* (piece of) furniture (C4)

Midi *m.* South of France (C3)

mieux *adv.* better (1)

milieu *m.* surroundings (1), middle; **au milieu (de)** in the center of (4)

militant(e) *n.* activist (9)

mimique *f.* gesticulations (6)

mince *adj.* slender (2)

mine *f.* appearance; **faire mine** to pretend

minet *m.* pretty boy (2)

minoritaire *adj.* of a minority (5)

missel *m.* missal, book for Mass (8)

mitaine *f.* mitten, glove (6)

mitigé *adj.* mixed, moderate (4)

mixte *adj.* co-ed (for schools) (1)

mobylette *f.* moped

mode *f.* fashion; **à la mode** in fashion (**pré**)

moindre *adj.* least (2)

moins *adv.* less (2); **à moins de** *prep.,* **à moins que** *conj.* unless (7)

moitié *f.* half (1)

moment *m.* moment, a while; **au moment où** at the moment when (7)

monde *m.* world (3); **tout le monde** everybody (2)

moniteur (-trice) *n.* instructor (sports); counselor; supervisor (5)

monnaie *f.* currency, change (C9)

monoparental *adj.* single-parent (8)

monospace *m.* minivan (4)

montagne *f.* mountain (C1)

montant *m.* sum, amount

monter to go up (C9)

montrer to show (3)

se moquer (de) to make fun (of); **moqueur (-euse)** *adj.* mocking, making fun of (2)

morale *f.* moral

morceau *m.* piece, part (6)

mortel *adj.* extraordinary *fam.* (2); fatal

mot *m.* word; **mot apparenté** cognate (2)

motard *m.* motorcyclist; motorcycle policeman (4)

moteur *m.* engine, motor (4)

motoneige *f.* snowmobile (5)

mou (mol, mous, molle, molles) *adj.* soft, limp (2)

mouche *f.* fly (7)

mouchoir *m.* handkerchief (1)

moudre to grind (8)

moule *f.* mussel (C5)

mourir to die (3)

mousseux (-euse) *adj.* sparkling (8)

moustache *f.* mustache (2)

moyen(ne) *adj.* average (2); **moyenne** *f.* average (1); **moyens** *m. pl.* financial means

Moyen-Orient *m.* Middle East (C9)

muet(te) *adj.* silent, mute (6)

munir to equip, furnish (9)

mur *m.* wall (1)

museau *m.* snout, muzzle (**pré**)

N

nager to swim (5)

naïf (naïve) *adj.* naive (6)

nain *n. & adj.* dwarf (7); **nain de jardin** garden gnome (6)

naissance *f.* birth (8)

naître to be born (2)

narrateur (-rice) *n.* narrator (3)

natal *adj.* native (2)

natalité: taux (m.) **de natalité** birth rate (8)

natation *f.* swimming; **faire de la natation** to go swimming (5)

natte *f.* braid (2); **nattes africaines** cornrows (2)

naval *adj.* naval, nautical (2)

néanmoins *adv.* nevertheless (1)

neige *f.* snow (7)

net(te) *adj.* clean (2)

neuf (neuve) *adj.* brand-new (4)

nez *m.* nose (2)

ni... ni... neither ... nor (6)

nid *m.* nest (8)

nier to deny

n'importe quel(le) any, any ... whatever (C3); **n'importe qui** anybody

niveau *m.* level (1); **niveau de vie** standard of living

nœud *m.* crux (of the plot) (6); knot

noir *adj.* black (5)

nombreux (-euse) *adj.* numerous; **famille nombreuse** large family (8)

nombril *m.* navel, belly-button (2)

note *f.* grade; note (1)

noter to give a grade (1)

nourrir to feed; **se nourrir** to eat (1)

nourrisson *m.* infant (8)

nourriture *f.* nourishment; food (C2)

nouveau (nouvel, nouveaux, nouvelle, nouvelles) *adj.* new (2); **de nouveau** again, anew (7); **nouveau-né** *m.* **nouveau-née** *f.* newborn (baby boy, baby girl) (8)

nouvelle *f.* news (3)

nuancer to shade, qualify (an opinion)

nuisible *adj.* harmful, detrimental (4)

nuit *f.* night (3)

nul(le) *n. & adj.* useless, hopeless; hopeless student (1); **nullement** *adv.* not at all, not in the least (6)

numéro *m.* number (4)

nuque *f.* nape of the neck

O

obéir to obey (7); **obéissant** *adj.* obedient (C2)

objectif *m.* goal, objective (8)

obliger to oblige, compel; **être obligé de** to have to, be obliged, compelled, forced to (1)

observer to look at (3); to watch

obtenir to get, obtain (1)

occasion *f.* occasion; bargain; **d'occasion** used (4)

occupé *adj.* busy (1); **s'occuper (de)** to take care (of) (1)

œil *m.* (*pl.* **yeux**) eye (5)

œuf *m.* egg (5)

offrir to offer; give (as a gift) (1)

ombre *f.* shadow (3)

oncle *m.* uncle (8)

ondulé *adj.* wavy (2)

ONG (organisation non gouvernementale) *f.* NGO (non-governmental organization) (9)

ongle *m.* fingernail (2)

ONU (Organisation des Nations Unies) *f.* U.N. (9)

orage *m.* storm

ordinateur *m.* computer

ordonnance *f.* prescription (5)

ordonner to organize; to order (7)

ordre *m.* order, command (C3)

ordure *f.* rubbish, garbage (8)

oreille *f.* ear (pré); **boucle d'oreille** *f.* earring (2)

organisme *m.* organization (3)

orner to decorate (8)

os *m.* bone (6)

oser to dare

OTAN (Organisation du traité de l'Atlantique Nord) *f.* NATO (9)

où *adv.* where

oublier to forget

ours *m.* bear (C7); **ours polaire** polar bear (9)

outre *prep.* as well as; **en outre** besides, furthermore (1) **outre-mer** *m.* overseas (3)

ouvert *adj.* open (C2); **ouvertement** *adv.* openly (2); **ouverture** *f.* opening (5)

ouvrier (-ère) *n.* worker (3); **ouvrier saisonnier** migrant worker (C9)

ouvrir to open (1)

P

pachyderme *m.* elephant (4)

page *m.* page boy (7)

paisible *adj.* peaceful, calm, quiet (9); **paisiblement** *adv.* calmly (5) **paix** *f.* peace (9)

paître to graze (9)

palabres *f. pl.* endless discussions (5)

pâle *adj.* pale (2); **pâlir** to turn pale (C2)

palmier *m.* palm tree

pan *m.* piece; side; **pan d'une robe** side, fold, top of a dress (3)

panier *m.* basket (8)

panne *f.* breakdown; **tomber en panne** to break down (4)

panneau *m.* panel **panneau solaire** solar panel (4)

pantalon *m.* pants, trousers (2)

pantoufle *f.* slipper (7)

papier *m.* paper (1); **papiers** *m. pl.* identity papers (3)

papille *f.* **gustative** taste bud (**pré**)

paquet *m.* package, bundle (5)

par *prep.* by (3)

paraître to seem (1)

parapente *m.* hand-glider (5)

parc *m.* park

parce que *conj.* because (3)

parcelle *f.* parcel, piece (3)

parcourir to skim (1); to travel through, go through

parcours *m.* route, journey (2); **... du combattant** obstacle course (9)

par-dessus *prep.* above, beyond (1); **par-dessus** *adv.* over, in addition (C3)

pareil(le) *adj.* same, similar (2)

parent *m.* parent; relative (1)

paresseux (-euse) *adj.* lazy (2)

parfaitement perfectly

parfois *adv.* sometimes (1)

parier to bet

parking *m.* parking lot (4)

parmi *prep.* among

parole *f.* word; speech (1)

partager to share (1)

partie *f.* part, portion (**pré**)

partiel *m.* mid-course exam (1)

partir to leave

partout *adv.* everywhere (3)

pas encore not yet (**pré**)

passable *adj.* passable, passing (grade) (1)

passage *m.* passage; crossing; **homme de passage** drifter (3); **passager (-ère)** *n.* passenger (5)

passer to pass, show (a film) (6); **passer un examen** to take a test (1); **se passer** to take place (1); **se passer de** to do without

passe-temps *m.* pastime (2)

passible *adj.* liable to (a fine) (9)

patinage *m.* skating; **faire du patinage** to go ice skating (5); **patiner** to skate (5)

patois *m.* dialect (**pré**)

patrie *f.* native land, homeland (9)

patrimoine *m.* heritage, tradition (9)

patron(ne) *n.* boss, owner (3)

patte *f.* paw, foot (animal) (**pré**); **...d'éf** bell-bottom trousers (**int. 2**)

paupière *f.* eyelid (**pré**)

pauvre *adj.* poor (2); **pauvreté** *f.* poverty (3)

pavé *m.* paving stone (**pré**)

payer after (for) (1); **se payer** to treat oneself, afford (8)

pays *m.* country; **pays d'origine** homeland, native country (C3); **pays en voie de développement** developing country (9)

paysan(ne) *n. & adj.* peasant

peau *f.* skin (2)

pêche *f.* fishing; **aller à la pêche** to go fishing (5); **pêcher** to fish (5)

pécore *f.* country bumpkin (7)

peindre to paint (4); **peintre** *n.* painter (C1)

peine *f.* pain; punishment; **à peine** scarcely, hardly (1)

pelouse *f.* lawn (C1)

(se) pencher to bend, lean (over) (1)

pendant *prep.* during, while

pendre to hang (C6)

pendule *f.* clock (C6); **pendulette** *f.* travel clock (C3)

pénible *adj.* tiresome, difficult (C7)

pension *f.* small hotel; meals; **pension alimentaire** alimony (8)

perdre to lose (C3); **perdre la tête** to lose one's head

pérennité *f.* continuity, perpetuity (9)

période *f.* period of time (C8)

péripétie *f.* event, episode (6)

périr to perish; to die (7)

permanence *f.* **heures de...** (1) office hours

permis de conduire *m.* driver's license (4)

perquisition *f.* search (8)

personnage *m.* character, person (in literature) (1)

personne *f.* person, someone (3); **ne... personne** no one (6); **personnellement** *adv.* personally (1)

perte *f.* loss (9)

perturbateur (-trice) *n. & adj.* troublemaker; disruptive

peser to weigh (2); to burden (8)

petit *adj.* small, little (**pré**); **petit à petit** little by little (C3)

pétrole *m.* crude oil (C4); **pétrolier (-ère)** *adj.* oil-producing (C5)

peu *adv.* little (1); **à peu près** about, approximately (**post**)

peur *f.* fear, dread (7); **avoir peur (de)** to be afraid (of) (7); **faire peur** to frighten (7)

peut-être *adv.* maybe, perhaps (**pré**)

phrase *f.* sentence (**pré**)

piastre *f. (canadien, cajun)* piastre; dollar (**post**)

pièce *f.* room; coin (9); play

pied *m.* foot (C3); **pieds nus** *adj.* barefoot (C3)

piercing *m.* body piercing (2)

piéton(ne) *n.* pedestrian (4); **rue piétonne** *f.* pedestrian street (4)

pinceau *m.* brush (C1)

pincée *f.* pinch (5); **pincer** to pinch (C2)

pique-nique *m.* picnic; **faire un pique-nique** to have a picnic (5)

pire *adj.* worse, worst (1)

pis *adv.* worst (2)

piste *f.* track; circus ring (4); ski slope (5); **piste cyclable** bike path (4)

placard *m.* closet (1)

plage *f.* beach (C2)

se plaindre to complain (**pré**)

plaire to please (7); **plaisir** *m.* pleasure (6)

planche *f.* board; **planche à voile** sailboard (5)

plancher *m.* floor (**pré**)

planifier to plan out (1)

planquer *fam.* to hide, stash away (**int. 1**)

planter to plant; to put, put up (9)

plaque d'immatriculation *f.* license plate (4)

plat *m.* dish (3)

plébisciter to choose by an overwhelming majority

plein *adj.* full (3); **faire le plein** to fill the gas tank (4); **en plein air** outdoors (C5)

pleurer to cry (3)

pli *m.* fold (3)

plissé *adj.* pleated (8)

plongée *f.* diving; **faire de la plongée** to dive (scuba) (5); **plongeon** *m.* dive (5); **plonger** to dive (5)

pluie *f.* rain (C4)

plume *f.* feather (8)

plupart *f.* most (1)

plus *adv.* more (**pré.**); **plus que** more than (3); **ne... plus** no longer, not anymore (6)

plusieurs *adj. & pron.* several (1)

plus-que-parfait *m.* pluperfect tense (3)

plutôt *adv.* **(que)** rather (than)

pneu *m.* tire (C-**pré**); **pneu crevé** flat tire (4)

poche *f.* pocket (8)

poids *m.* weight (2); **poids lourd** big truck

point point; **mettre au point mort** to put in neutral (4); **point de vue** *m.* point of view (**pré**)

pointu *adj.* pointed (2)

poisson *m.* fish; **poisson rouge** goldfish (C4)

poitrine *f.* chest (3)

poli *adj.* polite (C2); **poliment** *adv.* politely (2)

polluer to pollute (4)

pomme *f.* apple (C7); **pommier** *m.* apple tree (4)

pomper to copy, cheat *fam.* (1)

ponctuel (-le) *adj.* localized (4)

ponctuer to punctuate, interrupt (1)

pont *m.* bridge, deck (3); **ponton** *m.* pontoon, floating bridge (6)

portable *m.* cell phone (2)

portail *m.* gate (4)

portefeuille *m.* wallet (3)

porter to wear (2); to carry (3); **porter sur** to rest on, have to do with (8); **se porter volontaire** to volunteer (9)

portugais *adj.* Portuguese; **Portugais** *n.* Portuguese person (3)

poser to place, put; **poser une question** to ask a question (3)

poste *f.* post office (9)

poste *m.* position, job (3); police station (4)

postuler to apply (for a position) (9)

potable *adj. fam.* acceptable, decent (**int. 2**)

potager *m.* vegetable garden (9)

pote *m. fam.* buddy, pal (2)

poubelle *f.* trash can; **sortir la poubelle** to take out the trash (8)

poudre *f.* powder, dust (5)

poulet *m.* chicken (3)

poupée *f.* doll (3)

poupon *m.* little baby (8)

pour *prep.* for, in order to (**pré**); **pour que** *conj.* in order to (7)

pourcentage *m.* percentage (3)

pourquoi *adv. & conj.* why (**pré**)

poursuivre to pursue (1)

pourtant *adv.* yet, nevertheless (3)

pourtour *m.* region (5)

pourvu que *conj.* provided that, so long as (7)

pousser to push

poussière *f.* dust (3)

pouvoir to be able to (**pré**); **il se peut que** it's possible that (7); *m.* power (9)

préalablement *adv.* first, beforehand, prior to (8)

précisément *adv.* precisely, exactly (2); **préciser** to specify; to go into detail (C6)

précoce *adj.* early (**pré**)

prédire to predict (5)

prédominer to predominate; prevail (3)

préfecture *f.* central government office of a French **département** (C9)

préférer to prefer, like better (6)

préjugé *m.* prejudice (3)

premièrement *adv.* first (of all)

prendre to take (**pré**); **prendre en charge** to take care of; **prendre en compte** to take into account; **prendre sa retraite** to retire; **prendre un verre** to have a drink

préoccupé *adj.* preoccupied (C2)

président *m* president; **président-directeur général (PDG)** CEO (3)

presque *adv.* almost (5)

prêt *adj.* ready (7)

prétendre to claim, maintain, say (5)

prêter to loan (5); **prêter main-forte** to lend a hand (C9)

prévenir to warn, alert to (C3)

prévoir to plan for, anticipate (8)

prier to pray, beg, invite; **je vous en prie** you're welcome (C4)

prime *f.* free gift (8)

principal *adj.* principal, primary, main (3)

printemps *m.* spring(time) (3)

priorité *f.* right-of-way (4)

prise *f.* sample, small amount; plug, outlet (4); **prise de sang** blood test (4)

priser to value, prize (5)

priver to deprive; **se priver (de)** to do without (1)

privilégier to favor (4)

prix *m.* price; prize (1)

probable *adj.* probable (7); **probablement** *adv.* probably (2)

procès-verbal (pv) *m.* traffic ticket (4)

prochain *adj.* next; following (2); *n.* fellow man, neighbor (9)

proche *m.* close relation (1); *adj.* near (5)

(se) procurer to obtain, procure (4)

produire to produce, make (C7); **produit** *m.* product (3)

profiter (de) to profit (from) (1); take advantage of (6)

profond *adj.* deep (2); **profondément** *adv.* profoundly, deeply (2); **profondeur** *f.* depth (2)

programmation *f.* programming (TV) (6); **programme** *m.* program; **programme du jour** day's programming (TV) (6)

progrès *m.* progress (9)

projeter (de) to project (6); to plan

promenade *f.* walk; **promenade à cheval** horseback ride (5); **promenade à vélo** bike ride (5); **promenade en voiture** car ride (5); **faire une promenade (à pied)** to take a walk; **se promener** to take (go for) a walk (5)

promouvoir to promote (9)

propos *m. pl.* remarks; **à propos de** about (1)

proposer to suggest, offer (7); **se proposer (de)** to plan (to) (9)

proposition *f.* clause (in a sentence) (1); proposal, proposition (C3)

propre *adj.* clean (2); non-polluting (4); own (C3); **propreté** *f.* cleanliness (9)

provincial *n.* someone who does not live in or very close to Paris (C2)

provoquer to provoke, instigate (1)

prudemment *adv.* cautiously (2)

publicité *f.* advertising (1)

pudeur *f.* modesty, sense of propriety (6)

puer to stink (pré)

puis *adv.* then (C3)

puisque *conj.* since, because (3)

puissance *f.* power (4); **puissant** *adj.* powerful (3)

pull *m.* pullover, sweater (C3)

pulsion *f.* urge (8)

pupitre *m.* school desk

putain *(exclamation) vulgar* damn **(pré)**

Q

quadrille *m.* style of dance (6)

quai *m.* wharf (3)

quand *adv.* when (pré); **quand même** even though, nevertheless (C3)

quant à *prep.* as for, regarding (7)

quart *m.* one-quarter (1)

quartier *m.* neighborhood (C3)

quatrième fourth; **en quatrième** in eighth grade in French schools (pré)

que *rel. & interrog. pron.* that, which, whom; **ne... que** only (6); **qu'est-ce que** *int. pron.* what (pré)

quel (le) *adj.* what, which (pré)

quelconque *adj.* some sort; any (6)

quelque *adj.* some; several (pré); **quelqu'un** *pron.* someone (pré)

quelquefois *adv.* sometimes (1)

se quereller to quarrel (8)

quête *f.* search

queue *f.* line (1); tail (4); **faire la queue** to stand in line (1)

qui *rel. & interrog. pron.* who, what, which, that (6)

quitter to leave (1)

quoi *pron.* what (pré); **il n'y a pas de quoi** you're welcome (C4)

quoique *conj.* although (7)

quotidien(ne) *adj.* daily (1)

R

rabais *m.* discount (9)

rabattre to pull down, pull back (3)

raccompagner to take back, accompany someone home (3)

racine *f.* root (pré)

raconter to tell (pré); **se raconter** to tell each other (7)

raffinage *m.* refining (oil) C4

rafting *m.* white-water rafting (5)

ragoût *m.* stew (pré)

raide *adj.* stiff, straight (2)

railleur (-euse) *adj.* mocking, teasing (2)

raison *f.* reason; **avoir raison** to be right

rajouter to add again (1)

rajuster to readjust (6)

ralentir to slow down (4)

ralliement *m.* gathering (1)

ramasser to gather, collect (C7)

ramener to bring back (3)

randonnée *f.* hike; hiking; **faire de la randonnée** to go hiking (5); **randonneur (-euse)** *n.* hiker (C5)

rang *m.* row (1)

rangée *f.* row, tier (6)

ranger to put away, straighten up; **rangé** *adj.* well-behaved, serious (8)

ranimer to revive, restore (4)

rappeler to remind; **se rappeler** to remember, recall (5)

rapport *m.* relationship (1); report (4)

raquette *f.* snow shoe (5)

rasé *adj.* shaved (2)

rassembler to gather, assemble (9)

rater to fail (1); to miss (5)

rattraper to make up (1); to catch (9)

ravir to ravish, delight (6)

réagir to react (2)

réalisateur (-rice) *n.* director (6)

réaliser to realize, achieve (9)

récapitulation *f.* summing up (3)

récemment *adj.* recently (2)

recensement *m.* census (3)

recette *f.* receipt, yield (6); recipe

recevoir to receive **(pré)**

recharger to charge again, load (battery) (4)

réchaud *m.* camping stove (5)

recherche *f.* research; search (3); **rechercher** to research (5)

réclamer to claim, demand (C3)

récolte *f.* harvest (C3)

recommander to recommend

récompense *f.* reward (C5)

recomposé *adj.* blended, as in "blended family" (8)

reconnaissable *adj.* recognizable (2); **reconnaître** to recognize (1)

recours *m.* resort, recourse

recouvrer to recover (9)

recouvrir to cover (again) (C3)

récrire to rewrite

rectifier to straighten, correct (C2)

recueil *m.* collection (5)

récupérer to retrieve, get (4)

rédaction *f.* composition (1)

rédiger to write, compose (4)

redoubler to repeat; **redoubler une classe** to repeat a grade (1)

redouter to fear (1)

se référer (à) to refer (to something) (6)

réfléchir to think, reflect **(pré)**

reflet *m.* reflection (C7)

refrain *m.* refrain (song, poem) **(pré)**

refroidir to cool off, discourage (8)

se réfugier to take refuge (C9)

regard *m.* look, glance, gaze (3); **regarder** to look (at) **(pré)**

région sinistrée *f.* disaster area (9)

règle *f.* ruler (1), rule; **régler** to regulate, determine (2)

regretter to regret, be sorry (7)

régulier (-ère) *adj.* regular, steady (2)

reine *f.* queen (7)

rejeter to reject (6)

rejeton *m. fam.* kid (**int. 1**)

rejoindre to rejoin (C3)

relâcher to let go, free (4)

relatif (-ive) *adj.* relative (C2)

relevé *m.* statement, summary; **relevé de notes** report card (1)

relever to lift, point out (1)

relier to bind (book) (8)

relief *m.*: **mettre en relief** to call attention to (C8)

remarquer to observe, notice

remettre to put again; **se remettre** to start again **(pré),** recover (from) (6)

remontrance *f.* reproof, reprimand (6)

remorquer to tow (4)

remplir to fill (3)

remporter to win **(pré)**

se remuer to move, move about, get a move on (1)

rencontre *f.* meeting, encounter (C2)

rendre to give back; + *adj.* to make (2); **rendre visite (à)** to visit (people); **se rendre (à)** to go (to)

renommée *f.* fame, renown (6)

renseignement *m.* piece of information (5)

(se) renseigner to inquire, to get information (1)

rentrée *f.* return to school in the fall (1)

rentrer to return (1); **rentrer dans** to run into (car) (4)

renvoyer to dismiss, fire (3)

répandre to spread **(pré); répandu** *adj.* widespread

réparer to fix, repair (4)

repartir to leave again

répartir to spread out **(pré)**; to distribute **(pré)**

repas *m.* meal (7)

repasser to iron (8)

se répéter to repeat oneself

répondre to answer, respond

report *m.* delay, postponement (8)

reportage *m.* report

reporter to postpone (1)

reposer to ask again (a question) (1); to lay, lie (7); **se reposer** to rest (5)

repousser to push back, hold up (8)

reprendre to take back (up) (1)

reproche *m.* reproach (1)

réseau *m.* network (4)

résidence *f.* dorm (1); **résidence secondaire** second home, vacation home (5); **résidentiel (le)** *adj.* residential (C8)

résoudre to solve (C9)

respectueux (-ueuse) *adj.* respectful (C2)

respirer to breathe (3); **respiration** *f.* breathing (3)

ressentir to feel, experience (1)

ressortir to stand out (6)

reste *m.* remainder; **en reste** indebted to (4)

rester to stay, remain

restituer to restore; present

résultat *m.* result (1)

résumé *m.* summary (3)

retard *m.* delay; **en retard** late; **retarder** to slow down, hold up

retenir to hold back; remember (4); **retenue** *f.* restraint (8)

retirer to withdraw (7)

retour *m.* return (3); turn, reversal (C3)

retournement *m.* reversal (6)

retourner to return (3); **se retourner** to turn around, go back (8)

retracer to retrace, recall

retraite *f.* retirement

rétrécir to shrink (C6)

retrouvailles *f. pl.* rediscovery (5); **retrouver** to find again (3); **se retrouver** to meet (by arrangement) (7)

réussir to succeed (5); **réussir (à) un examen** to pass a test (1)

revanche *f.* revenge; **en revanche** on the other hand (4)

rêvasser to daydream (7)

rêve *m.* dream (7); **rêver** to dream (7); **rêveur (rêveuse)** *n. & adj.* dreamer (2)

révéler to reveal (4)

revenant *n.* ghost (7); **revenir** to come back

revenir to come back; **revenir de** to get over (a surprise) (4)

réviser to review (1)

revoir to see again (1)

rien *pron.* nothing (3); **ne... rien** nothing (6); **de rien** it's nothing (C4)

rigoler to laugh (1)

rire to laugh (1)

risquer to risk, venture (7)

rite *m.* rite

rivière *f.* river (C3)

robe *f.* dress (3)

robuste *adj.* robust, sturdy (C2)

rocher *m.* rock (5)

roi *m.* king (7)

rôle *m.* role

rollers *m. pl.* roller blades (4)

rolleur (-euse) *n.* skater (4)

roman *m.* novel (6)

rond *adj.* round (2); cent (**int. 1**)

roue *f.* wheel (4); **roue de secours** spare tire (4)

rouge *m. & adj.* red; blush (3); **rouge à lèvres** lipstick (2)

roulement *m.* rotation (8)

rouler to roll; to go (car) (4)

roulotte *f.* house on wheels, trailer (4)

rouspéter *fam.* to grumble (2); **rouspéteur (-euse)** *n. & adj.* grouchy; grouchy person (2)

route *f.* road; **faire la route** to commute

routier (-ère) *n. & adj.* of the road (4); truck driver; **vieux routier** *m.* experienced person (C9)

rouvre *m.* type of small oak tree (3)

roux (rousse) *n. & adj.* redheaded (person) (2)

royaume *m.* kingdom (7)

rubrique *f.* column, heading, category (4)

ruche *f.* beehive (9)

russe *adj.* Russian (**pré**); **Russe** *n.* Russian person (**pré**)

S

sable *m.* sand (C4)

sac *m.* bag (3); **sac de couchage** sleeping bag (5); **sac à dos** backpack (C5)

sage *adj.* well-behaved

saisir to grasp, seize

saison *f.* season (C-**pré**)

salaire *m.* salary (2); **salarié** *n.* wage earner (3)

sale *adj.* dirty (2); **salir** to make dirty

salon *m.* living room (C3)

sang *m.* blood; **prise de sang** *f.* blood test (4)

sans *prep.* without (**pré**); **sans que** *conj.* without (7); **sans-abri** *m.* homeless person (3); **sans-papiers** *m.* illegal immigrant (3)

santé *f.* health (C4)

(se) saouler *fam.* to get drunk (**pré**)

sauf *prep.* except (8)

sauter to jump (C5)

sauvage *adj.* wild (3)

sauvegarde *f.* protection (4); **sauvegarder** protect, keep (3)

sauver to save (C4)

scandaleux (scandaleuse) *adj.* scandalous (C2)

scène *f.* stage (6), scene; **scénariste** *n.* scriptwriter (6)

sciences politiques *f. pl.* political science (1)

scolaire *adj.* academic (1); **scolarité** *f.* schooling (1)

scooter des mers *m.* jet ski (5)

scrupule *m.* scruple (C8)

SDF *n.* **(sans domicile fixe)** homeless person (3)

séance *m.* showing (movie) (6)

sec (sèche) *adj.* dry (2); **sécher** *fam.* to skip (a class) (1); to dry (5)

secours *m.* help; **Au secours!** Help! (4)

séduire to seduce (2); **séduisant** *adj.* seductive (2)

seigneur *m.* lord, nobleman (7)

sein *m.* breast (3)

séjour *m.* stay **(pré); salle de séjour** *f.* living room

séjourner to stay, remain (C3)

sélectionner to select, choose (1)

selle *f.* saddle, seat (bike) (4)

selon *prep.* according to **(pré)**

semblable *adj.* similar, like (3)

semblant: faire semblant (de) to pretend (7)

sens *m.* meaning; direction (4); **double sens** double meaning (6)

sensible *adj.* sensitive (2); **sensiblement** *adv.* noticeably (8); **sensibiliser** to sensitize (9)

sentier *m.* path, way (4)

sentir to feel; **se sentir à l'aise (mal à l'aise)** feel comfortable (uncomfortable, ill at ease)

série *f.* serial (6)

serre *f.* greenhouse **effet de serre** greenhouse effect (9)

serrer to hold tight, grip (3)

serviette *f.* towel, napkin; briefcase (2)

servile *adj.* servile, cringing (2)

servir to serve; **servir à (rien)** to be good for (nothing) (1); to be used for (7); **se servir de** to use

seuil *m.* threshold, doorstep (3)

seul *adj.* only; alone (1)

sévère *adj.* strict (8)

SIDA *m.* AIDS

siècle *m.* century (9)

siège *m.* seat (4)

sien(ne) *pron.* his/hers; **le (la) sien(ne)** his/hers (4)

sieste *f.* siesta, nap (1)

siffler to whistle (1); **sifflet** *m.* whistle (4)

signification *f.* significance, meaning

situer to locate (6)

sixième *adj.* sixth; **en sixième** in sixth grade in French schools **(pré)**

sketch *m.* skit, short play (4)

skateboard (skate) *m.* skateboard (4)

ski *m.* ski; **faire du ski (alpin) (de fond)** to go (downhill) (cross country) skiing (5); **ski nautique** water-skiing (5); **skier** to ski (5)

société *f.* society (3); company **(pré)**

soi *pron.* oneself, himself, herself (4)

soin *m.* care, attention; **prendre soin de** to take care of (C4)

soir *m.* evening (1); **soirée** *f.* evening (6)

soit... soit *conj.* either ... or, whether ... or (6)

sol *m.* floor (3)

soldat *m.* soldier (9)

solde *m.* sale; **en solde** on sale, reduced price (C2)

solidarité *f.* solidarity, interdependence (9)

sondage *m.* opinion poll (2); **sonder** to survey (2)

songer to muse, reflect (7)

sorcier (-ère) *n.* wizard (witch) (7)

sordide *adj.* squalid, filthy (C2)

sort *m.* spell (7)

sortie *f.* excursion; exit (6); **sortir** to go out; **sortir avec** to go out with, date (2); **s'en sortir** to pull through, get to the end of (1)

sortilège *m.* magic spell (7)

sou *m.* money; small coin

souche *f.* stock, origin **(int. 1)**

souci *m.* worry, care; **se faire du souci** to worry (8); **soucieux (soucieuse)** *adj.* worried, anxious (6)

souffrir to suffer (1)

souhait *m.* wish (2); **souhaiter** to wish (4)

souk *m.* Arab market, mess *(fam.)* **(int. 2)**

soulager to relieve (1)

souligner to underline, emphasize (9)

soupe *f.* **populaire** soup kitchen (C3)

source *f.* spring (water) (9); source

sourd *adj.* deaf (6)

sourire to smile (C4)

sous *prep.* under (C3); **sous-titré** *adj.* subtitled (6)

soutenir to support; **soutien** *m.* support (8)

souvenir *m.* memory, recollection; **se souvenir (de)** to remember

souvent *adv.* often **(pré)**

se spécialiser (en) to major in (1)

spectre *m.* ghost (7)

sportif (-ive) *adj.* athletic (2)

stage *m.* internship, training period (1); **faire un stage** to have an internship (3); **stagiaire** *n.* intern

star *f.* celebrity, movie star (2)

station *f.* station **(post); station balnéaire (de sports d'hiver)** seaside (winter sports) resort (5); **station-service** service station (4);

stop *m.* stop sign; hitchhiking; **faire du stop** to hitchhike (5)

strophe *f.* stanza (poem or song) **(pré)**

stupeur *f.* dazed state, stupor (4)

subir to subject to (8)

subjuguer to charm; to dominate (3)

subordonné *adj.* subordinate, dependent (1)

subvention *f.* subsidy (6)

succéder to follow (C8)

sucer to suck, suckle (3)

sucre *m.* sugar; **sucrerie** *f.* candy, sweet (C4)

sud *m.* south (7); **sud-est** *m.* southeast (7)

suffire to suffice, be enough (9)

suggérer to suggest

suite *f.* continuation (5)

suivant *adj.* next, following (**pré); suivre** to follow (**pré); suivre un cours** to take a course (1)

supérieur *adj.* higher

supplémentaire *adj.* additional (C4)

supporter to put up with, endure (8)

sûr *adj.* sure, certain (3)

surcharge *f.* overwhelming amount (1)

surmonter to overcome, conquer

surprendre to surprise (5); **surprenant** *adj.* surprising

surtout *adv.* especially (1)

surveiller to look after (C5); to watch over, supervise

sympathique *adj.* nice (1)

T

tableau *m.* board; picture (6)

tache *f.* spot (5); **taches de rousseur** freckles (2)

tâche *f.* task (5); **tâches ménagères** household chores (8)

taille *f.* size (7) waist

tailleur *m.* woman's suit (2)

se taire to be quiet (6)

talus *m.* embankment (4)

tandis que *conj.* whereas, while (C2)

tant *adv.* so much, so many (3); **tant que** as long as (5)

tante *f.* aunt (3)

tapage *m.* noise

tard *adv.* late (1)

tas *m. fam.* (a) lot (5); pile

tatouage *m.* tattoo (2)

taux *m.* rate (1); **taux de chômage** unemployment rate (3); **taux de natalité** birth rate (8)

teindre to dye (2); **teint** *m.* coloring (2); complexion, skin color (C5)

tel(le) *adj.* such (1)

télécommande *f.* remote control (6)

téléfilm *m.* movie made for TV (6)

téléspectateur (-rice) *n.* television viewer (6)

téléviser téléviseur *m.* TV set to televise (6)

tellement *adv.* so many; so much (6)

témoignage *m.* testimony (2); **témoigner** to testify, witness (4); **témoin** *m.* witness

tempête *f.* storm

temps *m.* time (2); **de temps en temps** from time to time (6)

tendance *f.* tendency (1)

tendu *adj.* tense (C2)

tenir to control (3), hold; **tenir tête (à)** to stand up to (8)

tennis *m. pl.* tennis shoes (2)

tente *f.* tent (5)

tenue *f.* manner of dress (2); **tenue de route** holding of the road (car) (4)

terminale *f.* last year of French high school (C2)

terminer to finish (3)

terrain *m.* field; piece of land; **terrain de camping** campground (5)

terre *f.* earth; **par terre** on the ground (floor) (3)

tête *f.* head (3); very smart student *fam.* (1); **tenir tête (à)** to stand up to

têtu *adj.* stubborn (8)

thème *m.* subject, theme

thèse *f.* thesis (1)

thunes *fam. f. pl.* money (9)

tiers *m.* one-third (6); **deux tiers** two-thirds (6); **tiers-monde** third world (9)

timide *adj.* shy (3)

tirelire *f.* piggy-bank (8)

tirer to pull (C5); **tirer à sa fin** to come to an end (**pré); se tirer (de)** to get out of (2) extricate, escape; take from (9)

titre *m.* title (2); **à titre de** by virtue of, by right of (C8)

tituber to stagger (**int. 2**)

toile *f.* canvas; screen (6)

tollé *m.* outcry (**int. 1**)

tombeau *m.* tomb (C7)

tomber to fall (3); **tomber en panne** to break down (4)

tondre to mow, trim (8)

tonneau *m.* barrel (4)

tort *m.* wrong; **avoir tort** to be wrong

tôt *adv.* early (1)

totalement *adv.* completely (C2)

toujours *adv.* always; still (3)

tour *m.* walk; turn

tournage *m.* filming, production (film) (C6); **tourner** to make (a film) (6)

tournée *f.* round, circuit (4)

tournure *f.* turn of phrase (**pré)**

tout (tous, toute, toutes) *n., adj., & adv.* all (2); **tout le monde** everyone (3)

traction *f.* drive (car); **traction avant** front wheel drive (4)

train *m.* train; **en train de** in the process of; **train-train** *m.* routine (1)

traîneau *m.* sleigh **(pré)**

traîner to hang around, loiter; **laisser traîner** to leave lying around (8)

trait *m.* stroke, line (1); feature, trait (7)

traité *m.* treaty, compact (9)

traiter to deal with (C8)

tranche *f.* slice; **tranche d'âge** age cohort (2); **film à épisodes** serialized film of which episodes are shown each week (6); **trancher** to cut, slice (6)

transmettre to transmit, pass on (1)

transport *m.* transportation; **transports en commun** public transportation (4)

travail *m.* work (3); **travaux dirigés** discussion section, lab (1); **travaux domestiques** housework (3); **petits travaux** odd jobs (3)

travailleur (-euse) *adj.* hardworking (C2)

travers *prep.* across; **à travers** across, through (3); **traverser** to cross (5)

trek *m.* hiking (5)

tremper to make wet **(pré)**

trentaine *f.* around thirty (4)

trésor *m.* treasure (7)

tresse *f.* cornrow (2), braid (3)

tri *m.* sorting (9); **trier** to sort (9)

tribu *f.* tribe (2)

tricher to cheat (1); to cheat on (2)

trimestre *m.* quarter (school year) (1)

triste *adj.* sad (3)

tromper to deceive, trick; **se tromper** to be wrong; **trompeur (-euse)** *adj.* deceptive (2)

tronçon *m.* section, stretch (5)

tronçonneuse *f.* chainsaw (9)

trop *adv.* too much, too many (3)

trottinette *f.* push scooter (4)

trottoir *m.* sidewalk (3)

trou *m.* hole **(pré)**

troubler to bother (3)

trousse *f.* case, kit; **trousse de pharmacie** first aid kit (5)

trouver to find; **se trouver** to be located (5)

truc *m. fam.* thing (1)

tumultueux (-euse) *adj.* tumultuous (6)

tuque *f. québec* wool cap **(pré)**

type *m. fam.* guy (1)

U

UE (Union européenne) *f.* EU, European Union (9)

une *f.* **la une** front page of a newspaper

uni *adj.* unified (1)

union *f.* union; **union libre** cohabitation (8)

unique *adj.* only, *as in:* **enfant unique** only child (8); **uniquement** *adv.* only, solely (2)

unité *f.* unit; **unité de valeur** course credit (1)

universitaire *adj. (of a)* university; **bibliothèque universitaire** university library (1)

usage *m.* use (4); **usager (-ère)** *n.* user (4); **user** to wear out (1)

usine *f.* factory (3)

utile *adj.* useful **(pré)**; **utiliser** to use (3)

V

vacances *f. pl* vacation (5); **vacancier (-ère)** *n.* vacationer (5)

vacarme *m.* racket, noise (6)

vache *f.* cow (C7); **maladie de la vache folle** *f.* mad cow disease (9)

vain *adj.* vain, useless (C2)

vaincre to conquer, defeat (5); **vainqueur** *m.* conqueror (9)

vair *m.* type of squirrel with gray-white fur (7)

valorisant *adj.* fulfilling (2)

vaisselle *f.* dishes; **faire la vaisselle** to do the dishes (8)

valable *adj.* valid (5)

valeur *f.* value (9); **valoir** to be worth (3); **il vaut mieux** it is better (7)

valise *f.* suitcase (5)

se vanter to boast (1)

veau *m.* veal **(pré)**; calf (9)

vedette *f.* movie star (6)

veille *f.* day before, night before (1)

veillée *f.* evening spent with friends or family (7); **veiller sur/à ce que** to look after, see to (4)

veine *f. fam.* luck; **coup de veine** stroke of luck (1)

vélo *m.* bicycle (4)

vendange *f.* harvest **(pré)**

vendre to sell (3)

venir to come; **venir de** to have just; **venir à bout de** to overcome (7)

vent *m.* wind (C6)

ventre *m.* belly (3)

verdure *f.* greenery (8)

vérifier to check (C4)

vérité *f.* truth (3)

vernis *m.* polish; **vernis à ongles** nail polish (2)

verre *m.* glass (4); **prendre un verre** to have a drink

vers *m.* verse, line of poetry (1)

verser to pour (5); to pay; **verser une pension alimentaire** to pay alimony (8)

vertige *m.* fear of heights (C5)

veste *f.* suit jacket (2)

vêtement *m.* garment, article of clothing (2)

veuf (veuve) *adj. & n.* widower, widow (7)

vexer to annoy (8)

viager *m.* property mortgaged for a life annuity (6)

vide *adj.* empty; **vider** to empty

vie *f.* life; **vie privée** private life (8)

vieillir to grow old (2); **vieux (vieil, vieux, vieille, vieilles)** *adj.* old (2)

vignette *f.* illustration, single frame of cartoon

vilain *adj.* nasty, mean (C7)

ville *f.* city, town (C-pré)

violemment *adv.* violently (2)

violet(te) *adj.* violet (C2)

virage *m.* curve, sharp turn (4)

virer *fam.* to kick out, expel

vis-à-vis de *prep.* opposite; with regards to

visage *m.* face (2)

vite *adv.* fast; **vitesse** *f.* speed (4); **à toute vitesse** at full speed (C4)

vivant *adj.* alive; **langue vivante** modern language (pré)

vivre to live; **facile à vivre** easy to get along with (8)

vociférer to shout (6)

voie *f.* way; **voie cyclable** bike lane (4); **pays en voie de développement** developing country (9)

voile *f.* sail; **faire de la voile** to go sailing (5)

voir to see; **voyons** let's see; **se voir** to see each other (C-pré)

voisin *n.* neighbor

voiture *f.* car (4)

voix *f.* voice (C3)

volant *m.* steering wheel (4)

volet *m.* window shutter (C3)

volontaire *n.* volunteer (2)

volonté *f.* will, willingness (9)

vouloir to want; **vouloir dire** to mean (1); **en vouloir à** to be mad at (8)

voyage *m.* trip, travel (3); **voyager** to travel

vrai *adj.* true; **vraiment** *adv.* really

VTT (vélo tout-terrain) mountain bike (4)

vue *f.* sight; **en vue de** in order to

Y

yaourt *m.* yogurt (pré)

yeux *m. pl.* eyes (3)

Z

zapper to zap, change channels (with remote control) (6); **zappeur (-euse)** *n.* person who zaps (TV) (6); **zapping** *m.* zapping (TV) (6)

zéro *m.* extremely poor student (1)

zigzaguer to swerve, zigzag (4)

zozo *m.* nitwit (int. 2)

Indices